AI는 민주주의 도구일까?

AI는 민주주의 도구일까?

초판 1쇄 발행일 2025년 6월 20일

지은이 박재형
펴낸이 이원중

펴낸곳 지성사
출판등록일 1993년 12월 9일 **등록번호** 제10-916호
주소 (03458) 서울시 은평구 진흥로 68, 2층
전화 (02) 335-5494 **팩스** (02) 335-5496
홈페이지 www.jisungsa.co.kr **이메일** jisungsa@hanmail.net

ⓒ 박재형, 2025

ISBN 978-89-7889-563-7 (03300)

잘못된 책은 바꾸어드립니다. 책값은 뒤표지에 있습니다.

이슈로 세상 읽기!

AI는 민주주의 도구일까?

민주주의를 위한 도구
AI딥페이크
AI와 민주주의 문제
음모론
디지털 플랫폼과 민주주의
AI와 디지털 플랫폼 규제
AI와 선거
AI 규제의 국제정치
AI 규제의 혁신
알고리즘 정치
AI 거버넌스
정치의 사법화
가짜뉴스
정치인, 가짜뉴스, 거짓말
AI와 법원
AI 변호사

박재형 지음

지성사

| 책을 펴내며 |

  2024년 미국 대통령 선거에서 공화당 후보 도널드 트럼프가 재선에 성공했다. 트럼프는 4년 전 선거 사기를 주장하며 자신의 패배를 인정하지 않고 온갖 음모론과 가짜뉴스를 생산했다. 트럼프와 그 지지자들이 만든 허위 정보는 거의 실시간 세계로 확산되었다. 2020년 한국의 국회의원 선거가 부정선거라고 주장하던 일부 세력은 이를 자신들 주장의 근거로 삼아 세상에 뿌려댔다. 미국과 한국에서 이 같은 일이 가능했던 배경에는 인공지능(AI) 기술을 기반으로 하는 소셜미디어 플랫폼이 있다.

  미국 대통령 선거를 앞두고 AI를 이용한 많은 가짜뉴스와 부정선거 의혹 사례가 발생했다. 이러한 사례들은 선거의 신뢰성을 훼손하고 유권자의 혼란을 초래할 수 있는 심각한 문제로 우려를 낳았다. 예를 들어, 일부 트럼프 지지자들은 흑인이 트럼프 후보를 지지하는 것처럼 묘사한 '딥페이크' 이미지를 공유했다. 선거가 다가올수록 온라인에서 선거 사기와 관련된 거짓 주장과 음모론이 확산하면서 선거 당국과 유권자를 혼란에 빠뜨렸고, 많은 개인과 단체는 수백 건에 달하는 투표 부정 사건을 확산시켰다.

  2024년에는 미국뿐만 아니라 여러 국가에서 중요한 선거가 치러졌다. 인도의 선거 캠페인에서는 허위 정보가 사용된 전례가 있고, 인도네시아와 한국에서도 선거 관련 허위 정보 문제가 반복되었다. 이집트에서는 정부가 허위 정보를 단속한다는 명목으로 반대 의견을 억압하는 일이 발생했고, 멕시코와 페루에서는 선거 시기에 허위 정보가 걷잡을 수 없이 퍼졌다.

이런 상황에서 대중이 손쉽게 정치 콘텐츠를 생성할 수 있는 새로운 AI 도구들은 허위 정보 확산에 힘을 보태고 있다. 예를 들어, 메타는 최근 자사의 생성형 AI 기술을 대중에 공개할 계획을 밝혀 AI 도구를 이용한 허위 정보가 확산될 가능성을 더욱 높였다. 전 구글 CEO 에릭 슈미트는 AI로 인해 "보고 듣는 모든 것을 신뢰할 수 없게 되었다"라고 경고했으며, 오픈AI의 CEO 샘 올트먼도 민주주의의 미래에 관한 우려를 표명했다.

AI 등 첨단 과학기술을 기반으로 하는 디지털 경제의 핵심 목표는 '혁신'이다. 그런데 미국이나 한국이나 혁신 추구 과정에서 예상치 못했던 여러 가지 문제점이 나타나면서 심각해졌지만 이를 관리하기 위한 규제는 쉽지 않은 상황이다. 산업화 시대에 소비자, 경쟁, 국가 안보 등을 보호하는 데 효과적이었던 방식으로는 AI 시대의 새로운 도전에 대응하기 어렵다. 그뿐만 아니라 오래된 법령과 규제 구조에 의존해 AI 기술의 속도와 확장성에 대응하는 것도 불가능하다.

"엄격한 규제는 모든 것을 멈추게 하고 느슨한 규제는 혼란으로 이어진다"라는 '규제의 역설'은 AI 등 혁신 분야에 대한 규제가 얼마나 어려운지를 잘 보여준다. 한편에서는 "규제가 혁신을 막으면 안 된다. 자유시장경제에서 규제가 능사는 아니다"라는 주장도 있다.

AI를 기반으로 하는 디지털 시장의 역동성, 플랫폼의 광범위한 연결 기능, 개인 데이터에 대한 디지털 플랫폼의 영향력 등은 새로운 유형의 정치적 문제를 만든다. 이러한 문제 중 가장 심각한 것은 선거 등 정치적 이슈와 관련한 잘못된 정보를 확산시켜 자유민주주의 정치과정을 위협한다는 사실이다. 그리고 이에 대한 규제는 플랫폼의 정치적 영향력 제한에 초점을 맞출 필요가 있다.

이 책은 정치사회 현상에 대한 이해력을 높이려는 목적으로 집필했다. 과학기술의 급속한 발달과 함께 모든 것이 진보하고 있지만, 미국과 한국 등 세계 각국의 정치는 갈수록 퇴보 중이라는 비판이 이어진다. 이러한 정치적 퇴보의 핵심은 갈수록 깊어지는 정치적 양극화이며, AI 등 첨단 과학기술이 그 주요 배경이라는 설명이 힘을 얻고 있다. 특히 정보기술(IT) 활용이 세계 어느 나라보다 활발한 한국에서 AI가 정치에 미치는 영향은 생각보다 매우 크다. 이에 따라 AI와 민주주의 정치의 관계를 이해하는 것은 정치사회 현상에 대한 올바른 이해의 기본이라고 할 수 있다.

본문에서 소개한 사례와 정치사회적 배경 등은 거의 미국 상황을 중심으로 하고 있다. 그 이유는 이 책이 한국의 고등학생을 비롯해 대학생, 일반인까지 아우르는 폭넓은 독자층을 위함이고, 정치적 혼란과 극심한 양극화가 더해가는 한국의 정치 상황을 주요 배경으로 한다면 저자의 의도와 상관없이 자칫 정치적 논쟁으로 이어질 우려가 있기 때문이다. AI 등 과학기술의 혁신적 발달과 민주주의의 관계를 이해하려는 이 책의 목적과 달리 또 하나의 정치적 논쟁거리를 더하지 않기 위해 되도록 한국의 정치 상황 관련 내용을 넣지 않았다.

AI가 현대 민주주의 정치에 미치는 광범위한 영향과 그 대응에 관한 문제의식에서 이 책은 다음과 같은 논의를 담고 있다.

● **민주주의를 위한 도구** AI 윤리성과 함께 공정성, 책임성, 투명성 등의 원칙이 기술 설계에 반영되어야 한다는 목소리가 높아지고 있다. AI는 민주주의를 효율적으로 보완할 수 있지만 동시에 알고리즘 편향, 잘못된 정보 확산, 여론 조작 등의 위험으로 인해 민주주의를 위협할 수 있다. AI는 민주주의를 위한 도구이자 동시에 위험 요소로 작용할 수 있어 사회적 선택과 규제의 중요성이 커지고 있다.

● **AI와 민주주의 문제** 과학기술의 발전이 민주주의를 약화할 것이라는 우려가 깊어지고 있다. 반면, 과학기술 발전이 민주주의 발전에 도움이 될 것이라고 주장하는 사람도 많지만, 이들 또한 최근의 추세와 관련해 우려하는 부분이 있다. 민주주의에 대한 도전은 국가기관에 한정되지 않는다. 오히려 가장 큰 우려는 전통적으로 공공기관이 통제하던 것들을 아무런 안전장치 없이 통제할 수 있게 된 민간기관 때문에 생겨난다.

● **디지털 플랫폼과 민주주의** 디지털 미디어는 언론의 정상적인 여과 장치와 편집 과정을 근본적으로 무너뜨렸고, 민주주의의 기반을 이루는 대중의 기본적인 인식까지 바꿔버렸다. 광범위한 디지털 플랫폼의 영향력으로 선거 등에서 편향되거나 잘못된 정보를 확산해 자유민주주의 체제를 위협할 가능성이 계속 제기된다.

● **AI와 선거** 2022년 챗GPT가 출시된 이후, 이러한 기술을 기반으로 하는 콘텐츠가 허위 정보 생산을 가속해 2024년 선거의 해를 '정보의 악몽'으로 만들 수 있다는 우려가 널리 퍼졌다. 생성형 AI 출시 초기의 엄청난 열광에 비하면 세상의 정보 환경은 크게 변화하지 못했다. 오히려 새로운 기술은 긍정적 발전을 이루기보다 민주적 담론과 선거의 공정성을 훼손하는 데 이미 사용되고 있다.

● **알고리즘 정치** 중국은 권위주의 독재를 위해 온 국민을 AI 알고리즘으로 통제하고 감시한다. 미국의 빅테크는 자본주의 논리에서 이윤을 극대화하기 위해 이용자를 AI 알고리즘에서 빠져나가지 못하도록 한다. 이 두 가지 모두 세계 인류에게는 심각한 문제임이 분명하다.

◉ **AI 거버넌스**   페이스북, 구글, 아마존 같은 빅테크에 의해 형성된 알고리즘 거버넌스는 이미 국제정치와 국가의 역할에 중대한 영향을 미치고 있다. 국가와 기업의 역학 관계가 변화한 핵심에는 알고리즘 거버넌스가 있다. 빅테크는 이를 바탕으로 정치적·사회적 지배력을 급속히 확대하면서 국가의 규제를 우회할 방법을 모색 중이다.

◉ **가짜뉴스**   미국과 한국 모두 2024년 국가의 운명을 좌우할 중요한 선거를 치렀다. 미국의 유권자는 2024년 대통령 선거가 공정하게 치러지지 않을 것이라는 우려를 계속해 왔다. 이렇게 선거 공정성과 무결성의 훼손을 우려하는 중심에는 AI 기술의 오용과 그 기술을 기반으로 하는 소셜미디어의 악용 가능성이 있다.

◉ **정치인, 가짜뉴스, 거짓말**   자신의 스캔들 기사가 가짜뉴스 또는 딥페이크라는 전략적이고 거짓된 주장은 지지를 유지하는 데 도움이 됨으로써 정치인에게 이익이 될 수 있다. '거짓말쟁이의 배당금'으로 알려진 이러한 이익은 정보의 불확실성을 불러일으키거나 핵심 지지자의 결집을 유도하는 두 가지 정치적 전략을 통해 달성될 수 있다.

◉ **AI 딥페이크**   AI는 사이버 보안 전문가를 속일 수 있을 정도의 그럴듯한 형태로 잘못된 정보를 생성하는 데 이용된다. 이는 사이버 공격에 대한 방어 노력을 무력화할 수 있으며, 가짜뉴스를 만드는 집단과 그것을 추적·탐지하는 집단 간의 'AI 군비 경쟁'을 촉발할 수 있다.

◉ **음모론**   챗GPT 같은 AI 시스템의 대규모 언어 모델은 설득력 있고 이해하기 쉬운 결과를 만들어낸다. 이러한 기술을 배경으로 한 음모론적 사고에 관한 대응은 단순히 주의를 기울이는 것 이상의 노력과 실행이 필요하다. 사람들이 거짓을 믿지 않도록 하려면 무엇이 진실인지를 보여주는 것이 도움이 될 수 있다.

◉ **AI와 디지털 플랫폼 규제**   산업화 시대에 소비자, 경쟁, 국가 안보 등을 보호하는 데 효과적이었던 과거의 방식만으로는 AI 시대의 새로운 도전에 대응

하기 어렵다. AI 기술의 작동 방식뿐만 아니라 그로 인한 사회적·경제적·안보적·영향을 이해하려면 전문적 지식이 필요하다. 혁신 기술의 지속적 개발을 장려하면서도 이러한 영향에 대한 책임을 결정하는 것은 혁신과 책임 사이에서 줄타기하는 것과 같다.

◐ AI 규제와 국제정치 AI에 대한 규제 강화 움직임은 세계적 추세다. AI의 영향력에 대응하기 위해 주요 국가들은 AI 대응 역량 강화에 힘을 쏟고 있다. 이 문제는 정부와 기업 사이의 문제에서 정치권 전반, 범국가적 이슈로서 그 범위와 중요성이 급속히 확대되는 중이다. 즉 AI 규제는 한 국가를 넘어 국제적인 문제가 되고 있다.

◐ AI 규제와 혁신 AI에 대한 직접 통제가 기술적 과제라면 사회적 통제는 거버넌스의 과제라고 할 수 있다. AI 시스템에 대한 사회적 통제는 운영자가 원하는 것을 AI가 정확하게 수행하도록 하는 것, 사회에 외부의 영향을 가하지 않도록 보장하는 것을 포함한다.

◐ 정치의 사법화 정치의 사법화는 국가의 주요한 정책 결정이 정치과정이 아닌 사법과정으로 해소되는 현상이다. 사법기관은 정치과정에 독립적으로 참여하는 제3의 부서로 확고한 위치를 차지했다. 법치의 강조와 함께 진행된 정치의 사법화에 따라 법이 정치적 무기가 될 수 있으며, 이로 인해 결국 법의 지배 원칙이 무너질 수도 있다.

◐ AI와 법원 알고리즘이 사법 결정 과정에서 편향을 줄이는 데 긍정적 영향을 미칠 수 있지만, 알고리즘 적용이 전반적인 정의 구현에 미치는 영향을 신중히 고려해야 한다. 이러한 기술이 궁극적으로 공정한 사법 절차를 대체할 수 있을지에 대한 논의는 여전히 필요하다.

◐ AI 변호사 AI의 발전 가능성은 무궁무진하지만, 완전히 변호사 역할을 대체하려면 여전히 기술적·윤리적 장벽이 있다. 그렇지만 AI가 법률 분야에서 인간을 보조하며 효율을 높이고 있는 지금, AI와 인간 변호사의 공존 가능성은 분명한 미래로 다가오고 있다.

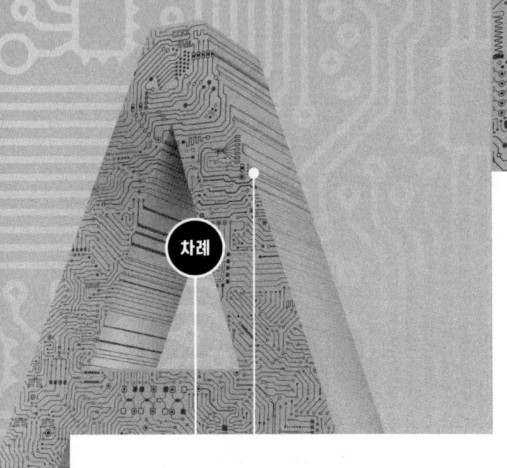

차례

책을 펴내며 4

1 AI 민주주의

AI가 민주주의를 위협할까 14
'생각하는 기계'는 가능한가 14
'사람 중심': AI의 신뢰와 책임 15
효율성과 위험 사이의 경계 17
AI의 영향에 관한 철학적 설명 18

정치에 대한 AI의 영향 20
AI 가짜뉴스에 관한 질문 20
민주주의에 미치는 장기적인 영향 22
AI 진보의 빛과 그림자 23
윤리적 도전 과제: '공정성과 책임' 24

민주주의를 위한 도구 26
민주적 감시체계가 시급한 이유 26
사회 정의와 평등에 미치는 윤리적 영향 27
AI 발전과 인간 자율성의 균형 28
위험 대응을 위한 규제와 민주적
  거버넌스 29
철학·윤리·정치의 통합적 접근 30

AI와 사법의 통합 33
사법 시스템과 AI 33
AI와 사법 통합에 관한 연구 34
AI의 이점과 과제 35
AI 판사의 가능성 36

2 AI는 민주적인가

AI와 민주주의 문제 40
AI와 디지털 권위주의 40
디지털 플랫폼에 의한 민주주의 위협 44
민주주의를 위협하는 AI 기반 허위 정보 47
글로벌 선거 환경과 허위 정보 확산 48
민주주의에 대한 영향력 49
정치 지도자와 소셜미디어 51
소셜미디어 봇과 정치 담론 51

디지털 플랫폼과 민주주의 54
디지털 플랫폼과 저널리즘 54
기술 권력 독점, 민주주의 위협 56
언론과 플랫폼의 왜곡된 관계 58
디지털 플랫폼과 언론의 정치화 60
데이터, AI: 감시 자본주의 61
정치적 의견과 온라인 참여 65

AI와 선거 67
AI와 민주주의 선거 67
AI 기술이 선거에 미칠 영향 69
민주주의를 위협하는 AI 가짜뉴스 74
AI의 선거 개입 사례: 타이완 75
딥페이크와 선거 77
AI의 부상, 선거 신뢰에 위험 81
AI 허위 정보와 민주주의 82
생성형 AI가 선거에 미치는 영향 85

알고리즘 정치 87
알고리즘이 만드는 세상 87
알고리즘의 영향력 이해 90
유튜브 알고리즘과 양극화 93

AI 거버넌스 99
빅테크와 AI 거버넌스 99
알고리즘 거버넌스 102
빅테크와 AI 통제가 필요한 이유 104
정치와 AI의 만남, 인간 참여의 가치 112

3 AI의 정치적 문제

가짜뉴스 118
　가짜뉴스의 정치적 영향 118

정치인, 가짜뉴스, 거짓말 122
　지지층 결집 수단 122

AI 딥페이크 127
　딥페이크의 위협 127
　AI 생성 연구, 과학 신뢰성과
　　사회적 지식 위협 133

음모론 136
　음모론 정치 136
　소셜미디어와 코로나-19 음모론 143
　음모론과 인플루언서 146

4 AI, 어떻게 규제할 것인가

AI와 디지털 플랫폼 규제 154
　디지털 플랫폼 규제는 세계적 추세 154
　미국 정부의 규제 강화 158
　선거와 AI 규제 161
　AI 혁명과 새로운 규제 164
　미 행정부 AI 정책 차이점과 전망 166
　EU, AI법 통과 168
　미 의회, 'AI 리터러시 법안' 발의 170
　초지능 AI 위험성 경고 172
　AI 혁신 전망 174

AI 규제와 국제 정치 176
　AI 규제 국제 협력 176
　플랫폼 규제는 국제적 문제 180
　미-중 AI 협력 로드맵 182
　FBI, 중국의 AI 기술 남용 우려 184
　2기 트럼프 행정부의 AI 정책 전망 186
　글로벌 AI 경쟁 우위를 위한 전략 189
　영국, 'AI 안전연구소' 설립 192
　G7, AI 개발자 윤리 강령 채택 193
　스위스, AI 규제에 기술 중립적 접근 195
　혁신과 개인 권리 보호의 균형 찾기 197
　유럽 데이터 보호청, AI 기업의
　　개인정보 보호 위반에 문제 제기 200

AI 규제와 혁신 202
　혁신에 대한 사회적 통제 202
　무허가 혁신의 문제 203
　규제 초점은 정치적 영향력 제한 205
　EU-미국, AI 글로벌 거버넌스 협력 강화 208
　미 의회의 디지털 규제 기관 설립 법안 209
　미국 FTC, 가짜 리뷰 금지법 통과 214
　미 법무부, AI 시장 독점 방지 집중 조사 216
　AI의 급속한 발전과 저작권 갈등 218
　AI 규제의 핵심 과제 220

5 AI의 사법적 가능성

정치의 사법화 224
　정치의 사법화란 224
　미국 대선 전 '대법관 알박기' 226
　사법의 정치화 229
　견제와 균형의 무시 230
　AI에 의한 해결 가능성 232

AI와 법원 234
　법원과 AI의 공존: AI 시대, 법적 판단의 역할 234
　네덜란드 사법부, IT와 AI 활용 사법 혁신 235
　AI 기술 확산, 법적 불평등 초래하나 237
　사법 분야 AI 도입 가능성과 한계 239
　AI 판사 대체, 편견 줄이고 공정성 높일까 241
　중국, 법정에 AI 로봇 도입 243
　법원과 정보기술 245
　법원 실무에서의 AI: 윤리적 원칙 251
　법원에서 AI를 유용하게 사용하려면 254

AI 변호사 257
　AI가 변호사를 대체할까 257
　법률 분야에서의 AI 활용 가능성 260
　AI, 법률 서비스 혁신의 핵심으로 부상 261

주 264

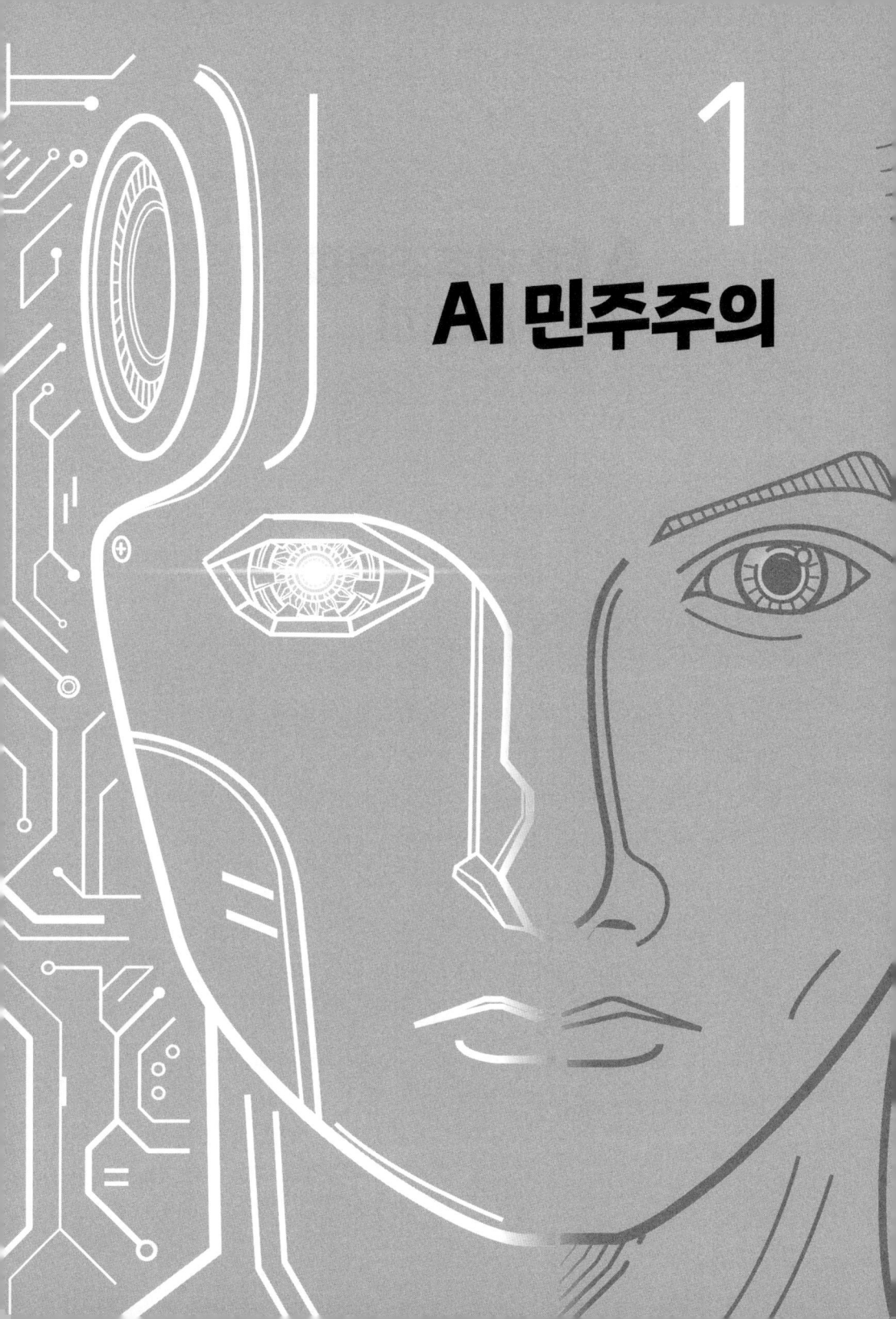

1

AI 민주주의

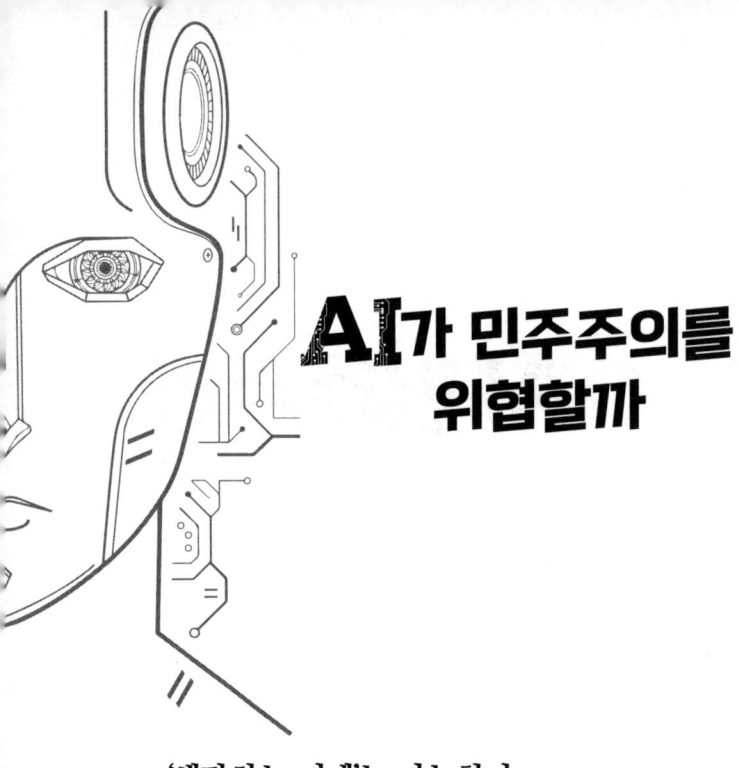

AI가 민주주의를 위협할까

'생각하는 기계'는 가능한가

인공지능(Artificial Intelligence, AI)은 단순한 기술 이상이다. AI 이면에는 철학과의 관련성이 자리하고 있다. 특히 행위, 의식, 지식, 자유의지 같은 철학적 개념은 AI의 이론적 기초를 형성하는 데 핵심적 역할을 했다.

철학은 초기부터 AI의 기초였으며, AI의 논리적 토대에 영향을 미쳤다. 1956년 최초의 인공지능 프로그램인 로직(Logic Theorist)은 철학자의 논리적 명제를 바탕으로 개발되었다. 또한 여러 철학자의 논리는 AI의 진화에 중요한 역할을 했다. 현재 AI 모델들은 주로 데이터 기반의 심층 학습, 즉 딥러닝(deep learning) 기술로 작동하지만, 특히 챗GPT(ChatGPT) 같은 **대규모 언어 모델**(Large Language Models, LLMs)에서는 철학적 개념이 여전히 중요한 역할을 한다.[1]

오늘날에도 철학자와 과학자들은 "기계가 정말 생각을 할 수 있는가"라는 질문을 놓고 논쟁을 이어가고 있다. 이 논의는 인간 지능의 본질과 기계가 이를 모방하거나 구현할 수 있는지에 대한 근본적인 의문을 제기한다.

> **대규모 언어 모델:** 인간의 언어를 이해하고 생성할 수 있는 인공지능 알고리즘이다. 방대한 데이터를 통해 훈련되어 언어의 패턴과 규칙을 학습하는데, 이는 인간이 소통을 배우는 방식과 유사하다. LLMs는 질문 답변, 텍스트 요약, 번역, 콘텐츠 생성 등 다양한 작업을 수행할 수 있다.

몇몇 학자는 '지능'을 현실 세계에서 목표를 달성하는 능력으로 정의한다. 이 정의에 따르면 지능은 기호 조작이나 산술 연산처럼 형식화된 절차로 환원될 수 있다. 반면, 다른 철학적 입장에서는 이에 반대한다. 인간의 사고는 문맥과 경험, 몸으로 겪는 지식 같은 요소들을 포함하며, 단순한 계산 모델로는 설명되지 않는다는 것이다. 일상적 상식과 상황 판단은 컴퓨터가 아직 따라잡기 어려운 인간 고유의 능력이라는 주장이다.[2]

이처럼 인공지능을 둘러싼 철학적 논의는 기계가 사고할 수 있는지를 넘어서 '생각'한다는 것 자체가 무엇인지, '마음'이란 어떤 의미인지를 다시 묻는 성찰로 이어진다. AI는 인간이 스스로 이해하는 방식에도 근본적인 도전을 던지고 있다.

'사람 중심': AI의 신뢰와 책임

AI 기술의 발전이 가속화되는 가운데 각국과 주요 기관들은 윤리적 원칙 구축에 속도를 내고 있다. AI가 사람의 삶에 실질적 영향을 미치는 만큼 기술 개발과 활용 과정에서 인간 존엄성, 공정성, 투명성 등을 보장해야 한다는 요구가 커지기 때문이다.

AI 윤리 원칙의 핵심은 '사람 중심(human-centered)' 접근이다. 기술이 효과적으로 작동하는 것에 그치지 않고, 비전문가도 이해할 정도로 설명이 쉽고 접근 가능한 방식으로 설계되어야 한다는 뜻이다. '사람 중심' 접근의 목적은 AI와 사용자 간의 신뢰 구축이다.[3]

각국이 제시하는 윤리 준칙에는 공통으로 책임성, 데이터 보호, 차별 방지, 편향 최소화 등과 같은 주요 원칙이 포함되어 있다. **알고리즘**(algorithm)이 내리는 결정이 인간의 삶에 미치는 영향을 감안해서 설계 단계부터 윤리적 고려를 반영하라는 권고다. 특히 잘못된 판단이나 정보 왜곡, 소수자 차별 등 AI 시스템이 초래할 수 있는 부작용을 막는 조치가

> **알고리즘:** 문제해결이나 계산을 수행하기 위해 사용하는 절차로, 하드웨어 또는 소프트웨어를 기반으로 지정된 작업을 단계별로 수행하는 정확한 명령어 목록 기능을 한다. 알고리즘은 정보기술(IT)의 모든 분야에서 널리 사용된다. 소셜미디어에서 알고리즘은 플랫폼이 사용자가 보는 콘텐츠를 결정하고, 언제 볼지, 그리고 얼마나 자주 표시될지 결정하는 규칙이나 처리 과정이다.

강조된다. 이 원칙들은 아직 법적으로 강제력이 없지만, AI 개발자들이 이 새로운 영역을 탐색하는 데 중요한 이정표 역할을 할 수 있다.

이 원칙들에 따르면, AI 모델은 투명해야 하고, 그 결정은 설명 가능해야 한다. AI 시스템의 영향을 받는 사람은 왜 특정 결정을 내렸는지 이해할 수 있어야 한다. 또 AI는 모든 개인을 공정하게 대해야 하며, 차별적 결과를 초래할 수 있는 편견을 피해야 한다. 여기에는 명시적 편견과 무의식적 편견이 모두 포함되는데, 이는 종종 인공지능 모델 훈련에 사용되는 데이터에 들어 있다. 아울러 AI 도구는 사용자의 개인정보와 개인 데이터를 존중해야 한다. 여기에는 데이터를 보호하는 것뿐만 아니라 데이터 사용 방식을 통제할 수 있는 사용자의 권리 존중도 포함된다.[4]

AI는 단순한 도구를 넘어 사회적 결과를 낳는 시스템으로 자리하고 있

는 만큼 그 책임도 기술 개발자와 운영자에게 있다는 인식이 강해지고 있다.[5] 궁극적으로 윤리적 원칙은 법과 제도, 사회적 합의를 통합한 접근이 필요하다는 점에서 단순한 개발 지침을 넘는 거버넌스(governance) 전략으로 작동하고 있다.[6] AI가 인간의 복지를 증진하는 방향으로 쓰이기 위해서는 윤리와 기술이 나란히 진화해야 한다는 지적이 나온다.

효율성과 위협 사이의 경계

AI가 정치에 본격적으로 통합되면서 정부 운영과 시민 참여 모두에 큰 변화를 일으키고 있다. AI는 데이터 분석 효율화, 정책 결정 간소화, 유권자 참여 확대 등의 측면에서 긍정적으로 기여하고 있다. 특히 선거 관리나 정책 설계 분야에서 AI 기반 시스템은 신뢰성과 투명성을 높이는 수단으로 주목받는다.[7]

하지만 AI의 확산은 민주주의 가치를 위협할 수 있다는 경고도 제기된다. 대표성과 책임성, 공정한 여론 형성 등을 둘러싼 근본적인 문제가 발생하기 때문이다. AI 기술이 정치적 소통과 담론의 매개체로 떠오르면서 시민이 자신의 신념을 형성하고 수정할 수 있는 '인식 주체성(epistemic agency)'을 잃을 위험이 커지고 있다. AI가 민주주의의 정치적 주체성을 훼손할 위험이 있으므로 민주주의를 위협한다는 주장이다.[8]

실제로 추천 알고리즘이나 자동화된 정보 필터링은 정치적 다양성을 위협하거나 편향된 정보 소비를 부추길 수 있다. 이는 건전한 공론장 형성을 어렵게 하고, 결과적으로 민주적 결정 과정에도 부정적 영향을 줄

> **생성형 AI:** 데이터를 기반으로 텍스트, 이미지, 오디오, 비디오 등 새로운 콘텐츠를 생성하는 데 초점을 맞춘 인공지능의 한 유형이다. 이는 대규모 AI 모델을 기반으로 하며, 이 모델들은 최소한의 추가 훈련만으로 다양한 작업을 수행하고, 특정 사용 사례에 적응할 수 있다. 챗GPT 등이 대표적이다.

수 있다. **생성형 AI**(generative AI)의 가장 큰 문제점은 눈에 잘 띄지 않게 숨어 있는 상태에서 엄청난 양의 콘텐츠를 만들어냄으로써 미디어 환경, 인터넷, 정치 커뮤니케이션 등에 의미 없는 말들을 넘쳐나게 할 수 있다는 점이다. 최악의 경우 잘못된 정보가 넘쳐나는 세상을 만들 수도 있다.

이러한 미디어 환경에서 합리적인 예방책은 아무것도 믿지 않는 것이다. 이는 활기찬 민주주의와 상충하고 사회적 신뢰를 약화하는 허무주의로 이어질 수 있다. 객관적 현실이 미디어 담론에서 점점 더 멀어짐에 따라 미디어를 완전히 외면하지 않는 유권자는 당파성 같은 다른 경험적 지식에 더 많이 의존할 가능성이 크다. 이는 양극화를 더욱 심화시키고 민주적 제도에 압박을 높일 뿐이다.[9]

AI가 민주주의를 민주화하고 동시에 교란하는 이중적 특성을 갖는 만큼 기술이 권력 구조에 어떤 방식으로 영향을 미치는지, 그리고 시민의 정치적 판단에 어떤 영향을 미치는지 정밀하게 이해하려고 노력해야 한다.[10] 민주주의 시스템에 관해 기술적 설계뿐만 아니라 철학적·윤리적 기준을 함께 고민해야 하는 시대에 접어들었다.

AI의 영향에 관한 철학적 설명

AI와 정치의 통합이 본격화되면서 철학적 논의 역시 그 영향력과 한계를 더욱 뚜렷하게 드러내고 있다. 특히 AI가 인간의 자율적 판단과 숙고에 따른 참여를 대체하는 방식으로 민주주의를 위협할 수 있다는 우려가 제기된다.[11]

철학자들은 AI의 데이터 분석 능력과 예측 기반 의사결정 구조가 인간의 자유의지를 약화할 수 있다고 본다. AI가 만들어낸 결과물이 선거 결과를 좌우하거나 의견 형성에 영향을 미칠 경우, 이는 인간의 숙고 없이 결정이 내려지는 구조로 이어질 수 있기 때문이다.[12]

또 다른 철학적 시각은, AI의 등장이 오히려 '지능'의 본질을 다시 묻는 계기라고 본다. 몇몇 학자는 지능을 '결과'로 정의한다면 AI는 집단적 인간 사고의 확장으로 볼 수도 있다고 주장한다. 이러한 시각에서는 AI가 특정 영역에서 인간의 지적 능력을 능가하게 되면 알고리즘의 산출물이 인간 유권자와 정책결정자의 미묘한 판단을 대체하는 중앙 집중식 의사결정으로 이어질 수 있다는 점을 강조한다.[13]

하지만 이에 대한 반론도 적지 않다. 민주주의는 단순히 효율적인 결과를 내는 체계가 아니라 포용적이고 비판 가능한 과정 자체를 중시한다는 점에서다. 결과 중심의 AI에 의존하는 것은 사람들의 숙고와 이견 조정이라는 민주주의의 본질을 훼손할 수 있다는 지적이다.[14]

결국, AI가 민주정치에 미치는 영향은 단순한 기술 문제가 아니라 인간 사고의 본질과 정치적 권한의 정당성에 대한 철학적 질문으로 이어진다. 인간 이성의 한계를 보완할 도구가 될 것인지, 아니면 민주주의의 기초를 흔드는 존재가 될 것인지는 앞으로의 사회적 선택에 달려 있다.

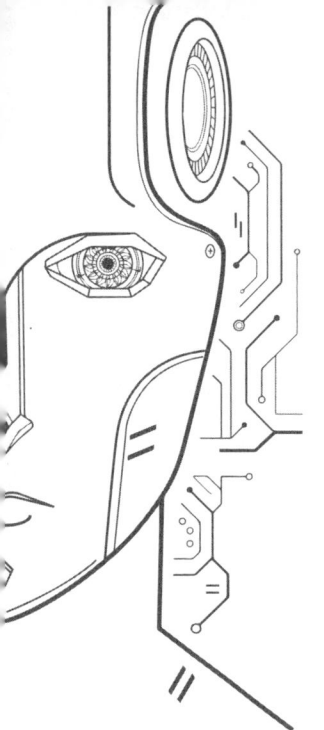

정치에 대한 AI의 영향

AI 가짜뉴스에 관한 질문

AI와 잘못된 정보의 관계는 지식의 본질, 신념 형성, 민주적 맥락에서의 자율성에 관한 중요한 철학적 질문을 제기한다. 핵심적으로, 잘못된 정보에 대한 AI의 영향은 민주적 참여에 필수적인 정보에 기초한 시민의 인식적 주체성에 도전한다. 인식적 주체성은 개인의 정치적 신념을 형성·관리·수정할 수 있는 능력이다. 최근 들어 이러한 능력은 AI 기술에 의해 촉진되는 정보의 조작과 왜곡으로 인해 점점 더 위협받고 있다. AI가 퍼뜨리는 잘못된 정보는 비판적 성찰과 숙고를 방해하며, 궁극적으로 정보에 따라 정치과정에 참여하는 대중을 기반으로 하는 민주주의의 기본 원칙을 훼손할 수 있다.[15]

정보의 보급에 고급 알고리즘을 적용하면 사용자가 자신의 입맛에만 맞는 콘텐츠에 주로 노출되는 인식적 거품이 생겨나면서 편견에 도전하기보다는 편견을 강화할 수 있다. 이러한 알고리즘에 의한 정보 선별은 반대 의견에 대한 노출을 제한함으로써 건강한 민주적 담론을 위해 필수적인 관점의 다양성을 훼손한다. 이는 철학적으로도 중요한 의미를 내포한다. AI가 생성한 잘못된 정보로 넘쳐나는 환경에서 자신의 인식 능력을 신뢰할 수 없다면, 시민이 민주적 과정에 의미 있게 참여할 수 있는 능력은 이미 심각하게 손상된 것이기 때문이다.[16]

정보 조작에 능숙한 AI의 뛰어난 기능에 직면했을 때 느끼는 무능력감, 즉 '인식적 수치심(epistemic shame)'은 이 논의를 더욱 복잡하게 한다. 이러한 느낌은 개인의 힘을 약화해 지식 검증을 위해 AI 시스템과 이를 제어하는 시스템에 의존하게 할 수 있다. 이는 민주적 참여에 거스르는 일종의 인지적 묵인을 조장할 가능성으로 이어진다.[17] 철학적으로, 이러한 기술 의존이 새로운 형태의 인식적 노예화를 초래하는 것은 아닌지, 그것이 개인의 자율성뿐만 아니라 민주사회의 집단적 주체성을 훼손하는 것은 아닌지 의문이 제기된다.

이러한 철학적 논쟁이 전개됨에 따라 AI 시대에 신뢰, 지식, 권위 등을 어떻게 개념화할지 다시 생각해 볼 필요가 있다. 학자들과 정책결정자들은 AI를 민주적 과정에 통합하는 일이 윤리적으로 어떤 의미를 지니는지 고려해야 한다. 즉 AI는 권리를 박탈하는 도구가 아니라 권한을 부여하는 도구로 사용되어야 한다. 궁극적으로, AI가 잘못된 정보에 미치는 영향과 민주적 거버넌스에 미치는 광범위한 영향의 복잡성을 이해·해결하려면 의식, 의지, 지식 등에 관한 철학적 관점을 통합하는 담론 형성이 필수적이다.

민주주의에 미치는 장기적인 영향

AI가 민주주의 정치과정에 미치는 장기적인 영향은 점점 더 중요해지고 있으며, 이는 진지하게 검토할 필요가 있는 기회와 도전 과제를 모두 제시한다. AI 기술이 계속 확산함에 따라 사회 구조와 정치 지형을 재편할 수 있는 AI의 잠재력은 민주주의 가치와 시민의 주체성과 관련해 중요한 우려를 불러일으킨다. 가장 우려스러운 측면 중 하나는 AI가 **딥페이크**(deepfake)를 이용한 허위 정보 캠페인 같은 정교한 수단을 통해 잘못된 정보의 확산과 여론 조작을 촉진할 수 있다는 사실이다.[18] 예를 들어, 악의적인 행위자는 생성형 AI를 이용해 정치적 현실을 왜곡하고 유권자를 혼란스럽게 할 수 있는 매우 현실적인 콘텐츠를 만들 수 있으며, 이를 통해 선거 과정과 기관에 대한 신뢰를 훼손시킬 수 있다.[19]

> **딥페이크:** 인공지능(AI)을 사용하여 생성하거나 조작한 디지털 영상, 음성 또는 이미지를 말하며, 실제처럼 보이지만 사실이 아닌 콘텐츠를 만들어 확산시키기 위해 사용될 수 있다. 이는 허위 콘텐츠 생성, 허위 정보 확산, 개인의 신원 도용 등에 활용될 수 있다는 점에서, 공공 신뢰와 정보의 신뢰성에 대한 우려가 제기된다.

AI가 '에코 체임버(echo chamber)' 또는 '인식적 거품(epistemic bubble)'을 증폭시키는 역할은 정보에 기초한 숙고를 바탕으로 신념을 형성·관리·수정할 수 있는 시민의 인식적 주체성에 직접적인 위협이 된다.[20] 이러한 비판적 성찰 능력의 약화는 개인의 정치적 주체성을 약화할 뿐 아니라 AI가 만든 속임수를 간파하지 못한 자신의 인식 능력을 점점 더 신뢰할 수 없게 해 권위주의가 힘을 얻을 수 있는 여건을 만들어낸다.

또한 개인의 선호에 따라 정보 흐름을 조정할 수 있는 예측 알고리즘의 출현으로 정치적 담론이 양극화하면서 민주주의에 필수적인 관점의 다양성이 제한될 위험이 있다. 이러한 기술적 환경은 개인의 신념에 영향을 미칠 뿐만 아니라 집단적·정치적 결과에 영향을 미쳐 기존의 불평등을 더욱 심화시킬 수 있다.[21]

이러한 영향을 해결하려면 AI 이용에서 투명성과 책임성을 우선시하는 강력한 규제틀 등을 포괄한 적극적인 대응이 필요하다. 특히 정부는 이해관계자들과 협력해 AI 도구가 민주적 가치를 유지하고 공평한 정보 이용을 촉진하도록 해야 한다.[22] AI가 민주주의에 미치는 영향에 대한 교육과 공개 토론은 권위주의적 충동에 대한 회복력을 키우고 시민 참여를 강화하는 데 필수적이다. AI가 주도하는 미래에서 민주주의를 보호하기 위해서는 민주적 과정의 무결성과 시민의 권한 강화를 유지하기 위한 경계와 적극적인 전략이 필요하다.

AI 진보의 빛과 그림자

AI가 민주주의에 가져온 기술적 진보의 뒷면에는 커다란 위험과 조작 가능성이 도사리고 있다. 특히 편향된 정보 유포와 유권자 인식을 조작하는 '마이크로 타기팅(micro-targeting)' 전략은 선거의 공정성과 정치 담론을 이미 심각하게 위협하는 수준이다.[23] 딥페이크 등 생성형 AI 기술은 정치인을 왜곡된 방식으로 묘사하거나 존재하지 않는 사건을 사실처럼 연출하는 데 사용되고 있다. 몇몇 국가에서 선거 기간 중 생성형 AI 기술이 후보자 비방이나 투표 의욕을 떨어뜨리는 데 악용되어 선거의 균형과 공정성을 심각하게 훼손한 사례도 있다.[24]

AI는 노골적인 허위 정보만이 아니라 매우 정교한 방식으로 선거를 조작할 수 있다. 후보 캠프 측은 유권자의 투표 성향과 SNS 활동을 분석해 특정 계층에 맞춤형 메시지를 전달한다. 이 과정에서 기존 편견은 강화되고 사회적 분열을 조장하는 내용은 확대 재생산된다.[25]

이 같은 정치적 마이크로 타기팅은 숙의민주주의를 방해하고, 공통의 정치적 기반을 약화한다. AI 알고리즘은 대부분 불투명하게 작동하기 때문에 시민과 규제 당국 모두 그 의사결정 과정을 명확히 알기 어렵다. 이는 정치적 권한이 시민으로부터 기술 소수자에게로 이동하는 구조를 고착화할 수 있다.

전문가들은 AI가 선거 보조 도구를 넘어 유권자의 판단을 설계하는 권력으로 작동하고 있다고 경고한다.[26] 민주주의가 건강하게 유지되려면 기술을 활용한 선거 전략이 윤리적 한계를 넘지 않도록 제도적 견제가 반드시 뒷받침되어야 한다.

윤리적 도전 과제: '공정성과 책임'

민주적 거버넌스에 AI를 통합하는 과정에서 발생하는 윤리적 문제는 투명성, 책임성, 공정성 등과 같은 철학적 문제와 밀접하게 관련 있다. 이러한 문제의 핵심은 AI 알고리즘이 편견과 부정확성을 확산시켜 정치적 의견과 선거 결과에 영향을 미칠 수 있다는 위험성 때문이다.[27]

정치적 정서를 분석·예측하기 위해 AI 시스템을 이용할 때 훈련 데이터에 내재된 사회적 편견을 모르는 사이에 증폭시킬 수 있으며, 이에 따라 특정 집단이 더욱 소외되고 공공 담론이 왜곡될 수 있다. 또 AI 시스템의 불투명성(이른바 '블랙박스' 문제)은 의사결정이 어떻게 이루어지는지, 그리고 궁극적으로 누가 그 결과에 책임을 지는지에 대한 중요한 질문을 제기하며, 투명성과 공공 감시의 민주적 원칙에 도전한다.[28]

민주주의 맥락에서의 윤리적 틀은 편향에 대한 엄격한 검증, 투명한 데이터 확보, 명확한 책임 구조 등과 같은 공정성 보장을 위한 명시적 조치에 기반한 AI 설계를 요구한다. 이러한 구조 없이 공공 의사결정에 AI를 사용하면 '알고리즘 권위주의(algorithmic authoritarianism)'가 형성될 수 있다. 알고리즘 권위주의는 시민의 정보에 입각한 선택이 아닌, 보이지 않는 힘(알고리즘)에 따라 정치적 선택의 결과가 조작되는 것을 뜻한다.[29]

또한 딥페이크 생성이나 특정 대상을 겨냥한 허위 정보 캠페인 등과 같이 정치적 목적으로 AI를 오용하는 것은 진실을 왜곡하고 대중의 신뢰를 훼손함으로써 민주적 제도의 무결성을 직접 위협한다.[30] 이러한 위험에 대응하려면 AI가 민주적 가치에 적합하게 활용되도록 보장하는 윤리적 거버넌스 메커니즘, 독립기관의 강력한 감독 및 공무원과 민간기관의 책임을 명확히 하는 법적 체계 등이 뒷받침되어야 한다.[31]

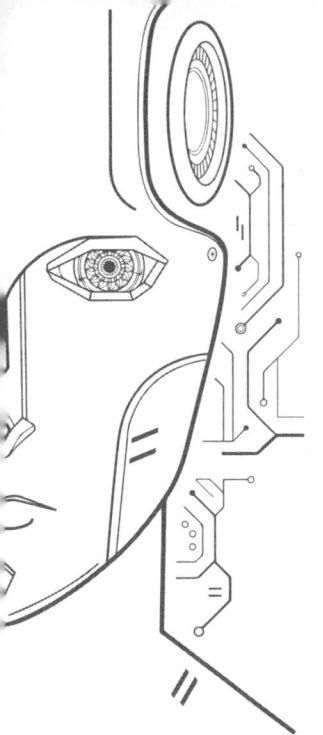

민주주의를 위한 도구

민주적 감시체계가 시급한 이유

AI가 민주주의 거버넌스에 본격 도입되면서 기술의 투명성과 책임 확보가 핵심 과제로 떠올랐다. 알고리즘에 기반하는 의사결정이 사회에 미치는 영향을 감시하고 개발자와 정치 행위자의 책임을 묻기 위해서는 공공의 검토와 법적 견제가 가능해야 한다는 지적이 커지고 있다.[32]

이를 위해 정책 차원에서 알고리즘 작동 방식 공개, 데이터 출처 명시, 결정 과정의 문서화 등 투명성 확보를 위한 조치가 필요하다. 하지만 실제로는 AI 시스템의 기술적 복잡성으로 비전문가가 내용을 이해하고 비판하기란 어렵다. '설명 가능한 AI'를 요구하는 목소리가 있지만, 복잡한 딥러닝 모델 등은 이러한 요구를 현실화하는 데 큰 장벽이 된다.[33]

이러한 한계를 넘기 위해서는 단순한 기술 정보 공개를 넘어선 민주적 감시체계가 필요하다. 독립된 규제 기관을 설립하고, 시민사회와 정부 감시단이 기술 정보를 실제 감시와 대응으로 전환할 수 있도록 디지털 리터러시 교육을 강화해야 한다. 또한 책임 구조도 강화되어야 한다. AI를 이용한 편향 콘텐츠 확산, 선거 결과 조작 등에는 명확한 법적 책임이 수반되어야 한다. 이는 민주주의의 윤리적 기준을 지키기 위한 최소한의 장치다.[34]

궁극적으로는, 기술의 이점을 살리되 시민의 공정한 참여와 알 권리를 침해하지 않는 포괄적 규제 체계가 필요하다. AI의 진보가 민주주의의 근간을 흔들 수 없도록, 민주적 통제력은 기술 발전만큼이나 빠르게 진화해야 한다.

사회 정의와 평등에 미치는 윤리적 영향

AI는 사회 정의와 평등에 관한 윤리적 문제에도 점점 더 영향을 미치고 있다. 특히 역사적 차별 구조가 데이터에 반영되고, 이를 학습한 알고리즘이 차별을 고착화하거나 확대할 수 있다는 우려가 커지고 있다.[35] 이 문제는 단순한 기술적 오류가 아니라, 민주주의 제도의 근간인 권리의 평등 보장과 기회의 균등 원칙을 위협하는 구조적 문제다. 예를 들어, AI 기반 도구가 선거 과정에 이용될 경우 특정 계층에는 유리하지만 다른 집단을 소외시키는 결과를 초래할 수 있다. 이는 분배적 정의(distributive justice)뿐만 아니라 절차적 정의(procedural justice) 원칙에도 벗어난다.[36]

AI 윤리적 원칙에는 공정성이라는 의미를 단순히 기술적 편향의 수정에 국한해서는 안 된다고 강조한다. 기술의 설계와 활용 전반에서 사회적 약자 보호와 형평성을 우선시해야 하며, 이는 정치 캠페인에서 AI를 활용하는 방식에도 확실하게 반영되어야 한다는 지적이다.[37] 그러나 실제로는 AI 기반 마이크로 타기팅은 편견이나 배제적 메시지를 강화하며, 사회 통합보다 분열을 조장하는 방식으로 활용되고 있다. 이는 정치적 담론의 포용성을 약화하고 민주주의의 토대인 사회 정의의 가치를 훼손하는 것이다.[38]

결국, AI의 윤리적 과제는 기술 문제를 넘어 사회 전체가 어떤 가치를 기반으로 기술을 수용하고 운영할 것인가에 대한 질문으로 이어진다. 민주주의가 지속 가능하려면 AI는 시민의 권한을 확장하고 오랜 불평등을 해소하는 도구로 기능해야 하며, 그 반대여서는 안 된다.

AI 발전과 인간 자율성의 균형

AI와 민주적 정치의 교차점에서 발생하는 핵심 과제는 기술 발전의 이점, 인간의 자율성과 자유의 보전 사이의 균형 등을 맞추는 데 있다. 한편으로, AI는 일상적인 의사결정 과정을 자동화하고 데이터 기반 정책 대응을 신속하게 함으로써 좀 더 효과적인 거버넌스를 촉진할 수 있다.[39]

다른 한편으로, 중요한 정치적 결정을 기계에 기반한 시스템에 위임하는 것은 인간의 주체성이라는 근본적인 민주적 원칙을 훼손할 위험이 있다. 이 원칙에 따르면 시민은 정책과 공공 담론을 형성하는 데 적극적으로 참여해야 한다. 철학적 논쟁은 '기술이 인간의 능력을 확장할 수 있지만, 개인의 사고·숙고·삶의 의미 발견과 같은 고유한 능력을 대체해서는 안 된다'라는 생각에 초점을 맞추고 있다.[40]

AI 시스템이 여론 통제나 선거 참여 관리에 사용될 때 자율성의 감소가 더욱 우려된다. 이러한 관행은 알고리즘의 명령에 따라 인간의 결정을 무시하는 시나리오로 이어질 수 있기 때문이다.[41] 이러한 '알고리즘 거버넌스'로의 잠재적 전환은 윤리적으로 문제가 있다. 조작이나 오류가 발생할 수 있고, 인간 판단의 역할을 축소하기 때문이다.[42]

따라서 디지털 시대에 인간의 자율성을 유지하려면 기술적 안전장치를 도입하는 것뿐만 아니라 개인의 권한 강화와 집단적 책임이라는 민주적 가치를 강화하는 강력한 규범적 틀이 필요하다. 정치적 맥락에서 AI 시스템을 설계하고 이용할 때 이러한 틀을 준수하여 거버넌스 결정의 최전선에서 인간의 자율성을 유지하는 것이 필수적인 요소다.[43]

위험 대응을 위한 규제와 민주적 거버넌스

AI가 민주주의에 미치는 잠재적 위험을 완화하려면 변화하는 디지털 환경에 대응할 수 있는 규제 체계와 강력한 민주적 거버넌스가 시급히 마련되어야 한다. 기존의 법적 규제만으로는 알고리즘의 불투명성, AI 기반 허위 정보의 확산 같은 새로운 문제들을 효과적으로 다루기 어렵다는 점에서 맞춤형 제도 개편이 필요하다는 목소리가 커지고 있다.[44]

정치 영역에서 사용되는 AI 시스템에 대한 투명성 확보, 설명 가능성 강화, 책임성 부여 등을 핵심으로 하는 규제가 필요하다. 이를 위해 알고리즘 작동 방식 공개를 의무화하고, 독립적인 감독 기구를 설치하며, 시민의 디지털 정보 해석 역량을 높이기 위한 공공 교육이 필요하다. 또한 윤리적 AI 거버넌스는 단순한 규제를 넘어서 구조적 제도 개혁과 연결되어야 한다.[45] 현재 미국 등 주요 국가에서는 기술 권력을 집중시키는 특허 독점 시스템 대신 보상 기반 혁신 모델을 도입하거나, 공공과 민간을 모두 감시할 수 있는 독립 규제 기관을 마련하는 방안 등이 논의되고 있다.

정부, 시민사회, 기술업계 간의 협업은 이러한 목표 달성에 필수적이다. 기술 발전을 민주주의 가치나 사회적 형평성의 훼손 없이 공익에 봉사하도록 유도하려면, 모든 이해관계자 간의 투명하고 지속적인 소통이 전제되어야 한다. AI는 막을 수 없는 흐름이지만, 그것이 민주주의를 약화하는 방향으로 작동하는 것을 막기 위해서는 제도적 대비와 윤리적 책임이 기술 개발만큼이나 중요한 시대가 되었다.

철학·윤리·정치의 통합적 접근

AI의 잠재력을 온전히 실현하면서도 그로 인한 위험을 방지하려면 철학적·윤리적·정치적 관점을 통합한 다층적 접근이 필요하다. 철학적으로는 지능·의식·자유의지 등의 본질에 대한 성찰이 필요하며, 윤리적으로는 기술 설계와 운용에서의 공정성·투명성·책임성이 핵심 가치다.[46] 또 정치적으로는 디지털 기술이 공적 담론과 정책 결정에 중대한 영향을 미치는 현실에 맞춰 민주주의 제도를 유연하게 조정해야 한다.[47]

이러한 통합적 노력의 중심에는 AI가 인간의 능력을 보완하는 수단이지 인간 자체를 대체하는 수단이 되어서는 안 된다는 인식이 자리 잡고 있다. 철학적 통찰과 윤리적 원칙을 정책에 효과적으로 반영할 수 있다면, AI와 민주정치 사이의 복잡한 관계를 더욱 균형 있게 조율할 수 있다. 이는 궁극적으로 더 포용적이고 회복력 있는 민주사회를 구축하는 데 중요한 역할을 할 것이다.

AI가 정치와 사회 전반에 깊숙이 통합됨에 따라, 민주주의 가치를 지키기 위한 철학적·윤리적 대응 전략이 요구되고 있다. 전문가들은 AI가 공정한 정치 담론과 시민의 자율적 판단을 침해하지 않도록 하는 다음과 같은 핵심 권고를 제시했다.

첫째, 투명성 강화를 위한 기술과 정책 투자가 필요하다. AI 시스템이 어떻게 작동하며 정치적 의사결정에 어떤 영향을 미치는지 시민이 명확하게 이해할 수 있도록 설명 가능한 구조를 확보해야 한다.[48]

둘째, 편향과 차별 완화에 집중해야 한다. AI가 취약 계층을 의도치 않게 배제하지 않도록 정기적인 공정성 감사와 알고리즘 점검을 해야 한다.[49]

셋째, 디지털 리터러시 교육 확대가 시급하다. 시민의 인식 주체성을 보호하고 허위 정보와 진짜 정보를 구별할 수 있는 비판적 사고력을 키우기 위해 교육 시스템 전반에 변화가 필요하다.[50] 또한 법과 제도는 기술 발전 속도를 따라잡을 수 있을 만큼 유연하고 선제적인 구조여야 한다. AI에 기반한 유권자 조작이나 딥페이크 같은 신종 위협에 대응하기 위해 정치 분야의 AI 사용을 정기적으로 검토하고 법적 기준도 계속 갱신해야 한다.[51]

넷째, 민주적 감시 장치가 반드시 마련되어야 한다. 독립적인 감독 기

구와 공개적인 시민 참여 절차를 통해 AI 기술의 공공 활용에 민주적 정당성이 확보되어야 한다.[52]

마지막으로, 윤리학자, 정치이론가, 기술자, 지역사회 대표 등이 함께 참여하는 협치 구조를 구축해야 한다. 다양한 관점을 반영한 거버넌스 모델만이 AI 기술의 발전과 민주주의 이상 사이의 균형을 이룰 수 있다.[53]

AI 시대의 민주주의는 시민의 권리를 보장하고 사회 전체의 신뢰를 회복하는 근본적인 설계 전환이 필요하다. AI와 민주주의 정치의 관계에서 제기되는 철학적·윤리적 논의는 기술이 지닌 가능성과 위협을 동시에 이해할 수 있는 정교한 분석틀을 제공한다. '생각한다는 것'과 '결정한다는 것'의 본질을 탐구하는 철학은, 민주주의가 무엇에 기초해야 하는지를 다시 묻는다. 동시에 공정성·투명성·책임성을 보장하는 AI 설계는 민주주의를 지키기 위한 윤리적 과제로 제시된다.

AI가 정치 전반에 확산하는 오늘날, 이 기술이 시민의 권리를 확대하고 인간의 자율성을 강화하는 방향으로 작동하도록 하는 것이 가장 중요한 과제다. 그렇지 않으면 알고리즘은 민주주의를 침식하는 수단이 될 수 있다. 이를 위해서는 고전적 철학 담론에서부터 현대 기술 거버넌스까지 아우르는 다학제적 접근이 필요하다. 학계와 정책결정자, 기술전문가, 시민사회 등이 협력해 AI 시대에 걸맞은 민주제도를 설계해야 한다.

민주주의의 근간을 유지하는 일은 단지 기술의 진보를 따라잡는 것이 아니라, 그 진보를 민주적 가치와 조화시키는 집단적 노력에 달려 있다. 궁극적으로, AI가 인간 사회에 긍정적으로 기여할지 여부는 기술 그 자체보다 인간이 어떤 철학과 윤리를 가지고 그것을 운용하느냐에 달려 있다.

AI와 사법의 통합

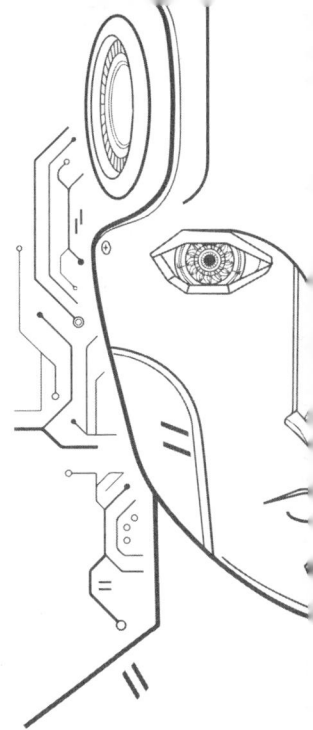

사법 시스템과 AI

AI는 전 세계 사법 시스템에 점점 더 많이 통합되고 있으며, 그 수준은 다양하다. 학계에서는 사법 기능에 AI를 사용할 수 있는 수준이 크게 세 가지로 나뉜다는 데 대체로 동의한다. 판사 업무 지원, AI를 이용한 판결 양식 생성, 사람의 개입이 전혀 없는 완전한 AI 판사 등이다.[54]

현재 일부 국가에서는 법원 시스템에 AI 기술을 도입했으며, 일부 관할 지역은 다른 지역보다 더 발전된 수준에 있다. 예를 들어, 영국의 항소법원 판사 콜린 버스는 판결문의 초안 작성에 챗GPT는 매우 유용한 도구라고 평가했다.[55] 그러나 판결문의 내용은 전적으로 그의 책임하에 작성되었다. 이는 AI 사용의 첫 번째 단계인 판사 업무에 대한 지원이 이미 사법 시스템에서 실행되고 있다는 사실을 보여준다.

AI 구현의 두 번째 수준에는 AI를 이용한 판결 양식 생성이 포함될 수 있다. 예를 들어, 네덜란드에서는 AI가 이혼을 위한 합의안 생성에 사용된 일이 있다. 그러나 이혼 당사자들이 합의안을 사람이 검토해 달라고 요구했기 때문에 이에 대한 논란이 있었다. 세 번째이자 가장 진보된 수준은 AI가 사람의 개입 없이 사건을 결정하는 것이다.[56] 현재 사법 시스템에서 이용할 수 있는 완전 자율 로봇 판사는 존재하지 않는다. 하지만 이는 단지 시간문제일 뿐이라는 견해가 일반적이다.

AI와 사법 통합에 관한 연구

최근의 연구들은 AI가 인간 판사와 비교했을 때 사법적 의사결정에서 어떻게 작용하는지 중요한 정보를 제공한다. 시카고 대학교 법학대학원에서 실시한 연구[57]는, 한편으로는 평균 17년 동안 판사로 재직했던 미국 연방 판사 31명을 대상으로 경험이 풍부한 법률 전문가들이 국제적 전쟁범죄 항소심에 어떻게 결정 내리는지를 조사한 실험을 재현했고, 다른 한편으로는 같은 사건에 대해 오픈AI의 GPT-4o는 어떻게 의사결정을 하는지 살펴보면서 두 사례를 비교·검토했다.

연구의 결과, AI와 인간 판사의 결정은 뚜렷한 차이를 보여주었다. 인간 판사는 피고인의 호감도에 상당한 영향을 받았으며, 이러한 감정적 요소가 사건과 법적으로 관련 없을 때에도 마찬가지였다. 그들은 종종 동정적인 피고인을 엄격한 법적 판례에서 벗어나 판결하는 경우가 많았다. 그러나 오픈AI의 GPT-4o는 피고인의 호감도에 관계없이 90퍼센트 이상의 경우에서 법적 판례를 준수했다. 인간 판사는 약 65퍼센트가 피고인에 대한 동점심이 판결에 영향을 미친 것으로 나타났다.

AI의 이점과 과제

사법 시스템에 AI를 통합하면 여러 가지 강력한 이점을 얻을 수 있다. 지지자들은 AI는 휴식이나 급여 없이 잠재적으로 공정하고, 부패할 수 없으며 사건을 매우 빠르게 해결할 수 있다고 주장한다. AI 기술은 소송의 모든 참가자 간의 의사소통 개선, 다양한 데이터베이스와 법률 정보의 정리 및 설명, 모든 계층의 사람에 대한 접근 제공, 소송 비용 절감, 재판 참여 규칙의 투명성과 이해도 향상 등 재판 과정의 복잡한 작업을 개선할 수 있다. 예를 들어, 디지털화를 통해 당사자들은 소송 기록이 준비될 때까지 기다리지 않고 기록을 즉시 얻을 수 있다.[58]

이론적 관점에서, 인간의 심리적 결함을 제거한 AI는 복잡한 사실의 집합에 객관적인 분석을 제공하고 합리적인 결정을 내릴 수 있다. AI에는 감정이 없어 인간 판사에게 영향을 미칠 수 있는 신체적 또는 심리적 압박을 받지 않아 공정하고 독립적인 판사가 될 수 있다. 또한 AI는 사법제도의 혼잡을 완화하고 법원 소송 절차를 신속하게 처리하며, 소송 비용을 줄일 수 있다. AI 기술은 데이터를 놀라운 속도로 처리하고 분석할 수 있어 전통적 방법으로 해결하는 데 몇 달이 걸리는 복잡한 사건을 더 쉽게 처리할 수 있어 법적 절차를 크게 개선할 수 있다.[59]

그러나 AI가 가져다줄 잠재적 이익에도 불구하고 사법제도에서 AI를 구현하는 데는 상당한 어려움이 있다. 주요 관심사 중 하나는 AI 소프트웨어가 입법자가 정한 규칙보다 법원 판례를 우선시할 수 있으므로 표준의 계층 구조가 변경될 위험이 있다는 점이다. 또한 이전 판례에 대한 심층 분석을 제공하는 AI 도구는 판사의 의사결정에 영향을 미칠 수 있다. 판사들이 동료 대다수의 의견에 따르도록 압력을 가하거나 알고리즘의 권고에 따르도록 함으로써 책임 회피로 이어질 수 있다. 이로 인해 소프트웨어가 사법부의 독립성과 자유를 침해할 수 있다는 우려가 제기되고 있다.

또 다른 중요한 위험은 AI가 법의 발전과 개선을 방해할 수 있다는 점이다. AI 알고리즘은 일반적으로 이전 상황을 기반으로 작동하기 때문에 발전을 제한하는 고정관념을 만들 수 있다. 판사들이 이러한 프로그램의 도움을 받으면 법이 사회에 적응하는 속도가 크게 느려질 수 있다. 또 대륙법 체계에서는 법조문이 변경되면 이전 조문을 기반으로 한 판례법이 무효가 될 수 있다는 문제도 있다.[60]

AI 판사의 가능성

기술이 아무리 발전해도 인간 판사에게는 AI가 대신할 수 없는 고유의 특성이 있다. 실제로 인간 판사는 인간 본성에 대한 이해를 바탕으로 신중하고 인간적으로 행동하며 미묘한 차이를 구별하는 결정을 내린다. AI가 인간성을 결여하고 있다는 점은 AI가 사법적 결정을 내릴 수 없다는 것을 의미한다는 주장도 있다. 성경에 나오는 '솔로몬의 재판'으로 이를 설명하기도 한다. 솔로몬은 인간 본성에 대한 이해를 바탕으로 진정한 어머니를 찾을 수 있었다는 것이다.⁶¹ 몇몇 사람은 AI가 빠르게 발전하고 있으며, 결국에는 상상할 수 없는 수준의 이해와 재량권을 달성할 수 있다고 주장하지만, 사법적 의사결정에서 인간적 요소는 여전히 매우 중요하게 여겨지고 있다.

앞서 언급했던 시카고 대학교의 연구에서는 AI와 인간의 사법적 추론 사이의 근본적인 차이점을 강조한다. GPT-4o는 법률에 대한 형식주의적 접근 방식으로, 개인적 감정을 배제하고 법률 규칙과 판례를 엄격하게 적용한다. 반면에 인간 판사는 감정적 반응, 사회적 맥락, 판결의 실질적 결과 등 법률을 넘어서는 요소를 고려해 결정을 내리는 현실주의적 경향을 보인다.⁶² 이러한 AI와 인간의 사법적 추론 차이는 단순한 지침 조정만으로 쉽게 극복할 수 없다.

사법 시스템에 AI를 통합하는 것은 유망한 기회이자 중요한 도전 과제다. AI는 효율성, 일관성, 비용 절감 등을 가능하게 하는 잠재력이 있지만, 공정성과 투명성 등의 측면에서는 우려도 제기된다. 이러한 문제를 해결하기 위해서는 최소한의 설명 가능한 기준을 갖춘 알고리즘 투명성, 편향 완화 전략, 공공 감독 메커니즘 등을 포함한 포괄적인 원칙 체계가 필수적이다. AI는 인간의 판단을 보조하는 도구로 사용되어야 하며, 인간을 대체할 수는 없다. 판사와 배심원은 현대의 가치와 법적 기준을 반영한 결정을 내릴 수 있는 궁극적인 권한을 유지해야 한다.⁶³

사법적 의사결정에서 인공지능의 역할에 대한 철학적 논쟁은 궁극적으로 정의의 본질에 대한 근본적인 질문으로 귀결된다. 정의는 법정에서는 사람이 누구인지에 상관없이 공정하게 규칙을 적용하는 맹목적인 것이어야 하는가, 아니면 각 개인의 온전한 인간성을 인식하고 때로는 상황이 정당하다면 자비로 법의 엄격한 문구를 완화해야 하는가.

AI는 일관성과 효율성을 제공할 수 있지만, 인간 판사는 진정한 정의에 필수적인 미묘한 이해와 도덕적 판단을 제공한다.[64] 이러한 환경 변화 속에서 AI의 강점을 활용하는 동시에 오랫동안 사법적 의사결정의 중심이었던 인간의 지혜와 연민을 보존하는 방안을 모색해야 한다.

2

AI는 민주적인가

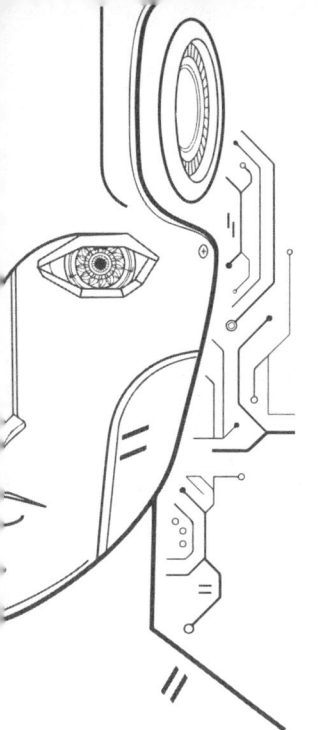

AI와 민주주의 문제

AI와 디지털 권위주의

2023년 5월 초 미국 백악관은 구글, 마이크로소프트 등 AI 분야를 선도하는 기술 대기업('빅테크')의 CEO들을 초청해 AI 혁신과 책임에 대해 논의했다. 카멀라 해리스 부통령이 주재한 이 회의에 잠시 들렀던 조 바이든 대통령은 트위터에 올린 글에서 책임감 있는 혁신과 함께 무엇보다 AI에 의한 위험의 최소화가 필요하다고 강조했다.

이에 앞서 2023년 5월 1일, 'AI의 대부'로 유명한 제프리 힌턴은 AI 발전으로 인한 위험성이 증가하고 있다고 경고하며 구글의 석학 연구원직을 사임한다고 발표했다. 2023년 3월에는 일론 머스크를 비롯한 CEO와 AI 전문가, 업계 관계자 등 1,000여 명이 AI 개발의 잠정 중단을 주장하고 나섰다.

인터넷, 디지털 등 기술전문가를 대상으로 한 미국 퓨 리서치 센터(Pew Research Center)의 설문조사 결과, 응답자 중 거의 절반인 49퍼센트가 앞으로 10년 동안 과학기술의 이용이 민주주의에 부정적인 영향을 미칠 것이라고 응답했다. 반면에 과학기술이 민주주의를 발전시킬 것이라는 응답은 소수에 그쳤다.

이처럼 많은 전문가가 과학기술이 민주주의에 미치는 영향을 우려하는 이유는 무엇일까? 러시아, 중국 등 권위주의 국가에서는 국민에 대한 사회적 통제뿐만 아니라 다른 국가의 민주주의에 영향을 미치기 위해 감시 기술, AI, **빅데이터**(big data) 등을 자국에 유리하게 이용하는 능력을 급속히 발전시켰다. 이와 마찬가지로 누구에게나 개방적이고 검열 없는 인터넷 환경, 그리고 AI 같은 혁신적 기술의 급속한 발달은 국가 권력의 감시와 통제에 최고의 기회가 될 수 있다.

> **빅데이터:** 거대한 양(volume)과 함께 빠른 속도(velocity), 다양성(variety) 등 3V를 특징으로 하는 데이터이다. 사람들이 매일 사용하는 컴퓨터와 모바일 기기, 기계 센서를 비롯해 모든 사물과 장소에서 생산된다. 인공지능(AI)으로 빅데이터를 분석, 활용하여 정책을 결정하고, 제품과 서비스 생산 등에서 중요한 역할을 할 수 있다.

실제로 이미 대규모 데이터와 첨단 AI 기술의 결합은 정부가 국민을 감시·통제하고 영향력을 행사하는 데 과거에는 없던 훌륭한 수단이 되고 있다.

예를 들어, AI 기반 감시 기술은 지난 10년간 비약적으로 발달해 새로운 경지에 도달했다. 이메일, 전화, 문자 메일, 메신저 애플리케이션, 소셜미디어, 온라인 결제 등 모든 전자 통신이 감시의 대상이 되었다. 검색 기록, 추적 도구와 소셜 로그인을 통해 모든 개인의 데이터를 수집·분석할 수 있다.

AI 알고리즘은 이러한 데이터를 바탕으로 심리학적인 분석도 제공한다. 얼굴·음성·동작 인식 등 AI 기반 감시 기술이 발전하면서 공공장소의 보안·감시 카메라 등도 함께 등장해 실제로 개인을 추적할 수 있다. 다른 기술의 발전과 마찬가지로 예측 분석과 함께 감시 도구를 이용해 정부는 보안·안전을 이유로 대중을 통제하고 대중의 행동을 예측해 대응할 수 있다.

권위주의 국가는 이러한 도구들을 이용해 어떠한 종류의 반대도 초기에 감지하고 예방할 수 있다. 또 지배 엘리트에 의한 권력 독점과 경제력 집중에 도전하는 반대 세력을 막을 수 있다. 권위주의 정부는 민간기업이 수집하고 저장하는 모든 정보와 데이터에 강제로 접근할 수 있기에 시민의 모든 삶이 국가에 의한 감시와 통제 수단의 범위 안에 있게 된다.

모든 종류의 스마트 기기를 포함한 사물인터넷(IoT)은 시청각 수단과 함께 다양한 센서를 이용해 감시망을 더욱 확대할 수 있다. 중국이 운영 중인 '사회신용체계'는 대중 스스로 검열하고 정부가 관리한다고 하지만, 개인이 정부에 종속되어 정상적이고 평범한 사회생활을 할 수 없도록 하는 강력한 도구가 되었다.

이러한 도구들은 '디지털 권위주의' 상황을 불러왔다. 사실 감시 기술은 '이중 사용'이라는 특성으로 인해 국민을 보호하는 데 이용되는지, 감시·탄압하는 데 이용되는지 구별하기 쉽지 않다. 교통 통제나 범죄 퇴치를 위한 감시 기반 시설이 반대파를 감시하거나 단속하는 도구로도 사용될 수 있다. 특히 중국 기업은 감시 기술을 자국 정부뿐만 아니라 다른 국가 정부와 보안기관에 수출하는 주요 업체다.

전 세계적으로 AI 시스템은 권위주의 정권을 선동하고 시민과 국가 간의 관계를 뒤집을 수 있는 잠재력을 보여주고 있으며, 이로써 권위주의의 세계적 부활을 부추기고 있다. 또 대규모 데이터베이스와 첨단 머신러닝(machine learning, 기계학습) 기술을 기반으로 하는 안면인식 기술은 반대 세력을 억압하기를 바라는 권위주의 정부의 시도를 현실로 만들어주는 '게임 체인저(game changer)'가 되고 있다.

민주주의 국가 정부는 감시 기술을 광범위하게 사용할 수 없다. 의회 등 입법부와 대중의 반대가 강하기 때문이다. 그러나 정부는 테러 예방, 범죄와의 전쟁 등을 위해 감시 기술을 사용해야 한다고 설득한다. 테러 공격으로 인한 피해와 끔찍한 범죄 사건은 정부 입장에 찬성하는 쪽으로 여론을 변화시킬 수 있다.

과학기술의 발전이 민주주의를 약화할 것이라는 우려가 깊어지고 있다. 반대로 민주주의 발전에 과학기술 발전이 도움이 될 것이라고 주장하는 사람도 많지만, 이들 또한 최근의 추세와 관련해 우려하는 부분이 있다. 이러한 우려는 대부분 개인의 자유, 개인정보 보호 등의 문제와 관련되어 있다.

중국이 개발한 AI 감시 기술은 세계 각국으로 수출되고 있다. 조만간 세계 인구 대다수가 중국산 감시 시스템 아래에 놓일 것이라는 예상도 가능하다. 이 시스템은 모든 시민을 하루 24시간, 일주일 내내 관찰하고 모든 행동을 모니터링할 것이다. AI 감시 시스템의 알고리즘은 조지 오웰이 상상했던 빅브라더보다 훨씬 뛰어나다. 문제는 이처럼 훌륭한 기술이 개인의 자유를 보호하는 방향이 아니라 자유를 포기하도록 이용될 가능성이 더 크다는 데 있다.

과학기술은 어떻게 사용하고 누가 통제하느냐에 따라 민주주의를 개선하거나 약화할 수 있다. 현재 과학기술은 소수에 의해 통제되고 있다.

소수는 자신이 가지고 있는 통제 권력을 나누려고 하지 않는다. 강한 권력이 소수의 손에 집중될 때 그 결과가 어떠한지는 역사를 통해 잘 알고 있다.

디지털 플랫폼에 의한 민주주의 위협

소셜미디어 등 온라인 플랫폼이 선거 등 정치에 미치는 영향은 이미 세계적인 현상이다. 정치세력은 온라인 플랫폼을 권력의 도구로 이용하려고 계속 시도해 왔다. 정치권력은 대중의 신뢰를 조작하기 위해 소셜미디어 등을 이용한다. 정치권력과 대중이 정보를 만들고 수집·배포하는 매체, 정치적 이해관계자들이 모두 참여하는 플랫폼 등은 모두 영리를 추구하는 기업이 독점적으로 운영한다. 현재 소수의 독과점적 대기업이 일반 대중의 디지털 생활을 통제하고 있으며, 이용자는 여기에 대한 발언권이 없다. 이처럼 권력을 독점한 정부, 플랫폼을 장악한 기업 그리고 이용자 사이 힘의 불균형이 계속된다면 민주주의 제도는 쇠퇴하고 말 것이다.

플랫폼이 제공하는 온라인 검색, 소셜 커뮤니케이션, 게임과 기타 엔터테인먼트 같은 서비스는 기본적으로 무료다. 그들의 주 수익원이 광고인 만큼 최적화된 광고를 제공하기 위해 이용자의 관심 데이터 수집에 집중한다. 구글과 페이스북 같은 빅테크가 미국 디지털 광고 시장의 60퍼센트를 점유하고 있으며, 이를 바탕으로 기업가치는 천문학적 수치로 치솟는다. 빅테크는 대규모 데이터를 독점적으로 통제함으로써 각각의 시장 부문뿐만 아니라 AI 개발과 훈련에서도 막강한 능력을 확보했다. 그리고 이를 기반으로 기존 시장에서 입지를 더욱 강화하고 새로운 시장에서 유리한 출발점을 차지하고 있다.

현재 우리가 사용하는 스마트폰이나 태블릿은 이러한 비즈니스 모델을 지원하도록 완벽하게 조정된 방식으로 개발·제작된다. 이러한 기기들을 비롯한 주변의 많은 일상용품에 센서 기술이 탑재된 이유는 무엇보다 이용자의 개인정보를 수집하고 이용하기 위함이다. 이와 같은 사실을 알고 기기를 이용하는 사람도 있지만, 대부분은 아무런 의심 없이 독과점적 플랫폼 기업을 믿고 다양한 기기의 이용을 받아들인다. 문제는 이 기업들의 기술과 플랫폼이 일상생활과 사실상 일체가 되다시피 한 상황은 특정 집단의 이익 추구에 매우 좋은 환경이라는 사실이다. 이러한 기술에 의해 현실 왜곡까지 가능하다.

플랫폼의 압도적인 영향력은 디지털 시대에 누가 정통성을 가지고 있고, 누가 권력을 가져야 하며, 민주주의가 어떻게 제대로 기능할 수 있는지에 대한 법률적 의문을 제기한다. 이는 개인의 권리와 공권력이 세계적인 범위에서 기업 등 서로 다른 집단 사이에 '재배치'되는 새로운 단계인 디지털 법치주의가 부상하고 있음을 보여준다. 디지털 법치주의는 책임감 있는 정부, 개인의 권리, 법치 등을 포함한 근대 법치주의의 뿌리를 혁신하는 것을 의미하지 않는다. 오히려 디지털 시대에 법률의 역할을 다시 구성하는 것이 핵심이다. 현대 법치주의는 항상 견제와 균형을 통한 기본권 보호와 권력 제한이라는 두 가지 사명을 추구해 왔다.

디지털 시대의 주된 관심사 중 하나는 인터넷의 차단이나 감시와 같이 권리와 자유를 위협하는 공권력의 행사에 관한 것이다. 미국 국가안보국(NSA)에 의한 무차별 감시 실태를 폭로하는 문서를 유출한 에드워드 스노든 사건을 계기로 국가 안보와 개인의 사생활에 대한 논란이 일었다. 그러나 현재 인터넷을 장악하고 있는 민간기업은 전 세계 수십억 명의 이용자에게 적용되는 서비스 약관이나 커뮤니티 지침을 자체적으로 만들어 시행하고 있다. 이 규칙들은 법률상의 기본권 보호 또는 민주주의 가치와 경쟁하는 새로운 기준으로 자리 잡았다.

현재 나타나는 민주주의에 대한 도전은 전통적으로 공공기관이 통제하던 것들을 민간기관이 아무런 안전장치 없이 통제함으로써 생겨났다. 독과점적 플랫폼이 세계적인 범위에서 개인의 권리와 자유를 설정하고 집행할 수 있는 능력은 대중에 대한 그들의 힘이 얼마나 큰지 보여준다. 페이스북이나 구글이 온라인 콘텐츠를 관리할 때 항상 법률적 안전장치를 고려할까? 그렇지 않다. 민간기업의 사적 기준에 따라 표현의 자유 등 개인의 권리나 공익에 관한 결정을 내린다. 그리고 이러한 결정을 기업이 직접 실행한다.

상황이 이렇다 보니 투명성과 책임론이 대두된다. 플랫폼 기업은 더 이상 '언론의 자유', '표현의 자유', 특히 '기업활동의 자유'라는 구호 뒤에 숨으려고 해서는 안 된다. 특히 독과점적 플랫폼은 스스로 정한 우선순위에 책임을 져야 한다. 해로운 정보의 확산과 선동의 원인을 AI 알고리즘 탓으로만 돌려서는 안 된다. 그 알고리즘은 데이터를 기반으로 하기 때문이다.

그런데 데이터에는 중대한 결점이 있다. 데이터는 중립적이지 않다. 데이터는 본질적으로 정치적이다. 무엇을 수집하고 무시할지는 정치적 선택에 따른 행위다. 따라서 정부와 기업 등은 데이터와 AI의 힘을 남용하면서 민주적 시스템을 위협하기도 한다. 이러한 상황은 민주적 거버넌스의 이상이 위협받을 정도로 확대되고 있다. AI 강국 중국이 권위주의적이고 독재적인 체제에서 시민에 대한 억압을 강화하는 일은 이미 현실이 되었다.

민주주의를 위협하는 AI 기반 허위 정보

2023년 8월 도널드 트럼프는 선거 사기와 관련한 허위 정보를 퍼뜨렸다는 혐의로 기소되었다. 그리고 2024년의 대통령 선거를 위한 공화당 공천 경쟁에서 플로리다 주지사 론 드산티스는 AI로 생성한 가짜 이미지를 활용한 정치 광고를 내보냈고, 트럼프 측도 AI 딥페이크를 이용해 가짜 동영상을 올리는 등 AI를 이용한 흑색선전이 난무했다. 이처럼 미국에서 허위 정보 확산 문제는 매우 심각한 상황이며, 디지털 조작이 일반화되면서 AI 기반의 허위 정보 생산이 점점 더 정치에 커다란 영향력을 발휘하고 있다.

이런 상황에서 대중이 쉽게 정치 콘텐츠를 생성할 수 있게 한 새로운 AI 도구들은 허위 정보 확산을 한층 더 가속하고 있다. 예를 들어, 메타는 최근 자사의 생성형 AI 기술을 대중에 공개할 계획을 밝혀 AI 도구를 통해 허위 정보가 더욱 만연할 가능성을 높였다. 이와 같은 상황에서 전 구글 CEO 에릭 슈미트는 AI로 인해 "보고 듣는 모든 것을 신뢰할 수 없다"라고 경고했으며, 오픈AI의 CEO 샘 올트먼도 민주주의의 미래에 대해 우려를 표명했다.

미국 의회는 이에 대응해 AI 규제를 추진하고 있다. 미 상원 민주당 원내대표 척 슈머는 AI 규제를 위한 새로운 틀을 제시했으며, 뉴욕주의 이베트 클라크 하원의원은 정치 광고에 AI 사용을 명시하도록 요구하는 법안을 발의했다. 주정부 차원에서도 미시간과 미네소타 등 일부 주는 선거 관련 허위 정보의 확산을 금지하는 법안을 고려 중이다.

그러나 큰 난관이 가로놓여 있다. AI 규제가 강화되면 다른 국가에서 허위 정보가 더 쉽게 확산할 가능성이 커진다는 점이다.[1] 이러한 '규제 역설'은 소셜미디어 기업이 미국과 유럽연합(EU) 등 주요 시장에 규제 대응 자원을 집중하게 하며, 다른 지역에서는 허위 정보에 대한 감시가 소홀해지는 결과를 가져온다. 주요 소셜미디어 플랫폼은 이미 허위 정보 감시 인력을 축소하고 있다.

글로벌 선거 환경과 허위 정보 확산

2024년은 60개국 이상에서 세계 인구의 4분의 1에 해당하는 약 20억 명이 참여하는 선거가 치러졌다. 그러나 선거 과정에서 잘못된 정보와 허위 정보의 확산 및 선거 결과에 대한 치명적 영향, 선거의 공정성과 민주주의의 정당성 훼손 등을 우려하는 목소리는 더욱 높아졌다.

인도의 정치 캠페인에서는 허위 정보가 사용된 전례가 있으며, 인도네시아와 한국에서도 선거 관련 허위 정보 문제가 반복되고 있다. 남아프리카공화국과 이집트를 포함한 아프리카 국가도 마찬가지다. 이집트에서는 정부가 허위 정보를 단속한다는 명목으로 반대 의견을 억압했으며,

인권운동가를 허위 정보 확산 혐의로 체포한 사례가 있다. 남미도 예외는 아니다. 선거 시기에 허위 정보가 극심하게 퍼졌으며, 이를 검증하기 위한 팩트 체크 활동이 과중한 업무로 이어지고 있다.

이 같은 상황을 고려할 때 기술 기업이 선거 전담팀을 꾸리고 허위 정보를 신속히 차단할 준비를 해야 하지만, 오히려 많은 기술 기업은 수익성 강화에 집중하고 있다. 광고 수익 감소와 주가 하락으로 인해 비용 절감이 시급해지면서 허위 정보 감시 같은 수익을 직접 창출하지 않는 부문에 대한 예산이 줄어들고 있다. 그 결과, 허위 정보 문제는 더욱더 심각해지고 있으며, 이는 전 세계적으로 민주주의에 심각한 위협으로 작용할 수 있다.

민주주의에 대한 영향력

2020년, 오픈AI의 언어 모델 GPT-3가 미국 내 정치적 논의에서 어떻게 악용될 수 있는지 탐구하기 위한 실험[2]이 진행되었다. 연구팀은 총기 규제, 생식권, 교육, 건강 정책, 치안, 세금 등 여섯 가지 정책 이슈에 대해 우파와 좌파의 입장을 표현하는 글을 작성했고 이를 바탕으로 GPT-3에 각각의 입장에서 새로운 편지를 작성하게 했다. 그리고 이렇게 사람과 AI가 작성한 편지를 총 7,200명의 주 의원에게 3만 2398건을 발송하여 의원들이 어느 편지를 더 신뢰할지 반응을 비교했다.

분석 결과, 총기 규제 및 건강 정책과 같은 일부 이슈에서 GPT-3가 작성한 텍스트와 사람이 쓴 글은 거의 동일한 신뢰도를 보였다. 의원들이 AI가 작성한 편지에 답한 비율은 사람의 편지에 답변한 비율과 거의 같았고, 심지어 교육 정책에서는 AI 글의 응답률이 높았다.

챗GPT와 같은 언어 모델의 발전은 정책결정자와 대중 의견의 관계에 새로운 변화를 불러올 수 있다. 이러한 기술은 대중의 의견을 반영하는 데 중요한 역할을 했다. 그러나 이제는 AI를 활용해 대중의 의견을 왜곡하는 데 이용될 수 있다는 우려가 제기된다.

AI 기반 텍스트 탐지와 대응

연구자들은 AI가 작성한 텍스트를 탐지하는 데 동일한 알고리즘을 활용하여 약 90퍼센트의 정확도를 달성했다고 밝혔다. 또한 오픈AI와 앤트로픽 등 주요 연구소는 생성된 텍스트에 '워터마킹'을 적용하는 방법을 연구 중이다. 이러한 기술이 표준화되면 입법자는 AI가 작성한 콘텐츠를 쉽게 걸러낼 수 있을 것으로 보인다. 그러나 AI가 발전함에 따라 입법자와 그 직원들은 디지털 리터러시를 높여 AI의 잠재적 위험에 대해 더욱 경계해야 한다.

최근 선거에서도 드러났듯이, 악의적인 행위자가 AI와 디지털 애플리케이션을 통해 민주주의를 위협하려는 시도가 늘고 있다. 이에 대응해 입법자는 공청회, 지역 여론조사 등 대면 방식으로 더 신뢰성 있는 데이터를 얻고 디지털 기술에 대한 규제를 강화해야 할 필요성이 커졌다.

정치 지도자와 소셜미디어

전 세계 지도자 180여 명이 전통적인 정부 발표 대신에 SNS 계정으로 국가와 국민에게 정책 또는 경고를 발신하고 있다. 그렇다면 사람들은 이 같은 SNS 게시글을 얼마나 진지하게 받아들일까?

MIT 정치학자들의 연구[3]에 따르면, 대중과 정책 전문가는 지도자의 SNS 게시글을 전통적인 정부 발표(성명)와 유사하게 신뢰하는 것으로 나타났다. 공동 연구자인 에릭 린-그린버그는 "전문가와 일반 대중 모두 SNS 게시글을 신뢰할 수 있는 메시지로 간주"한다고 설명했다. 이 연구는 사람들이 SNS를 정책 신호 전달 매체로 인정하고 있음을 시사한다. 실제로 응답자 중 상당수가 트위터 글을 백악관 보도자료로 착각하는 경향도 보였다.

소셜미디어 봇과 정치 담론

캐나다의 정치 담론에서 소셜미디어 봇(Bot)이 중요한 영향을 미치며, 이를 방치하면 민주주의에 부정적인 영향을 미칠 수 있다는 연구 결과가 나왔다. 맥매스터 대학교의 소피아 멜란슨 리차르도네는 2019년 SNC-라발린 스캔들을 분석해 봇이 단순한 디지털 존재를 넘어 온라인 대화를 적극적으로 형성했다는 사실을 발견했다.[4]

봇에 의한 정치적 담론 왜곡

리차르도네는 2019년 3월 14일부터 4월 9일까지 트위터 데이터를 분석한 결과, 봇이 인간 사용자 사이에서 인식되지 않은 채 정치적 에코 체임버를 강화하고 핵심 민주적 가치를 잠재적으로 훼손했다고 밝혔다. 이 스캔들은 쥐스탱 트뤼도 캐나다 총리가 퀘벡 기반 공학회사 SNC-라발린의 형사사건 개입을 법무부 장관에게 압박했다는 의혹에서 시작되었다. 윤리위원회는 트뤼도가 이해충돌법을 위반했다고 판결했으며, 이로 인해 주요 관계자들이 사임했다.

리차르도네는 "봇은 인간 사이의 상호작용보다 더 효과적으로 정치적 대화의 언어와 초점을 형성할 수 있다"라며, 봇이 특정 줄거리를 증폭하고 여론에 영향을 미쳐 이념적 분열을 심화시킬 수 있다고 경고했다.

AI 봇의 진화와 증가하는 영향력

리차르도네가 SNC-라발린 사건을 다루었던 2019년 이후 봇 기술은 더욱 진화했다. 그는 "현재 사용되는 봇은 2019년에 비해 훨씬 더 정교하며, 유권자를 미세하게 타기팅할 가능성이 높다"라고 언급했다. 그는 앞으로 연구를 통해 최근의 정치적 사안을 다루면서 이 현상을 추가로 탐구할 계획이라고 밝혔다. "봇이 정치적 메시지를 순환시키는 방식은 담론 구조를 더욱 미묘하게 조작할 가능성이 있다"라고 강조했다.

정책적 함의와 규제 필요성

리차르도네는 봇이 정치적 대화를 조작함으로써 공정한 선거와 정보 기반 의사결정을 위협한다고 경고했다. 봇의 영향력은 특정 줄거리 증폭,

정치적 양극화 심화, 다양한 시각에 대한 비판적 대화 방해 등으로 이어질 수 있다. 그는 "봇을 활용해 유권자의 사고와 의견 형성을 조작하는 것은 캐나다 헌법 제2조(a) 및 (b)에 따른 사상·신념·의견·표현의 자유를 침해할 수 있다"라고 지적했다. 따라서 그는 캐나다 국민의 기본권 보호를 위해 정치적 소셜미디어 커뮤니케이션 규제를 강화해야 한다고 제안했다.

민주주의를 위한 봇 규제

리차르도네의 연구는 정치적 담론에서 봇의 역할을 재검토하고 민주주의를 보호하기 위한 새로운 규제 접근법이 필요하다는 점을 강조한다. 기술이 발전하면서 봇이 가진 잠재적 위협은 더욱 증가하고 있으며, 이를 통제하지 않으면 정치적 투명성과 공정성이 심각하게 훼손될 수 있다는 경고다.

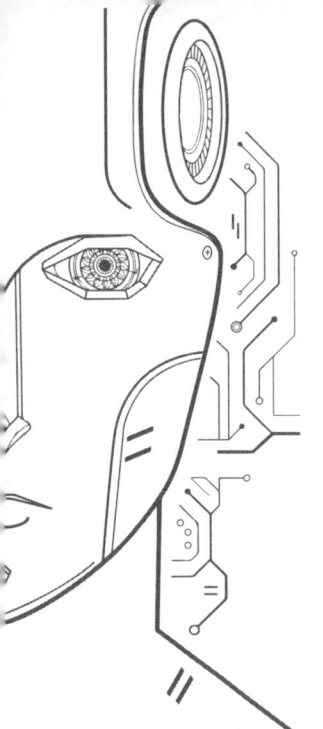

디지털 플랫폼과
민주주의

디지털 플랫폼과 저널리즘

플랫폼의 소유자와 기업, 정부와 정치권 등은 디지털 데이터를 수집할 뿐만 아니라 거래까지 하고 있다. 또 대중의 감시를 위해 데이터를 수집·분석하는 핵심 기술인 머신러닝 기반 기술이 급속히 발전하고 있다. 이러한 머신러닝 기반 감시 기술의 강화는 시민사회의 토론 과정을 거치지 않기 때문에 대중이 정치과정에 안전하고 공정하게 참여할 수 있는 능력을 위협한다.

이용자의 개인정보가 소수 대기업 손에 집중되면서 이 기업들은 이용자의 지식, 생각, 의견, 정서 등에 접근할 수 있게 되었다. 이러한 데이터를 기반으로 독점적 플랫폼 기업은 이용자가 인식하지 못하는 사이에 동의 없이 그의 행동을 개인 맞춤형으로 바꾸는 시도를 할 수 있다. 민주주의 사회와 권위주의 사회 모두에서 이러한 지식과 영향력은 경제적 목적뿐만 아니라 정치적 목적에 이용될 수 있다.

이처럼 광범위한 독점적 디지털 플랫폼이 선거 등 정치과정에서 편향되거나 잘못된 정보를 확산시켜 자유민주주의 체제를 위협할 가능성은 항상 존재한다. 이 문제는 일반적인 시장 독점에 대한 경제적 규제만으로 해결할 수 없다. 따라서 디지털 플랫폼의 정치적 영향력 제한에 규제의 초점을 맞출 필요가 있다. 예를 들어, 언론사에 등급을 매겨 이용자에게 각 언론사의 뉴스 노출을 차별화하는 네이버의 정치적 영향력에 대한 제한 등은 특히 중요하다.

디지털 미디어는 언론의 정상적인 여과 장치와 편집 과정을 근본적으로 무너뜨렸으며, 이로 인해 민주주의의 기반을 이루는 대중의 기본적인 인식까지 바뀌었다. 한때는 전문 언론인이 사회에서 다양한 목소리로 제기되는 많은 주장을 평가하고 걸러내는 '필터' 역할을 담당했다. 현재 이러한 역할은 페이스북이나 유튜브, 한국에서는 네이버 같은 대형 콘텐츠 제공자가 장악하고 있다.

플랫폼과 언론의 왜곡된 관계는 수익을 추구하는 기업의 행태로 인해 더욱 강화된다. 이러한 관계는 기자에게 논란의 소지가 있고 선정적인 콘텐츠를 생산하도록 부추긴다. 이러한 콘텐츠는 더 많은 사람이 플랫폼에 오래 머물며 자신의 개인정보를 제공하도록 유도한다. 결과적으로 이 과정은 더 많은 광고 수익으로 이어지며, 생산한 뉴스의 이용자를 찾는 언론사들이 플랫폼에 더욱 의존하게 만든다.

독점적 플랫폼은 뉴스 소비의 디지털화에 따른 최대의 수혜자인 동시에 지배자라고 할 수 있다. 따라서 이들에게는 디지털화 저널리즘의 가치를 보호·발전시킬 막중한 책임이 있다. 그러나 그 가치는 플랫폼의 상업적 목적 앞에 힘을 잃는다. 특히 네이버가 언론사의 뉴스 노출을 차별화하는 행태는 더욱 심각하다. 다른 나라에서는 찾아볼 수 없는 이러한 행태는 언론과 플랫폼의 왜곡된 관계를 더욱 악화시키고, 결국 저널리즘의 가치를 위협한다.

기술 권력 독점, 민주주의 위협

디지털 미디어 시대의 뉴스 사업은 좋은 방향이든 나쁜 방향이든 정보의 흐름을 거의 독점함으로써 시민에게 중요한 기능을 한다. 뉴스 사업은 공공 문제에 대한 정보를 걸러내고 편집한다. 이러한 변화 과정은 수많은 문제를 일으키기도 하지만 평범한 시민이 민주주의 체제의 공적 영역에 과거보다 훨씬 쉽게 접근할 수 있는 환경을 조성했다.

디지털 미디어는 과거의 매체들과 달리 대중의 지적 한계와 편견에 대해 나름 잘 작동했다는 평가를 받는다. 그러나 디지털 미디어는 언론으로서 갖추어야 할 정상적인 여과 장치와 편집 과정을 근본적으로 무너뜨렸다. 한때 대중은 정치권이나 기업보다 언론의 역할에 강한 신뢰를 보냈다. "신문에서 봤어", "TV 뉴스에서 봤어"라는 말은 특정 정보의 정확성과 그에 대한 믿음을 표현하는 것이었다. 그러나 인터넷으로 변화한 환경은 신뢰할 수 있는 정보 제공이라는 역할에 별 도움이 되지 못한다.

현재 이러한 역할은 페이스북이나 유튜브, 한국에서는 네이버 같은 대형 콘텐츠 제공자가 장악하고 있다. 이러한 플랫폼은 개인이 가장 쉽고

편하게 입맛에 맞는 정보를 찾을 수 있게 해주지만, 한편으로 자신의 견해나 주장에 도움이 되는 정보만 선택하고, 믿고 싶지 않은 정보는 의도적으로 외면하는 확증편향을 강화한다. 이에 따라 AI 알고리즘에 의해 "닫힌 방 안에서 같은 생각을 하는 사람들의 소리만 듣는" 에코 체임버 현상이 더욱 심해졌다. 그러나 정치인이나 기업은 이 문제를 알면서도 개선하려고 노력하지 않으며, 오히려 최대한 유리하게 이용할 궁리만 한다. 그리하여 이 문제를 해결할 수 있는 길은 더욱 찾기 어렵게 되었다.

기술은 개인에게 정보를 맞춤화해 제공하기 때문에 각각의 개인은 주요 방송사나 전국 및 지역 신문의 뉴스를 접할 때처럼 정보나 뉴스 의제에 대해 공통 인식을 갖기 어렵다. 시민이 토론할 공적인 문제에 대한 정보를 공유하고 있지 않다면 민주주의를 지탱하기가 쉽지 않다. 어떤 사회적 쟁점을 놓고 토론할 때 각자 주장의 근거로 내세우는 정보의 출처와 내용이 전혀 다르다면 정상적인 논의가 가능하겠는가? 게다가 중앙의 대형 언론사를 제외한 지역 신문의 퇴출과 지역 텔레비전 방송국의 소유권 집중은 특히 지역 뉴스의 이용성과 가치를 떨어뜨렸다.

이러한 환경에서 **음모론**이나 부정확하고 매우 편향된 정보 등이 지속적으로 확산하면서 객관적 정보 또는 진실을 구별하는 시민의 능력이 떨어졌다. 이는 모든 미디어에 대한 불신, 숙명론, 일부 이용자의 이탈 등으로 이어진다. 그리고 이에 따른 사회적 신뢰의 상실은 실제로 사회적 대화를 심각하게 가로막고 정치적 분열을 증폭시켜 결국 자유민주주의 체제에 위협을 가할 수 있다.

> **음모론**: 사회에 중대한 영향을 미친 사건의 배경에 거대한 권력 조직이나 비밀 단체가 있다고 주장하는 행동이다. 주로, 일어나지 않는 사건을 주관적으로 이해하거나 우연하고 특이하며 매우 부분적인 사항을 과장해 해당 사건과 연결해 해석하는 방식으로 생산된다.

문제는 이러한 신뢰의 상실을 권위주의 정권이나 독재 세력이 반긴다는 사실이다. 권위주의 정권 또는 민주주의를 내세우며 실제로는 대중 독재적 행태를 일삼는 집단의 목표는 견제받지 않는 자신의 권력에 대중이 문제를 제기하지 못하도록 하는 것이다. 그들은 객관적인 진실을 찾아내 위선적이며 왜곡된 정보를 걸러내는 대중의 능력이 떨어지기를 원한다.

언론과 플랫폼의 왜곡된 관계

뉴스 소비의 급속한 디지털화에 따라 오늘날 세계의 많은 인쇄 뉴스 매체는 광고 수익 기반 사업 모델의 붕괴로 생존의 위협에 직면했다. 퓨 리서치 센터의 조사에 따르면, 미국인의 뉴스 이용 수단 중 종이 신문의 비율은 이미 20퍼센트 이하로 떨어졌다. 뉴스 소비의 디지털화 추세로 페이스북과 구글, 같은 독점적 플랫폼이 디지털 광고 수익의 가장 큰 부분을 차지하게 되었다. 이 플랫폼들은 전체 온라인 광고 시장의 70퍼센트 이상, 디지털 광고 수익 증가분의 85퍼센트 이상을 독점한다고 한다.

반면, 자유민주주의 사회에 필수적인 양질의 뉴스와 정보를 제공하는 언론사들은 플랫폼의 독점 강화 추세 속에서 수익성이 계속 나빠지고 있다. 《월스트리트저널》, 《유에스에이 투데이》 등 미국의 최대 종이 신문의 발행 부수는 급격히 감소했다. 이에 따라 《뉴욕타임스》 등 주요 신문은 종이 신문 발행 대신 디지털 구독자 늘리기에 사력을 다하고 있다. 그러나 언론사들의 노력에 비해 독점적 시장 지배력을 조정하고 저널리즘의 가치를 지키기 위한 정책적 조치는 매우 제한적이다.

페이스북 등의 플랫폼은 정부와 정치권을 상대로 막강한 로비력을 발휘하고 있다. 이들의 로비력은 독점적 플랫폼에 관한 규제 정책에도 엄청난 정치적·경제적 영향을 미친다. 페이스북과 구글이 로비에 투자하는 비용은 미국 내 기업 중 단연 최고 수준이다. 그나마 미국은 기업이나 단체 등의 합법적 로비 활동이 보장되고 관련 정보가 공개되기 때문에 플랫폼들의 로비 실태를 어느 정도 파악할 수 있다. 하지만 한국에서는 네이버의 정치권 로비와 관련해서는 온갖 의혹만 난무한다.

미디어 시장이 어느 부문보다 정치적·사회적으로 다양하고 광범위한 외부효과를 낳는다는 점에서 정부는 이를 관리할 책임이 있다. 자유민주주의 사회의 이익과 저널리즘의 가치가 지켜질 수 있도록 부정적인 효과를 최소화하고 긍정적인 효과를 극대화해야 한다. 미국에서 페이스북은 막대한 수익을 내면서도 이용자의 데이터를 잘못 처리하고 시장의 지배적 권력을 남용하며, 위험하고 잘못된 정보를 확산하는 등 엄청난 부정적 외부효과를 낳고 있다는 비판을 받는다.

최근 연구들에 따르면, 상업적 뉴스 매체들은 독자에게 다가가기 위한 수단으로 점점 더 페이스북에, 한국에서는 네이버 같은 디지털 플랫폼에 의존한다. 이는 저널리즘의 가치에 직접적인 위협이 된다. 뉴스 매체의 편집자와 기자는 뉴스 기사가 플랫폼에서 어떤 자리를 차지할 것인지에 따라 기사의 방향을 정한다. 이 과정에서 플랫폼의 알고리즘과 이에 대한 이용자의 반응에 집중한다. 이러한 상황은 독점적 플랫폼과 언론의 불공정하고 불평등한 관계를 더욱 심화시킨다.

이처럼 바람직하지 않은 관계는 규제되지 않은 독점적 플랫폼에 대한 우려, 사회적 통제의 필요성에 대한 인식을 높였다. 그런데 독점적 플랫폼 규제와 관련해 많은 정책결정자는 명확한 방향을 제시하지 못하고 있다. 무엇보다 플랫폼의 독점이 자유민주주의 저널리즘에 미치는 영향에 직접 대응하는 규제 방안이 중요하다. 그리고 그 영향의 구조적 뿌리인 플랫폼 기업의 상업적 목적에 초점을 맞춰야 규제의 실효성을 높일 수 있다.

디지털 플랫폼과 언론의 정치화

사법의 정치화란 법원이나 사법제도가 정치적 영향력에 따라 결정을 내리는 것을 말한다. 사법부가 입법부나 행정부로부터 독립성과 중립성을 지키는 것은 민주주의의 기본인 삼권분립 원칙 중에서도 가장 중요하게 여겨지는 부분이다. 사법의 정치화는 이 원칙을 위반함으로써 민주주의를 뿌리부터 흔드는 현상이다. 한국의 정치과정에서 중요한 정치적 결정을 정치권이 아닌 헌법재판소 등 사법부에 의존하는 '정치의 사법화' 문제가 계속되었다. 그리고 이제는 사법부가 정치적으로 결정하는 사법의 정치화가 일상화되는 모습이다.

이념적으로 편향된 정치권력과 사법부가 사법의 정치화를 심화시킨다면, 이념적으로 편향된 정치권력과 언론은 '언론의 정치화'를 초래한다. 언론의 정치화는 정보의 왜곡과 편향, 가짜뉴스의 확산, 대중의 건전한 여론 형성과 민주주의 원칙의 위협, 언론의 신뢰 상실과 저널리즘의 위협 등 광범위하고 심각한 문제로 이어진다. 그리고 네이버 같은 독점적 디지털 플랫폼은 언론의 정치화를 악화시키는 핵심 역할을 한다.

먼저, 언론의 정치화로 정보의 왜곡과 편향이 발생할 수 있다. 특히 AI 기술을 기반으로 하는 독점적 디지털 플랫폼은 이 문제를 더욱 악화시킨다. 플랫폼을 작동시키는 AI를 누가 운영하느냐, 즉 그 알고리즘을 누가 만들고 관리하느냐에 따라 AI는 크고 작은 정치적 또는 사회적·문화적 편향성을 가질 수밖에 없다. AI의 알고리즘을 설계할 때 설계자의 성향과 가치판단이 처음부터 개입하기에 생기는 일이다. AI의 작동 바탕인 데이터 역시 같은 맥락에서 이해할 수 있다.

언론의 정치화는 대중이 신뢰할 수 있는 정보를 받지 못해 불필요한 혼란과 불신에 빠지게 한다. 언론의 정치화는 대중의 건전한 여론 형성과 민주주의 원칙을 위협할 수 있으며, 독점적 플랫폼은 이를 더욱 악화시킬 수 있다. 예를 들어, 네이버는 실제로 뉴스 콘텐츠를 생산하는 언론사가 아니면서 대다수 국민이 똑같은 뉴스를 접하게 하고, 이를 바탕으로 사회적 여론 형성을 이끌고 있다. 이러한 독점적 플랫폼이 대중의 뉴스 이용을 사실상 지배하는 상황에서 개인이 객관적인 정보를 얻기란 매우 어렵다. 언론이 특정 정치 성향이나 이익을 추구하면서 중립성을 상실하면 언론의 신뢰성이 떨어지고 대중의 지지를 잃게 된다. 이와 같은 신뢰의 상실은 자유민주주의의 상실로 이어진다.

데이터, AI: 감시 자본주의

하버드 대학교의 경제학자 쇼샤나 주보프는 '감시 자본주의(surveillance capitalism)' 시대를 이렇게 설명한다. "소수의 기술 엘리트 손에 데이터, 지식, 자금력 및 통신 채널을 통제할 수 있는 능력이 빠르게 집중되었으며, 이는 경제적·정치적 영향력의 비대칭성이 급속히 강해지는 결과를 초래했다."[5]

이러한 평가는 이스라엘의 역사학자 유발 하라리와 비슷하다.[6] 하라리는 정치에서 부족주의가 강화되고, 민주주의 사회에서 권위주의적이고 포퓰리즘적인 흐름이 강화되는 것은 이 시대의 기술 발전과 밀접하게 연관된다고 분석한다. 그는 정치과정에 대한 대중의 영향력은 찾아보기 어려울 정도로 감소하고 민주주의에서 자유로운 의사결정과 선거는 명목으로만 남게 될 것을 우려한다.

기술 관계자들은 자신이 만든 것에 대해 경고한다. 이러한 경고는 학계, 정치권 등에서 나오는 경고와 의미가 다르다. 가장 노골적인 비평가 중 몇몇은 최근의 기술 발전에 중요한 역할을 했던 당사자들이다. 구글에서 디자인 윤리를 책임졌던 트리스탄 해리스는, 수십억 명의 사람이 선거와 같은 민주주의와 관련된 결정에서 소수 회사의 영향을 점점 더 많이 받는다고 말한다. 알고리즘이 사용자의 시간을 두고 경쟁하는 '주의 경제(attention economy)' 환경에서는 합리적이고 사실에 기반을 두기보다 선정적이고 감정적인 콘텐츠를 전진 배치하기 때문이다. 정치적 문제도 마찬가지다.

생활 속의 '빅브라더'

스마트폰과 무료 콘텐츠의 세계적 보급으로 사람들은 경제 수준, 인종, 종교 및 정치적 배경 등과 큰 상관없이 온라인 정보를 이용할 수 있게 되었다. 이에 따라 데이터 경제가 확산하고 거의 보편화되었다. 동시에 이용자는 국경과 정치체제를 넘어 지극히 개인적인 정보까지 빠르고 편리하게 다른 사람과 교환하는 것에 익숙해졌고, 사실상 24시간 다른 사람이 자신을 관찰하고 있다는 사실에도 빠르게 익숙해졌다. 조지 오웰의 소설 《동물농장》 속 빅브라더가 현실이라고 해도 놀랍지 않을 상황이다.[7]

타인이 나를 관찰하는 기술은 이 순간에도 발전하고 있다. 스마트 TV, 스마트 워치, 피트니스 트래커, 가상 비서 등과 같은 첨단기술 제품이 주머니 속에 들어 있는 스마트폰과 연결된다. 쿠키, 추적 도구와 소셜 로그인을 통해 플랫폼과 웹사이트 및 장치에 걸쳐 이용자의 온라인 행동에 관한 데이터를 동기화할 수 있다. 이것들은 개인의 위치, 행동, 태도, 기분, 선호, 사회생활 등에 대한 정보를 지속적으로 제공한다.

또 데이터 경제 분야 기업은 정확한 성격 프로파일과 행동 예측이 가능하도록 정보를 가공해 개인 한 명 한 명을 표적화, 즉 '마이크로 타기팅'을 할 수 있다. 많은 사람이 개인정보 보호와 관련해 불편함을 느끼고 있다. 그러나 미국의 한 설문조사에서 알 수 있듯이, 대다수는 여전히 좀 더 나은 개인정보 보호보다 '무료' 서비스를 선호한다.[8]

2016년 초 수백만 명의 페이스북 이용자 정보를 당사자 동의 없이 정치적 선전에 사용한 '케임브리지 애널리티카 스캔들(Cambridge Analytica scandal)'이 터졌다. 케임브리지 애널리티카가 수집한 개인정보는 2016년 미국 대통령 선거와 영국의 브렉시트 국민투표 외에도 인도, 이탈리아, 브라질 등 여러 곳에서 투표자에게 영향을 미치는 데 사용되었다. 이 사건으로 개인정보에 대한 이해와 인식이 높아졌고, 기술 관련 기업의 데이터 사용에 대한 엄격한 규제를 요구하는 중요한 계기가 마련되었다.

개인정보가 공공재인가

개인정보 보호 문제는 대부분 사용자의 소셜미디어 행동에 실질적이거나 지속적인 영향을 주지 않는다. 무료 서비스를 받는 대신 서비스 제공자가 자신의 개인정보를 이용하도록 하는 '거래'는 사용자가 그 의미와 조건에 대해 잘 알고 있다는 것을 전제로 한다. 이때의 거래는 개인 선택의 자유로 간주할 수 있다.

그런데 과연 그 거래가 이용자의 자발적 동의에 의한 것이냐는 문제가 있다. 많은 서비스와 도구는 이용자가 데이터를 통제하고 개인정보를 보호할 수 있는 선택의 자유를 강하게 제한한다. 개인이 온라인에서 무엇을 하는지 추적되고 개인정보가 수집되는 것을 피하기란 거의 불가능하다.

개인정보 보호와 관련된 고지사항과 이용약관은 대부분 의도적으로 모호하고 광범위하며 장황하다. 이러한 고지사항이나 이용약관을 꼼꼼히 읽는 사람이 몇이나 될까? 이용자는 대부분 서비스 제공자가 자신의 데이터에 접근해 그것을 처리·확산할 수 있는 능력의 정도를 인식하지 못한다. 또 개인정보 보호를 우려하는 이용자는 가족·친구 및 동료와 연결할 수 있는 주요 소셜네트워크와 메시지 서비스를 대신할 적절한 다른 수단을 마련하기 어려워 마지못해 이러한 현실을 받아들이고 있다.

누군가 '개인정보도 공공재(公共財)'라고 주장한다면 대부분은 동의하지 않을 것이다. 그러나 현실은 다르다. 개인정보 보호에 관한 논의와 우려는 주로 이용자의 권리와 개인 자료의 보호에 관한 것이다. 그런데 정치적 관점에서 보면 이 문제는 훨씬 복잡하다.

이용자 데이터가 몇몇 대기업의 손에 집중되면서 기업은 이용자의 지식, 생각, 의견, 정서 등에 접근할 수 있게 되었다. 이러한 데이터를 기반으로 서비스 제공 기업은 이용자가 인식하지 못하는 사이에 동의 없이 그의 행동을 개인 맞춤형으로 바꾸는 시도를 할 수 있다. 민주주의 사회와 권위주의 사회 모두에서 이러한 지식과 영향력은 경제적 목적뿐만 아니라 정치적 목적에 이용될 수 있다. 이는 개인정보 보호와 데이터 소유에 관한 문제를 개인의 권리와 선택에 관한 것이 아니라 공공재에 관한 것으로 만든다.

정치적 의견과 온라인 참여

툴레인 대학교의 연구에 따르면, 정치적으로 민감한 콘텐츠가 자신의 관점과 상반되는 내용일수록 사람들은 더 많이 참여하는 것으로 나타났다. 연구진은 이를 '대립 효과'로 정의하며, 사람들이 자신의 신념에 도전하는 콘텐츠에 대해 더 자주 반응한다고 분석했다.

반대 의견에 더 많은 관심

연구는 트위터, 페이스북 그리고 온라인 실험 데이터를 분석하며, 특히 2020년 미국 대선 기간의 사용자 반응을 조사했다. 연구에 따르면, 사용자는 자신의 믿음과 상반되는 게시물에 댓글 작성, 좋아요 또는 싫어요 같은 리액션 등으로 더 적극적인 반응을 보였다. 특히 개인의 핵심 가치를 도전받는다고 느낄 때 더욱 두드러졌다.

연구를 이끈 다니엘 모촌은 "대립 효과는 우리가 온라인에서 관찰하는 많은 독성 담론의 원인을 설명한다. 사람들은 자신의 신념과 충돌하는 콘텐츠에 분노를 표출하려는 강한 충동을 느낀다"라고 말했다. 기존 연구에서는 사람들이 자신과 다른 관점의 콘텐츠를 회피한다고 봤으나, 이 연구는 반대 이념의 콘텐츠가 오히려 더 높은 참여를 유도한다는 사실을 밝혀냈다.

분노와 참여의 악순환

연구는 약 50만 명의 미국인을 대상으로 페이스북에 게시된 도널드 트럼프 찬반 게시물에 대한 반응을 관찰했다. 결과적으로 사람들은 자신과 상반된 의견을 담은 게시물에 더 높은 참여를 보였으며, 이러한 반응은 분노에 의해 주도되는 경우가 많았다. 모촌은 "소셜미디어 플랫폼은 사용자의 활동 유지에 긍정적이든 부정적이든 상관하지 않는다"라며, 분노를 이용한 참여 유도가 플랫폼의 기본 전략으로 작용한다고 지적했다.

또 연구는 참여가 반드시 선호를 반영하지 않는다는 점을 강조했다. 스포츠나 패션 같은 주제에서는 참여가 관심을 의미할 수 있지만, 정치적 참여는 종종 분노에 기인해 악순환을 만든다는 것이다. 예를 들어, 카멀라 해리스 부통령의 X(옛 트위터) 계정에 달린 댓글의 상당수는 정치적 반대 견해를 가진 사람들이 작성한 것이었다.[9]

정책적 및 사회적 함의

툴레인 대학교의 연구는 정치 캠페인, 언론기관, 소셜미디어 플랫폼이 분열적인 콘텐츠를 관리하기 위한 전략을 수립하는 데 유용한 통찰을 제공한다. 특히 정책결정자는 이러한 역학 관계를 이해함으로써 온라인 독성 담론을 완화하고 공론장의 질을 높이는 방안을 마련할 수 있다.

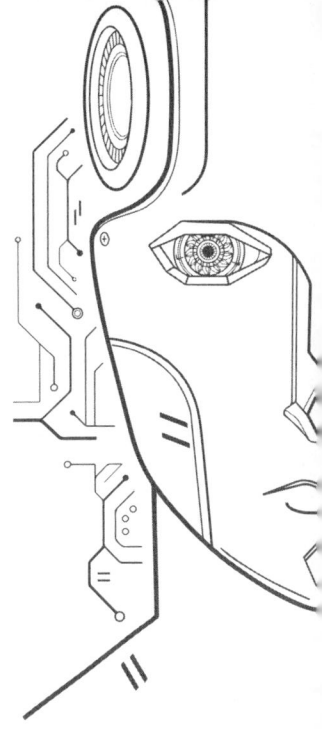

AI와 민주주의 선거

　정치적 이해관계자가 모두 참여하는 플랫폼은 영리를 추구하는 기업이 독점적으로 운영한다. 이러한 플랫폼은 모든 사람이 똑같이 이용할 수 있는 것이 아니며, 사회복지의 향상이나 광범위한 시민 참여의 촉진을 위해 운영되는 것도 아니다. 그리고 플랫폼을 독점한 기업의 이윤 추구 동기, 사업 모델, 데이터 수집 방식, 사업 과정 등은 투명하게 공개되지 않는다. 따라서 이 플랫폼들의 일방적인 정보 전달 방식은 민주주의 제도에 적합하지 않을 수 있다.

　정치적 목적을 위해 인터넷으로 연결된 사이버 공간을 이용하려는 이들은 정부만이 아니다. 민간기업은 물론 개인도 자신의 정치적 이익과 이념 등을 위해 이를 이용한다. 그러나 인터넷 공간에는 전 세계적으로 네트워크 중립성을 보장하고 검열을 금지하며 보편적 인권 보호 같은 합의를 이루고 관리할 수 있는 영향력을 가진 효과적인 관리 기구가 없다. 오히려 도덕적으로 의심받는 소수의 플랫폼이 온라인 세계를 지배한다.

AI 기술, 특히 머신러닝은 특정 분야를 먼저 차지한 이에게 큰 이득을 안겨주는 구조다. 구글은 이용자 검색에 관한 데이터를 누구보다 가장 먼저 많이 축적할 수 있었기 때문에 세계를 지배하는 검색 엔진 자리를 굳건히 지키고 있다. 현재의 독점 구조는 기술 발전으로 더욱 강력해지고 있다. 이러한 기술은 20세기의 전체주의 정부가 추구했던 방식으로 여론을 형성하고 바꿀 수 있다.

이러한 기술에 대한 민주주의적 통제에 중대한 변화가 없다면 그 기술은 특정 세력이 의도한 대로 민주주의를 계속 위협할 것이다. 그들은 반민주적 행동을 정당화하기 위해 '표현의 자유' 같은 민주주의적 가치를 내세우기도 한다. 예를 들어, 온라인은 물론 국회에서까지 가짜뉴스를 남발하는 이들은 터무니없는 정보를 비판하는 이들에게 "내 표현의 자유를 억압하지 말라"고 외친다.

플랫폼의 서비스는 이용자의 이용 시간을 최대화해 광고 수익을 극대화하도록 설계된 알고리즘을 기반으로 한다. 알고리즘은 정확한 콘텐츠보다 극단적인 콘텐츠를 우선시한다. 흔히 뉴스 미디어를 통한 저질·가짜 정보를 대부분 나쁜 언론인이나 언론사의 책임으로만 돌린다. 그러나 최근에는 이러한 문제가 특정 유형의 뉴스를 선호하는 플랫폼의 상업적 압력 때문이라는 주장이 힘을 얻었다. 독과점적 플랫폼이 자체적으로 언론사에 등급을 매겨 대중의 뉴스 이용 기회를 통제하는 포털사이트의 행태는 이러한 압력의 대표 사례라고 할 수 있다.

실제로 이러한 경향은 전 세계적으로 극단적인 정치세력의 부상을 지원했으며, 민주적 제도와 절차에 대한 믿음과 참여를 불안정하게 만들었다. 정치인은 이를 규제해야 한다고 목소리를 높이지만 자신도 이러한 플랫폼과 콘텐츠를 이용해 이익을 얻기 때문에 적극적으로 나서지 않는다. 이러한 현실은 정치적 불안정을 심화하고 민주주의 체제의 붕괴로까지 이어질 수 있다. 시급한 규제 조치가 없다면 미래의 정치, 특히 '민주주의 꽃'이라는 선거는 AI 알고리즘을 가장 효과적으로 이용할 수 있는 집단에 의해 지배될 것이다.

AI 기술이 선거에 미칠 영향

소셜미디어 페이스북의 모기업 메타가 자사 플랫폼에서 AI로 생성한 이미지에 이를 식별할 수 있는 꼬리표(label)를 붙이기로 했다. 메타는 이렇게 자체 개발한 메타데이터 식별 도구를 이용해 챗GPT 개발사인 오픈AI 등 다른 회사의 AI로 생성한 이미지를 이용자가 구별하도록 할 방침이다. 메타는 이 정책을 미국을 비롯해 세계적으로 중요한 선거들이 치러지는 동안 유지하겠다고 밝혔다.[10]

메타는 자사의 '커뮤니티 표준'과 '광고 표준'이 AI 생성 콘텐츠에도 적용될 것이라고 전하며, 외부의 독립적인 팩트 체크 기관과 협력해 AI로 생성된 콘텐츠를 검토하고 평가할 것이라고 설명했다. 이러한 검토는 콘텐츠가 조작된 경우 '변형됨'이라는 평가—'가짜' 또는 '변형' 또는 '조작된 오디오·비디오·사진—를 부여할 예정이다. 메타는 자체 AI 도구로 생성된 이미지에 해당 내용을 명시할 것이며, 구글, 오픈AI, 마이크로소프트, 어도비, 미드저니, 셔터스톡 등 다른 회사의 도구로 제작된 AI 생성 콘텐츠도 동일한 방식으로 표시될 것이라고 알렸다.

메타는 또한 사용자가 AI로 생성된 오디오나 영상을 공유할 때 이를 고지하는 기능도 추가하기로 했으며, 이를 표시하지 않으면 제재를 가할 수 있다고 덧붙였다. AI를 이용해 변경하거나 생성한 정치, 사회 또는 선거 관련 광고 역시 AI 사용 사실을 고지해야 한다. 2023년 7월에서 12월 사이 메타는 이러한 고지 없이 게재된 광고 43만 건을 EU에서 삭제했다. 이러한 메타의 전략은 AI를 통한 허위 정보 확산을 억제하고 선거의 공정성을 보호하려는 국제적인 흐름에 중요한 역할을 할 것으로 보인다.[11]

이 주제는 2024년 세계 주요 선거를 거치는 동안 더욱 중요해졌다. 메타 외에도 구글은 2023년 12월 선거와 관련된 검색과 AI 챗봇 응답을 제한하겠다고 발표했으며, 오픈AI도 자체 기준을 강화해 선거 개입 우려를 해소하고자 했다.

기업과 정부 차원의 노력

AI 남용 방지를 위한 노력은 민간기업뿐만 아니라 각국 정부에서도 진행 중이다. 유럽연합 집행위원회(EC)는 AI와 딥페이크로 인한 민주주의 위협을 완화하기 위해 선거 보안 지침을 논의 중이며, 미국에서는 AI로 생성된 음성을 활용한 전화 사기와 딥페이크 음성을 이용한 가짜 정보 확산을 금지하는 법안이 통과되었다.

미국과 한국 등 세계 각국에서 선거가 치러진 2024년, AI 특히 챗GPT 같은 생성형 AI 기술은 새로운 도전으로 떠올랐다. 생성형 AI는 이용자의 요구에 따라 사실적인 이미지, 동영상, 오디오 또는 텍스트를 생성할 수 있다. 선거에서의 잠재적 활용 가능성을 고려할 때 이 기술은 크게 주목받을 수밖에 없다.

전 세계 인구의 41퍼센트, 전 세계 GDP의 42퍼센트 이상을 차지하는 국가들에서 선거를 치른 2024년에는 온라인 생태계가 선거 과정과 결과에 상당한 영향을 미쳤으며, 여기에 새로운 기술 발전이 더해지면서 선거 양상의 변화 가능성에 세계적으로 긴장이 고조되기도 했다.

챗GPT에 주목하는 이유

생성형 AI 기술은 최근 10년간 급속히 발전했다. 특히 2022년 11월 챗GPT가 출시된 이후 이러한 유형의 콘텐츠가 허위 정보 생산을 가속해 2024년 선거의 해를 '정보의 악몽'으로 만들 수 있다는 우려가 계속 제기되었다. 생성형 AI 출시 후 시간이 지나면서 초기의 엄청난 열광에 비하면 세상의 정보 환경은 크게 변화하지 못했다. 오히려 새로운 기술은 긍정적 발전을 이루기보다 민주적 담론과 선거의 공정성을 훼손하는 데 사용되고 있다.

선거를 앞두고 이러한 기술에 주목하는 이유는 선거와 관련해 생성한 콘텐츠가 미칠 영향 때문이다. 이러한 콘텐츠는 선거 막판 유권자의 투표권 행사를 방해하려는 시도를 조장하거나, 반박할 기회가 없는 상황에서 특정 후보에 대한 허위 정보를 무제한 유포할 가능성이 상당히 높다. 특히 이렇게 유포된 정보가 선거 후 허위로 드러나도 선거 결과를 바꿀 방법은 사실상 없다.

생성형 AI에 의한 콘텐츠는 정치 이슈에 대한 합의 조작, 정부 대응력 약화, 여론 혼란과 분열, 유권자 현혹, 선거에 대한 신뢰 약화 등을 이전보다 더 쉽게, 더 적은 비용으로 가능하게 한다. 이러한 시도는 새로운 것이 아니며 이전부터 계속된 문제들이다. 그러나 새로운 기술은 이전과 비교할 수 없는 양과 질의 콘텐츠로 민주적 담론을 훼손할 수 있는 잠재력을 가지고 있다.

허위 정보 확산의 증폭기

이러한 맥락에서 생성형 AI 콘텐츠는 허위 정보의 확산을 촉진하는 증폭기가 될 수 있다. 이전에는 여러 행위자 또는 특정 집단 구성원의 조율이 필요했다. 재활용 사진을 사용하거나 문법적으로 부정확하고 어색한 메시지를 사용하기 때문에 어느 정도 구별이 가능했다. 하지만 이제는 클릭 몇 번으로 과거와 같은 오류 없이 차별화된 콘텐츠를 대량으로 제작할 수 있다.

딥페이크와 음성 복제는 이미 선거에 출마하는 후보자를 모방하는 데 이용되고 있다. 가장 최근의 대표적 사례는, 미국 뉴햄프셔 예비선거를 앞두고 조 바이든 대통령을 사칭한 AI 생성 로보콜이 민주당원의 투표를 방해한 사건이다. 앞으로 이러한 전술은 유권자의 동력을 떨어뜨리거나 속이는 데 더 효과적으로 악용될 수 있다. 여론을 흔들고 정치적 분열을 악화시키는 데도 동원될 수 있다. 이러한 시도를 국가 차원에서 어느 정도 차단할 수는 있지만, 자원과 관심이 제한된 지방자치단체와 기타 지역 선거에서는 이에 대응하기 어려울 수 있다.

악의적인 행위자는 생성된 이미지로 가짜 계정을 통해 영향력 행사와 조직적인 불법 행동을 더욱 그럴듯하게 만들 수 있다. 과거에는 다른 소셜미디어 사용자에게서 가져온 이미지를 재활용해 프로필을 만들었지만, 이제는 더욱 신뢰성 있는 대량의 가짜 프로필을 쉽게 만들 수 있다. 그리고 자동화된 처리 과정은 가짜 프로필을 이전보다 더 빠르게 확산시킬 수 있다.

소셜미디어나 웹사이트에서 공유되는 대량의 고유한 텍스트를 사용해 문법적 오류가 두드러지지 않고 오용된 전문 용어 없이 공감대를 형성하거나 설득력 있는 이야기를 만들어낼 수 있다. 이러한 유형의 콘텐츠는 영어뿐만 아니라 한국어 등 특정 언어로 된 선거 관련 허위 정보를 무수히 생산할 수 있다. 특히 이러한 정보는 콘텐츠의 신선도에 의존하는 검색 알고리즘에서 다른 정보들을 압도할 잠재력이 있다. 업무가 과중한 선거 담당 공무원이 이를 찾아내기 위해 시간 집약적인 작업을 수행한다면 가뜩이나 어려운 그의 업무는 더욱 복잡해질 것이다.

다양한 주체의 협력 필수

AI가 생성한 콘텐츠에서 드러난 문제를 해결하려면 정부부터 AI 기업, 소셜미디어 플랫폼, 이용자에 이르기까지 다양한 주체의 협력이 필수적이다. 문제 콘텐츠의 개발과 배포에 대한 탐지를 목표로 하는 협력은 선거 기간에 AI가 생성한 정보에 따른 문제를 완화하는 데 도움이 될 것이다. 이러한 조치로 문제가 완전히 해결되지는 않겠지만, 중요한 선거 기간에 다루기 어려워 보이는 문제를 해결하기 위한 긍정적인 조치가 될 수 있다.

정책결정자, 기술 기업, 연구자 등은 AI로 생성된 콘텐츠의 악의적 활용을 지속적으로 연구하는 한편으로 선거에 미치는 잠재적인 긍정적 영향을 강조하는 것 또한 중요하다. 예를 들어, AI 도구는 미국에서 후보자가 특정 언어로 새로운 유권자에게 다가가거나 중요한 캠페인과 선거 관련 정보를 다른 언어로 번역하는 데 도움을 준다. 이는 허위 정보가 넘쳐나는 온라인 환경에서 양질의 콘텐츠와 데이터 공백을 메울 수 있다.

또 생산성 측면에서 생성형 AI의 이점을 고려할 때 이러한 도구는 자원이 부족한 선거 캠페인의 경쟁력을 유지하는 데에도 도움이 될 수 있다. 따라서 생성형 AI 콘텐츠와 관련된 문제를 해결하려는 정책과 접근 방식의 변화는 생성형 AI의 사용 여부가 아니라 그 결과물의 폐해에 초점을 맞추는 것을 우선으로 삼아야 한다.

민주주의를 위협하는 AI 가짜뉴스

AI는 데이터를 분석해 유권자를 끌어들이려는 캠페인 도구로 활용되고 있다. 현재도 정당들이 AI로 유권자 데이터를 분석해 맞춤형 광고를 실시간으로 제공하고 있다. AI의 선거 활용 자체는 불법이 아니다. 그러나 악의적인 AI 사용 사례는 우려를 낳고 있다.

딥페이크 기술은 텍스트, 이미지, 음성, 영상 등을 조작해 유권자를 속일 가능성이 있다. 미국에서는 조 바이든 대통령의 가짜 음성으로 유권자를 혼란하게 만든 사건이 있었고, 슬로바키아, 아르헨티나, 뉴질랜드, 튀르키예 등에서도 유사한 사례가 보고되었다. 이와 같은 악의적인 AI 기술은 정치적 혼란을 조장할 수 있다는 점에서 이에 대한 각국의 경각심이 높아지고 있다.[12]

국가 주도 허위 정보

국가 차원의 허위 정보 공격도 경고의 대상이다. 미국 국무부는 러시아가 우크라이나에 대한 반감을 확산시키려고 허위 정보를 유포할지도 모른다는 가능성을 제기했다. 유럽의 여러 국가에서 선거가 예정된 상황에서 이러한 정보전은 각국의 선거 결과에 영향을 미칠 수 있다. 인도에서는 나렌드라 모디 정부가 외부 비판을 겨냥해 가짜뉴스를 유포하고 정치적 반대 세력과 소수민족을 공격하는 데 허위 정보를 사용하고 있다는 주장이 제기되었다.

대응의 필요성

전 세계가 AI 사용 규제에 관한 합의를 시급히 끌어내야 한다. 미국 상원에서는 허위 AI 정보 방지를 위한 법안이 검토 중이며, EU도 AI 규제안에 합의했다. 사회적 미디어 플랫폼이 허위 정보 방지책을 강화하고, 기업의 알고리즘과 정치 광고 등의 투명성을 강화하는 법안도 필요하다.

사전 대응 전략, 허위 정보를 경계하는 교육과 대응 방안, 미디어의 진실한 보도와 자유로운 언론 보장 등이 중요하다. AI와 허위 정보의 파도가 사회를 위협하고 있는 지금, 민주주의를 지키기 위한 체계적인 대응이 절실하다.

AI의 선거 개입 사례: 타이완

2024년 1월 13일 타이완 대선을 앞두고 소셜미디어에서 타이완과 미국의 관계에 대한 허위 정보가 확산하면서 대중의 신뢰를 겨냥한 공격이 이어졌다. 하버드 케네디 스쿨의 연구[13]에 따르면, 이러한 허위 정보는 미국의 외교 정책보다 미국 자체에 대한 불신과 회의감을 조장하는 데 초점을 맞추고 있다. 연구팀은 타이완에서 가장 인기 있는 메신저 라인(Line), PTT(Push to Talk), 페이스북 등 세 개 플랫폼에서 허위 정보 사례를 분석했다. 특히 라인 사용자는 의심스러운 콘텐츠를 확인하기 위해 크라우드소싱 기반인 사실 확인 플랫폼 코팩츠(Cofacts) 챗봇에 게시물을 전달했다.

연구에 따르면 코팩츠에서 검토한 14만 300개 라인 게시물 중 타이완·미국·중국 관련 주제가 포함된 게시물이 약 1만 1000개로 가장 많은 주목을 받았다. 미국과 우크라이나 전쟁, 경제적 불황, 코로나 백신 공급 문제 등과 관련된 이야기를 포함한 이러한 허위 정보는 미국의 신뢰도를 떨어뜨리려는 의도를 드러냈다.

예를 들어, 일부 게시물은 미국이 팬데믹 동안 백신 공급을 제한했으며 타이완은 미국보다 비싼 가격에 백신을 받았다고 주장했다. 연구진은 이러한 정보들의 목적은 타이완인이 미국의 지원 의지에 의구심을 갖도록 유도하는 데 있다고 설명했다.

AI 생성 콘텐츠의 위험성

연구팀은 허위 정보가 친중 성향의 정치 그룹과 미국의 음모론 단체들 사이에서 특히 활발하게 확산했다고 밝혔다. 연구를 이끈 다트머스 대학교의 허버트 창은 "타이완 대선에서 미국과 관련된 허위 정보의 절반 이상이 이미지 등 시각 자료를 동반한 멀티모들(multimodal) 콘텐츠였다"라고 강조하며, 이는 AI 생성 콘텐츠가 선거에 미치는 영향에 대한 우려를 높이고 있다고 덧붙였다.

추가 분석에서는 일부 아시아 지역 사용자들이 가상 사설망(virtual private network, VPN)을 이용해 자신을 미국 기반 사용자로 가장해 허위 정보를 유포한 정황도 발견되었다.

타이완의 정치 지형 변화

타이완의 정치 지형은 크게 중국과의 통합을 지지하는 국민당의 '파란 캠프'와 타이완 독립을 지향하는 민주진보당(민진당)의 '녹색 캠프'로 나뉜다. 그리고 2020년 등장한 타이완민중당은 국내의 사회 문제에 집중하며 외교 관계에 덜 주력하는 노선을 제시하고 있다. 2024년 대선(총통 선거)에서 민진당의 라이칭더 후보가 40퍼센트의 지지율로 당선되면서 3연속 승리를 거두었으며, 국민당과 타이완민중당이 각각 33퍼센트와 26퍼센트의 지지를 받았다. 특히 민중당은 젊은 층의 지지를 받으며 존재감을 드러냈다.

허버트 창은 타이완 대선이 "국제 관계가 유권자 선택에 미치는 영향이 커졌음을 보여주었다"라며, "AI가 허위 정보 식별과 차단에 활용될 수 있음을 시사하는 중요한 사례"라고 평가했다.

딥페이크와 선거

AI가 민주주의에 영향을 미칠 가장 큰 위험 요소는 유권자를 오도할 수 있는 합성 콘텐츠인 딥페이크다. 세계경제포럼의 설문조사 결과에 따르면 전문가들은 '허위 정보'와 '사회적 양극화'를 앞으로 2년간 전 세계에서 가장 심각한 위험으로 꼽았다. 이 같은 위험은 이미 현실로 나타나고 있다. 미국에서 한 정치 컨설턴트는 바이든 대통령의 음성을 합성한 전화 녹음을 사용한 결과 거액의 벌금을 물었고, 인도에서도 AI로 생성된 영상이 선거 캠페인에서 흔히 사용되고 있다.

따라서 이 주제에 대한 포괄적이고 국가적인 논의가 필수적이다. 포괄적인 정책은 단순히 딥페이크 같은 위험 요소에 그치지 않고 민주주의의 건강 전반을 다뤄야 한다. 자유롭고 공정한 선거뿐만 아니라 정보에 입각한 시민 참여, 관용, 정치적 다원주의 등도 민주주의를 지탱하는 필수 요소다. 또 정부가 투명하고 책임을 다하며 유권자의 요구에 반응할 수 있어야 한다.[14]

AI와 민주주의의 관계를 다루는 정책은 정치적 대표성, 공익 언론, 미디어 리터러시, 사회적 결속 같은 문제도 함께 고려해야 한다. 균형 잡힌 정책은 AI 기술이 민주주의에 위험 요소뿐만 아니라 기회를 제공할 수 있음을 인식해야 한다. 예를 들어, AI 모델이 정보를 잘못 전달할 위험성은 우려될 만하지만 동시에 복잡한 정책을 알기 쉽게 해석해 다양한 언어로 자동 번역함으로써 더 많은 유권자가 정치적 담론에 참여하도록 도울 수 있다.

AI로 인해 민주주의가 직면한 도전은 새로운 것이지만, 과거로부터 배울 점이 많다. 커뮤니케이션 기술이 대중에게 접근 가능한 새로운 형태로 확산할 때마다 사회적 긴장과 규제에 대한 논의는 항상 있었다. 구텐베르크의 인쇄술이 등장했을 때와 소셜미디어의 부상에서 교훈을 얻을 수 있다. AI의 어떤 요소가 정말로 새로운지를 신중히 파악하는 동시에 과거의 혁신에서 적용할 수 있는 정책 도구를 찾아야 한다.

선거에 대한 위협

공개된 AI 도구의 확산으로 정치적 딥페이크가 급증하면서 유권자는 가짜 정보를 구별할 새로운 기술이 필요하게 되었다. 2024년 2월 27일 미국 상원 정보위원회 마크 워너는 "미국은 2024년 선거 부정에 대해 2020년보다 더 준비가 부족하다"라고 경고했다. 최근 1년간 미국에서 AI 생성 딥페이크가 급증한 것이 주요 원인으로 지목되었다.

섬서브(SumSub)의 자료에 따르면, 2022년 북미 지역에서 딥페이크가 1,740퍼센트 폭증했으며, 2023년 전 세계적으로 딥페이크 검출 건수가 10배 늘었다. 2024년 1월 20~21일, 뉴햄프셔 주민은 '1월 23일 예비선거에 참여하지 말라'고 권고하는 조 바이든의 목소리가 담긴 자동 전화 메시지를 받았다. 이 사건 이후 미국 정부는 AI 생성 음성을 사용하는 자동 전화 사기를 금지하는 법을 제정하는 등 텔레마케팅법을 강화했다.

하지만 법을 피해갈 방법은 존재한다. 미국에서는 2024년 3월 5일 주요 예비선거가 예정된 슈퍼 화요일을 앞두고 AI 생성 허위 정보와 딥페이크 확산에 대한 우려가 급속히 커졌다.

딥페이크를 감지하는 방법

섬서브의 AI 및 머신러닝 책임자인 파벨 골드만 칼라이딘은 전 세계적으로 딥페이크의 급증세가 선거 기간에 더욱 높아질 것이라고 예상했다. 그는 "기술적으로 뛰어난 팀이 고급 AI 모델을 활용하는 고급 딥페이크와 일상적인 도구로 제작하는 낮은 수준의 딥페이크 모두에 경각심을 가져야 한다"라고 강조했다.

칼라이딘은 다음과 같은 딥페이크의 특징에 유의할 것을 권고했다. 1) 부자연스러운 손이나 입의 움직임, 2) 인위적인 배경, 3) 불규칙한 움직임, 4) 조명의 변화, 5) 피부 톤의 차이, 6) 이상한 눈 깜박임 패턴, 7) 입술 동작과 음성의 부정확한 동기화. 그는 "머지않아 인간의 눈으로는 딥페이크를 감지할 수 없게 될 것"이라며 딥페이크 감지 기술이 필수적일 것이라고 경고했다.

딥페이크 생성과 확산, 해결 방안

칼라이딘은 "AI 기술의 민주화로 얼굴 합성 앱과 콘텐츠 조작이 쉬워지면서 잘못된 정보가 확산되고 있다"며 AI의 접근성 확산이 허위 콘텐츠 증가의 주요 원인이라고 지적했다. 그는 소셜미디어 플랫폼이 딥페이크와 시각적 감지 기술을 활용해 콘텐츠의 진위를 보장하고 사용자 보호에 나서야 한다고 강조했다. 또 다른 방법으로는 인증된 사용자가 콘텐츠의 진위를 책임지고 비인증 사용자에게 경고 표시를 부여하는 사용자 검증 시스템을 제안했다.

이와 같은 딥페이크 확산의 위험성에 세계 각국의 정부도 대응책을 마련하고 있다. 인도는 자국 선거를 앞두고 AI 도구 공개 이전 승인 절차를 권고했으며, EU는 AI 허위 정보 지침을 마련해 플랫폼들이 해당 규정을 준수하도록 요구하고 있다. 메타는 EU 내 플랫폼에서 생성형 AI 남용을 방지하기 위한 전략을 발표하며 규제 강화에 동참했다.

AI의 부상, 선거 신뢰에 위협

AI 기술의 발전으로 가짜 이미지, 조작된 영상, 편집된 오디오 등이 진짜처럼 보이고 들리게 만드는 것이 그 어느 때보다 쉬워졌다. 특히 선거를 앞둔 상황에서 이러한 신기술은 인터넷에 허위 정보가 넘쳐나게 하여 여론, 신뢰, 나아가 민주주의 행동에 영향을 미칠 가능성이 크다.

USC 프라이스 공공정책대학의 '포괄적 민주주의 센터(CID)' 디렉터인 민디 로메로는 "민주주의는 유권자가 자신의 의견과 필요를 투표를 통해 표현할 수 있을 때 유지된다"라며, 신뢰가 떨어지면 선거 절차에 방해가 되고 외국의 정치 개입 수단으로 악용될 수 있다고 우려했다.

로메로는 최근 'AI 시대의 선거'라는 제목으로 전문가 웨비나(웹세미나)를 개최해 AI로 생성된 허위 정보를 인식하는 방법, 정책입안자들이 신기술을 규제하는 방안 등을 논의했다.[15]

AI 허위 정보 인식과 무시하는 방법

1) 의심하는 자세 갖기: 정치 뉴스에 대해 의심하는 것은 나쁜 일이 아니라고 로메로는 말한다. 지나치게 감정에 호소하거나 극적인 내용이 있다면 경계해야 한다.

2) 여러 출처에서 확인하기: 사실인 듯한 이미지나 영상이 있다면 공유하기 전에 다른 출처에서도 확인하는 습관이 중요하다. 패널로 참석한 조너선 메타 스타인은 "신뢰할 수 없는 정보는 단순히 믿거나 공유하지 말고 스스로 확인해야 한다"고 강조했다.

3) 신뢰할 수 있는 출처 이용하기: 신뢰할 수 있는 매체에서 정보를 소

비하는 것은 허위 정보를 피하는 데 유리하다. 로메로는 뉴스 기사와 의견 기사를 구별하는 것도 중요하다고 덧붙였다.

정책결정자를 위한 제안

미국의 정책결정자는 AI 허위 정보를 규제하는 방안을 마련하는 과정에서 EU의 디지털 서비스법을 참고할 수 있다. 이 법은 대형 플랫폼이 선거와 민주주의에 미칠 수 있는 위험을 평가하고 완화하는 조치를 마련한 후 이를 독립 감사관의 검토를 받도록 요구하고 있다.

캘리포니아주에서는 AI를 규제하는 법안이 다수 제안되었는데, 그중 하나는 생성형 AI 업체가 디지털 미디어에 출처와 생성 시점, 제작자를 명시하도록 하는 규정을 포함한다. 이는 소셜미디어 사용자가 스크롤 할 때 AI 생성 콘텐츠가 표시되도록 요구하는 조치다.

연방 차원에서도 정치 광고에서 AI 사용을 규제하는 법안이 제출되었으며, 선거 관리 및 사이버 보안에 대한 가이드라인도 제시되었다. 그러나 선거 관리자가 AI를 활용하는 데 필요한 구체적 지침이 부재하다는 점은 해결해야 할 중요한 과제다.

AI 허위 정보와 민주주의

2018년, 세계는 영국 정치 컨설팅 회사 케임브리지 애널리티카가 최소 5천만 명 페이스북 사용자의 데이터를 무단으로 수집해 미국과 해외 선거에 영향을 미쳤다는 사실에 충격을 받았다. 채널 4 뉴스의 잠입 취재에서 당시 CEO인 알렉산더 닉스는 "진실일 필요는 없고 믿기만 하면 된다"라며 대중을 의도적으로 오도하는 것에 주저치 않는 모습을 보였다.

이 스캔들은 소셜미디어와 빅데이터의 위험성, 그리고 기술 변화가 민주주의에 미치는 영향을 전 세계에 경고하는 계기가 되었다. 그렇다면 AI는 이러한 맥락에서 어떤 역할을 할 수 있을까? 호주 디킨 대학교의 트리시 맥클러스키는 "큰 위험이 될 수 있다"라고 주장했다.

맥클러스키는 "오픈AI의 챗GPT 같은 대규모 언어 모델(LLMs)은 인간이 작성한 텍스트와 구별이 불가능한 콘텐츠를 생성할 수 있다"라며, AI가 허위 정보나 가짜뉴스를 확산하는 데 사용될 가능성을 강조했다. 특히 AI는 공인의 영상과 같은 딥페이크를 만들어 여론을 조작할 수도 있다. 현재는 딥페이크를 대부분 눈으로 구별할 수 있지만, 기술이 빠르게 발전하면 언젠가는 완벽하게 진짜처럼 보일 위험이 크다.

AI 기업가이자 《신뢰할 수 있는 AI 구축(Rebooting AI: Building Artificial Intelligence We Can Trust)》의 공동 저자 게리 마커스는 AI의 가장 큰 위험으로 "민주주의를 압도할 가능성이 있는 거대한 자동화된 허위 정보"를 꼽으며, AI가 허위 정보를 자동화하고 확산하는 능력이 민주주의에 위협을 가한다고 밝혔다.[16]

허위 정보 확산과 민주주의 위협

노에미 본트리더와 이브 푸렛은 AI가 허위 정보를 확산하는 두 가지 주요 방식을 제시했다.[17] 첫째, AI는 악의적 이해관계자들이 사람을 효과적으로 조작할 수 있는 대규모 도구로 사용할 수 있다. 둘째, AI는 이러한 콘텐츠의 확산을 직접 증폭시킨다. 또 현재 AI 시스템은 입력된 데이터의 질에 따라 결정되므로 편향된 데이터가 입력될 경우 사용자의 의견을 왜곡할 위험이 있다. 그러나 본트리더와 푸렛은 AI가 콘텐츠의 중재에 사용될 때 지나친 규제로 표현의 자유가 침해될 수 있다고도 경고했다.

AI가 민주주의에 위협만 되는 것은 아니다. 맥클러스키는 AI가 허위 정보를 감지하고 사실 확인을 지원할 뿐만 아니라 **선거의 무결성**을 감시하고 시민 교육과 참여를 촉진하는 데 긍정적인 역할을 할 수 있다고 강조했다. 그는 "AI 기술은 적절한 규제와 안전장치를 갖추고 책임 있게 개발·사용되어야 한다"라고 덧붙였다.

> **선거의 무결성:** 보통선거, 평등선거, 직접선거, 비밀선거, 자유선거 등 민주주의 선거의 원칙을 침해하지 않음으로써 완전하고, 정확하고, 일관되며, 유효한 선거가 되도록 하는 특성이다.

AI 규제와 국제 협력 필요성

EU의 디지털 서비스법(DSA)은 허위 정보 문제를 줄이기 위한 대표적 규제로 꼽힌다. DSA가 완전히 시행되면 트위터와 페이스북 같은 대형 플랫폼은 허위 정보 확산을 막기 위한 의무를 다해야 하며, 이를 어기면 연 매출의 최대 6퍼센트까지 벌금이 부과될 수 있다. DSA는 또한 플랫폼이 AI 알고리즘을 통해 콘텐츠를 추천하는 방식과 콘텐츠를 중재하는 방법을 공개하도록 요구하고 있다.

그러나 DSA가 EU에서만 적용되기 때문에 AI와 허위 정보를 통제하려면 국제적인 협력이 필요하다. 맥클러스키는 국제적인 AI 윤리 기준, 데이터 개인정보 보호, 허위 정보 감시를 위한 협력 등을 통해 AI의 책임 있는 사용을 이끌어야 한다고 주장했다. 그는 "AI의 허위 정보 확산 방지를 위해서는 정부 규제, 기술 기업의 자율 규제, 국제 협력, 공공 교육, 기술적 해결책, 미디어 리터러시와 지속적인 연구 등 다각적인 접근이 필요하다"라고 강조했다.

생성형 AI가 선거에 미치는 영향

생성형 AI는 민주주의 담론을 형성하는 온라인 환경에 새로운 도전 과제를 던지고 있다. 생성형 AI는 사용자 지시를 바탕으로 이미지, 영상, 오디오, 텍스트 등을 현실감 있게 만들어내며, 이는 특히 선거 과정에서 악용될 가능성이 커 주목받고 있다.

생성형 AI는 정보의 질을 높이는 동시에 가짜 정보를 대규모로 확산할 수 있어 선거에 큰 영향을 미칠 수 있다. 이는 유권자가 올바른 판단을 내리는 것을 방해하고, 선거 절차와 민주주의에 대한 신뢰를 떨어뜨릴 수 있는 요소로 작용한다. 생성형 AI로 조작된 콘텐츠는 유권자 투표 억제, 정치적 인물의 가짜 사건 제조, 정치 문제에 대한 합의 형성 방해 등 다양한 방식으로 민주주의에 위협이 될 수 있다.

다각적 접근 필요성

전문가들은 생성형 AI에 대한 대응이 입법과 유권자 교육 등 다양한 방식으로 이루어져야 한다고 강조한다. 기술 기업은 생성 콘텐츠의 출처를 식별할 수 있는 워터마크 같은 기술적 해결책을 구현하고 정보 출처에 대한 투명성을 확보하는 새로운 도구 개발을 촉진해야 한다. 또 소셜 미디어 플랫폼에서 허위 정보가 확산하는 것을 방지하기 위한 정책 강화가 필요하다.

EU의 DSA는 AI 허위 정보 확산을 줄이기 위해 대형 플랫폼이 정보의 진위를 검토하고 문제의 소지가 있는 콘텐츠에 대한 위험 완화 조치를 마련하도록 의무화하고 있다. 미국에서도 정치 광고에 AI 생성 콘텐츠 사용을 규제하는 법안이 논의 중이다. 이러한 조치는 생성형 AI가 민주주의에 미치는 부정적 영향을 줄이는 데 필수적이다.

생성형 AI의 발전은 정보 생성의 새로운 가능성을 열었지만, 민주주의와 선거의 공정성을 보장하려면 기술의 악용을 방지할 대책이 필요하다. 기술 기업, 정부, 연구자 등이 협력하여 효과적인 규제와 감시를 구축해야 하며, 유권자에게 미디어 리터러시 교육을 제공해 정보를 비판적으로 수용하는 능력을 강화하는 것이 중요하다.

알고리즘 정치

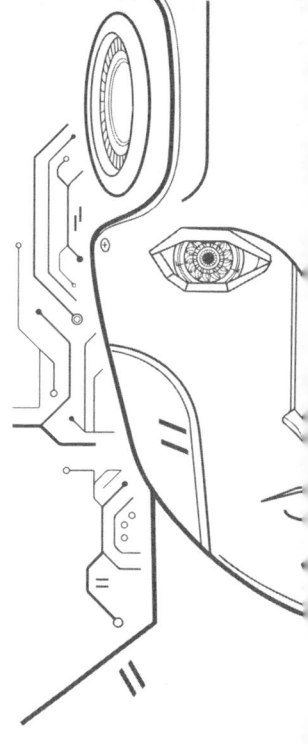

알고리즘이 만드는 세상

중국 기술 대기업 알리바바의 창업자 마윈은 이미 몇 해 전, 앞으로 수십 년 동안 AI가 사람에게 행복보다 더 많은 고통과 사회적·경제적 불안감을 줄 것이라고 말했다. 그는 "앞으로 30년 내 사회적 갈등은 모든 종류의 산업과 각 계층에 영향을 미칠 것"이라고 경고했다. 최근 들어 AI 기술의 급속한 발전에 따른 위험에 대한 경고가 계속 이어진다. 그러나 문제를 인식하고 이해하는 속도가 기술 발전을 도저히 따라잡지 못하는 게 현실이다.

정부와 기업, 시민사회단체 등이 AI의 힘을 남용하면서 민주적 시스템에 위협이 가중되는 상황은 이미 현실이 되었다. AI를 이용한 감시로 개인정보를 침해하고 개인의 사생활에 본인이 인식하지 못하는 영향을 미치고 있다. 이러한 상황은 민주적 거버넌스의 이상을 위협할 정도로 확대되고 있다. AI 강국이 권위주의적이고 독재적인 체제로 전환되어 시민에 대한 억압을 강화하는 일이 현실로 다가왔다.

AI는 축적된 데이터를 학습해 작동하는 방식이다. 그런데 방대한 데이터를 분석해 유의미한 패턴을 찾아내는 데이터 마이닝(data mining) 알고리즘은 결국 사람이 만든다. 그 과정에 특정 개인이나 집단의 취향, 이념, 이해관계 등 수많은 요소가 얼마든지 영향을 미칠 수 있다. 특히 데이터의 수집부터 정리·이용 등에 이르는 전 과정을 국가 권력이 개입하거나 장악했을 때 어떤 일이 벌어질까? 중국은 현재 세계에서 미국과 함께 AI 기술이 가장 발달한 나라다. 기술 수준에서는 미국이 중국에 조금 앞설지 모르지만, AI의 활용 특히 정부 또는 국가 권력에 의한 AI 활용에서 중국은 미국 등 다른 선진국이 따라갈 엄두도 못 낼 만큼 대단하다.

중국은 이미 국가가 주도하여 국민의 데이터를 수집·활용하고 있다. 중국이 세계에서 가장 앞서가는 분야가 바로 데이터와 AI를 이용한 전 국민 감시 시스템이다. 소셜미디어, 스마트폰, 그리고 연결된 모든 장치를 통해 국민의 데이터를 수집하는 고도의 감시 시스템을 운영하고 있다. 그리고 수집한 모든 정보는 개별 점수를 계산하는 알고리즘을 통해 사회 신용정보로 활용된다.

이에 비해 미국은 시장 주도로 신용정보, 금융정보 등 소비자 데이터를 활용한다. 중국에서는 정부가 원하는 대로 AI를 편향되게 작동시키면서 국민을 통제한다면, 미국에서는 기술 대기업인 '빅테크'가 사실상 AI를 장악하고 있다. 구글, 유튜브, 페이스북 같은 빅테크는 마음먹은 대로 미국뿐만 아니라 세계의 여론과 생각에 엄청난 영향을 미칠 수 있다.

빅테크가 제공하는 플랫폼 이용자 대부분은 어떤 채널을 봤느냐에 따라 관련 채널이 첫 화면에 순서대로 띄우는 추천 알고리즘 안에 갇혀 있다고 해도 과언이 아니다.

사실 많은 사람은 기본적으로 알고리즘이 어떤 방식으로 작동하는지 알고 있다. 특정한 정치적 이슈와 관련해서 예를 들어보자. 2020년 미국 대통령 선거 당시 도널드 트럼프와 그 지지자들의 부정선거 주장에 관한 영상 한두 개를 보고 나면 그와 관련한 채널만 잔뜩 추천으로 뜬다. 그러면 이용자는 자기도 모르게 거기에 빠져서 다른 이들한테 "자 봐라, 유튜브에서 완전 난리 났다. 내 말이 맞지?"라며 자신의 주장에 온 세상이 동의한 듯 기세를 올린다. 하지만 정작 상대방은 그런 내용의 영상, 심지어 그런 주장이 있는지조차 모른다. 이용자가 보고 듣는 것은 오직 한 가지 주장뿐이다. 이게 바로 유튜브 알고리즘이다. 이른바 '알고리즘 감옥'에 갇히면서 생긴 일이다.

이러한 상황은 거짓 정보에 대응하거나 정확한 정보를 알리려는 언론과 시민사회의 노력을 무력하게 한다. 그 과정에서 코로나바이러스 돌연변이를 능가하는 수많은 정보의 변이가 이어지고 사회는 분열된다. 대중은 자신이 지지하는 쪽에서 생산한 정보만 사실이라 믿고 그 이외의 정보는 거짓이라는 틀에 묶는다.

이러한 현상은 구글이나 페이스북 같은 빅테크의 장삿속에서 비롯된 AI 기술의 활용으로 생겨났다. 이용자를 기업의 이윤 추구에 가장 도움이 되는 방향으로 움직이도록 AI의 알고리즘 안에 가두고 사육한다 해도 지나친 말이 아니다. 기업들의 욕심에 이용자는 계속 자기 입맛에 맞는 정보만 접하면서 그것이 세상의 전부라고 여기는 우물 안 개구리에 머물게 된다. 입맛에 맞는다고 몸에 나쁜 불량식품만 먹어도 말리기는커녕 계속 불량식품만 손에 쥐어주는 어이없는 상황이 벌어지는 것이다.

결국 '에코 체임버' 효과에 관한 논의가 활발해질 수밖에 없다. 에코 체임버 효과란 뉴스나 온라인 이용자가 마치 소리의 에코 효과를 최대화하기 위해 만든 특수한 방인 에코 체임버 안에 혼자 갇힌 것처럼 자기가 하는 말만 계속 증폭되어서 자기 귀에 다시 들리는 그런 효과를 말한다. 즉 자기가 보고 듣는 세상이 전부이고, 세상 사람 모두가 자기와 같은 말만 한다거나 자신만 옳다는 착각 속에 살도록 하는 상황을 AI 알고리즘이 아주 빠른 속도로 더욱 심하게 몰아가고 있다.

이러한 사회 현상은 미국뿐만 아니라 EU 등 세계 각지에서 국가 권력과 빅테크의 갈등을 심각하게 만드는 주요인으로 작용한다. 미국의 정치권에서는, 특히 빅테크와 적대관계인 공화당을 중심으로 독점금지법 위반을 문제 삼아 몇몇 빅테크를 여러 개의 회사로 분할해 그 엄청난 영향력을 잃게 하려는 시도가 적극적으로 모색되고 있다.

중국은 권위주의 독재를 유지하기 위해 온 국민을 AI 알고리즘으로 통제하고 감시한다. 미국의 빅테크는 자본주의 논리에서 이윤을 극대화하기 위해 이용자를 AI 알고리즘 속에서 못 빠져나가도록 한다. 이 두 가지 모두 세계 인류에게는 심각한 문제임이 분명하다.

알고리즘의 영향력 이해

알고리즘은 현대 생활의 필수적인 부분이 되어 일상의 다양한 측면에 영향을 미치고 있다. 이 복잡한 도구는 영화 및 제품 추천에서부터 다양한 분야의 의사결정 과정 지원에 이르기까지 수많은 애플리케이션에 사용되고 있다. 디지털 상호작용에서 알고리즘이 보편화하면서 알고리즘은 개인의 선택과 경험을 형성하는 데 강력한 힘을 발휘하고 있다.

알고리즘 편향

알고리즘은 정적인 실체가 아니라 학습된 데이터를 기반으로 학습하고 진화한다. 이 학습 과정에는 종종 인간의 결정과 행동이 포함되며, 이로 인해 알고리즘이 의도치 않게 인간의 편견을 이용하고 증폭시킬 수 있다. 그 결과 알고리즘 추천은 인기 있는 선택지나 편파적인 뉴스 기사 등 강한 감정적 반응을 일으키는 콘텐츠에 치우치는 경향을 보인다.

알고리즘 편향의 영향은 개별 사용자 경험을 넘어 사회에 존재하는 구조적 편견을 강화하고 확대하는 경우가 많다. 이러한 현상은 특히 인종적 편견이 지속될 수 있는 사법 시스템, 성별 편견이 강화될 수 있는 채용 관행 등과 같은 중요한 영역에서 두드러지게 나타난다. 도시 개발에서의 알고리즘 결정은 부의 불평등을 지속시키는 데 기여할 수 있다.

이처럼 알고리즘 편향은 부정적인 결과를 초래할 수 있지만, 조직의 숨겨진 편견을 발견하고 해결하는 기회도 제공한다. 알고리즘이 내리는 패턴과 결정을 분석함으로써 연구자와 조직은 인간의 의사결정 과정에서 즉시 드러나지 않을 수 있는 근본적 편견에 대한 통찰력을 얻을 수 있기 때문이다.

알고리즘 거울 효과

최근 연구에 따르면, 알고리즘 편향은 개인이 자신의 편견을 인식하고 수정하는 도구로 사용될 수 있다고 한다.[18] 일련의 실험에서 참가자들은 사진이나 이름과 같이 편견이 개입될 수 있는 정보를 포함한 다양한 요소를 기준으로 우버(Uber) 드라이버나 에어비앤비(AirBnB) 숙소를 평가하도록 요청받았다. 참가자들은 자신 또는 자신의 평가에 대해 학습된 알고리즘에 따른 평가 요약을 제시받았을 때 일관되게 자신보다 알고리즘의 결정에 더 많은 편견이 있다고 인식했다.

'알고리즘 거울 효과' 현상은 다른 사람의 편견을 인식하지만 자신의 편견을 인식하지 못하는 '편견의 사각지대' 경향 때문일 수 있다. 사람들은 서로 다른 기준으로 평가하기 때문에 자신의 결정보다 다른 사람의 결정에서 편견을 더 쉽게 발견할 수 있다. 자신의 결정을 검토할 때 사람들은 종종 자신의 판단에 영향을 미칠 수 있는 무의식적인 연상 과정을 간과하고 의식적인 편견의 증거를 찾는다.

AI가 학습 과정에 사용하는 블랙박스 알고리즘은 데이터를 분석하고 결론을 도출하는 과정이 사용자는 물론, 심지어 개발자에게도 보이지 않거나 이해할 수 없는 불투명한 시스템이다. 이러한 불투명성으로 인해 사용자는 데이터를 입력하고 출력 결과를 관찰할 수 있지만, 결정 과정의 내부 작동 원리나 논리는 이해할 수 없다. 블랙박스 알고리즘은 이미지 인식, 자연어 처리, 사기 탐지 등 투명성보다는 높은 예측 정확도가 우선시되는 복잡한 작업에 자주 사용한다.

이처럼 알고리즘은 의사결정 과정을 종종 블랙박스로 간주하기 때문에 자신보다 다른 사람과 더 비슷하게 인식한다. 이러한 편견의 외부화는 알고리즘이 자신의 선택에 대해 학습된 경우에도 개인이 알고리즘의 결정에 반영된 편견을 인정하기 더 쉽게 만든다. 그 결과 사람들은 알고리즘을 자신의 편견의 거울로 인식하기보다는 알고리즘에 반영된 편견의 탓으로 돌리는 경향이 있다.

유튜브 알고리즘과 양극화

여러 언론에서 유튜브의 추천 알고리즘이 개인을 극단적인 콘텐츠로 이끈다는 의혹을 제기했다. 반면, 유튜브는 평균적으로 주류 미디어 콘텐츠를 주로 추천한다는 주장도 있다. 유튜브 추천 알고리즘의 영향을 더 쉽게 분리할 수 있는 새로운 방법론적 접근 방식을 활용한 연구[19]에서는 새로운 사실을 발견했다.

유튜브의 추천 알고리즘이 대다수 사용자를 극단주의적인 토끼굴로 이끌지는 않지만, 온건한 이념적 에코 체임버의 증거라고 할 수 있는 점점 더 좁은 이념적 범위의 콘텐츠로 사용자를 몰아넣는다는 사실을 발견했다. 또 평균적으로 유튜브의 추천 알고리즘은 사용자를 정치적 스펙트럼의 약간 오른쪽으로 끌어당기는 것으로 나타났다.

유튜브 추천 엔진

소셜미디어가 최근의 정치 양극화 현상을 가속하고 있다고 많은 사람이 우려한다. 한 가지 두드러진 우려는 빠르게 진화하는 정보 환경이 이념적 뉴스 매체의 수를 늘리고 개인이 대안적 관점을 거의 접할 수 없는 에코 체임버에 쉽게 갇히도록 만들었다는 점이다. 아울러 소셜미디어 알고리즘이 사용자가 좋아할 만한 콘텐츠를 추천함으로써 이러한 문제를 더욱 악화시킨다고 생각한다. 스포츠나 음악 같은 분야에서는 이러한 개인화가 무해하거나 심지어 유익할 수 있지만, 뉴스·건강 콘텐츠 등의 분야에서는 개인을 극단주의자 또는 반민주주의자의 에코 체임버에 고립시키는 등 해로운 사회적 결과를 초래할 수 있다.

유튜브 추천 알고리즘의 이해

추천 알고리즘은 고도로 개인화되어 있어 한 사람의 유튜브 경험은 다른 사람의 경험과 완전히 다를 수 있다. 유튜브에서 급진화된 개인에 관한 사례가 있지만, 이러한 사례만으로는 알고리즘의 부작용을 개선하는 데 중요한 현황과 원인 등을 파악할 수 없다. 또 플랫폼 알고리즘은 자주 변경되기 때문에 외부의 연구자가 데이터에 접근하여 감사를 수행할 수 없다는 한계가 있다.

외부 연구자는 유튜브 사용자의 시청 기록(설문조사 응답자가 연구에 사용하기 위해 제공한 데이터)을 사용하거나 웹 스크래핑을 사용해 추천 기록을 수집하는 것으로 제한된 연구를 수행한다. 두 가지 방법 모두 추천 시스템이 온라인 소비에 미치는 영향을 이해하는 데 어려움이 있다.

첫 번째 방법인 제공된 시청 기록을 사용하면 연구자들은 플랫폼이 제공하는 공급과 콘텐츠에 대한 사용자 수요를 분리할 수 없다. 물론 사용자가 유튜브에서 어떤 콘텐츠를 소비하기로 선택했는지 알 수는 있다. 그러나 사용자가 유튜브에서 소비하기로 선택한 콘텐츠는 플랫폼이 추천에 표시하기로 선택한 콘텐츠(즉 동영상 공급)와 사용자가 실제로 시청할 동영상을 선택하는 것(즉 사용자 수요 또는 사용자 선택)의 복합적인 결과물이다.

예를 들어, 연구자들이 시청 기록에 의존해 특정 사용자의 보수 정치 성향 콘텐츠의 소비 증가를 발견한다면, 이는 유튜브가 해당 사용자에게 더 많은 양의 보수 콘텐츠를 추천한 결과일 수도 있고, 해당 사용자가 이념적으로 다양한 콘텐츠를 받았지만 일관되게 보수 콘텐츠를 선택한 결과일 수도 있다. 이것이 바로 알고리즘의 효과와 사용자 선택이 콘텐츠 소비에 미치는 영향을 구별하기 어려운 이유의 핵심이다.

추천 알고리즘과 편향성

이념적 에코 체임버는 사용자에게 추천되는 동영상이 이념적으로 동질적이면서 사용자 자신의 이념을 중심으로 분포되는 것을 말한다. 예를 들어, 보수적인 사용자가 유튜브에서 주로 보수적인 동영상을 추천받는 경우(진보적인 사용자는 그 반대의 경우) 이념적 에코 체임버에 있는 것으로 간주한다. 이러한 사용자는 자신의 이념과 신념에 부합하는 정보에만 노출되기 때문에 에코 체임버에 있는 것이다.

에코 체임버는 동적이 아니라 정적이다. 사용자가 탐색하는 과정에서 발생하고 진화하는 것이 아니라 알고리즘에 의해 노출되는 이념의 전반적인 분포를 나타낸다. 따라서 유튜브 추천 알고리즘이 사용자를 에코 체임버에 넣는다면 사용자는 자신의 이념을 중심으로 한 편협한 콘텐츠를 보게 될 것으로 예상할 수 있다. 토끼굴은 사용자가 풍부한 정보 환경에서 시작해 이념적으로 극단적인 에코 체임버에 도달하는 과정을 보여준다. 초기의 많은 소셜미디어 연구에서 에코 체임버의 확산을 연구했지만, 토끼굴은 유튜브 같은 개인화된 추천 시스템과 관련된 특정 현상이다.

이 가설의 기본은 사용자가 좋아하는 콘텐츠를 클릭하면 유튜브 추천 시스템이 해당 콘텐츠의 더 강렬한 버전을 제공하는 자기 강화적 피드백 루프(feedback loop)를 제공한다는 것이다. 비정치적인 예로, 사용자가 달리기를 시작하는 방법에 대한 동영상을 시청한 후 울트라 마라톤이나 철인 3종 경기 관련 동영상을 추천받는 상황이 발생할 수 있다. 정치적 맥락에서는 사용자가 대통령 선거에 관한 콘텐츠로 시작해 홀로코스트 부정이나 백인 우월주의를 옹호하는 콘텐츠로 이동할 수 있다.

유튜브 추천 알고리즘이 에코 체임버를 조장하는 경우 진보 성향의 추천은 좌파 성향, 보수 성향의 추천은 우파 성향에 가까울 뿐만 아니라 진보와 보수 성향의 추천은 거의 겹치지 않는다. 추천 알고리즘이 사용자를 토끼굴로 인도하는 경우 탐색 단계 수가 증가함에 따라 동영상 추천의 분포는 양쪽 극단으로 이동할 것이다. 마지막으로, 추천 알고리즘에 이념적 편향성이 있는 경우 이념에 상관없이 모든 사용자에 대해 추천 분포가 한 방향 또는 다른 방향으로 균일하게 이동할 것이다.

1) 에코 체임버: 실험 결과, 유튜브의 알고리즘은 실제 사용자를 온건한 이념적 에코 체임버로 밀어 넣는다는 사실을 발견했다. 진보주의자와 보수주의자는 예상했던 방향으로 서로 다른 추천 분포를 받았다. 진보적인 사용자는 약간 더 진보적인 동영상을, 보수적인 사용자는 약간 더 보수적인 동영상을 보게 된다. 그 차이는 통계적으로 유의미했지만 크지는 않았다. 이러한 차이가 있지만, 탐색 과정의 모든 단계에서 보수주의자와 진보주의자가 본 동영상은 상당 부분 겹친다. 이러한 분포의 분산이 여러 탐색 단계에 걸쳐 감소하는데, 이는 추천의 이념적 다양성이 감소한다는 것을 의미한다. 그러나 그 정도는 역시 크지 않았다.

2) 토끼굴: 추천 알고리즘이 온건한 에코 체임버에 기여한다는 증거는 발견되었지만, 알고리즘이 대부분 사용자를 극단적인 토끼굴로 이끌었다는 증거는 찾지 못했다. 시간이 지남에 따라 이념적 분포가 더 좁아지거나 점점 더 극단적으로 변한다는 증거도 거의 없다. 그러나 이러한 결론은 평균적인 결과에 근거한 것이다. 그렇다면 극단주의 토끼굴이 전혀 존재하지 않는다는 뜻일까? 유튜브의 규모를 고려할 때 여전히 적지 않은 수의 사용자가 유튜브에서 토끼굴에 빠져 있을 수 있다. 이러한 연구 결과는 알고리즘 시스템과 알고리즘이 미디어 소비에 미치는 영향에 대한 중요한 점을 강조한다. 유해한 영향은 소수의 사용자에게 집중되는 경우가 많으며, 플랫폼 전체에 대한 영향은 사용자 집단에 따라 매우 다를 수 있다.

3) 이념적 편향성: 연구 참여자의 이념과 관계없이 알고리즘은 모든 사용자를 적당히 보수적인 방향으로 밀어붙이는 것으로 나타났다. 이러한 효과는 크지는 않지만, 통계적으로 유의미하다. 추천 알고리즘의 이러한 특징이 공개적으로 논의된 적이 없다는 점을 고려하면 약간 놀라운 결과라고 할 수 있다. 그리고 확인한 보수적 이념 편향의 크기는 에코 체임버 측정값의 크기보다 훨씬 컸다.

이러한 편향성은 두 가지 가능한 세계 상황의 결과일 수 있다. 첫째, 유튜브 라이브러리는 온건한 콘텐츠를 중심으로 정상적으로 분포된 동영상 집합으로 구성될 수 있지만, 알고리즘은 이념적으로 보수적인 콘텐츠만 추천하도록 선택할 수 있다. 둘째, 유튜브 라이브러리는 보수적으로 왜곡된 콘텐츠로 구성될 수 있으며, 알고리즘은 해당 기본 분포를 대표하는 동영상을 추천할 수 있다.

대중의 우려와는 달리, 유튜브가 추천 알고리즘을 통해 많은 사용자를 토끼굴이나 심각한 이념적 에코 체임버로 이끌고 있다는 증거는 발견되지 않았다. 또 토끼굴이 대규모로 존재한다는 설득력 있는 증거를 찾지 못했지만, 그렇다고 해서 알고리즘 추천으로 인해 극단주의 콘텐츠를 접하는 소수의 개인이 겪는 경험이 중요하지 않다는 것은 아니다. 사용자가 온라인에서 유해한 콘텐츠를 검색할 가능성에 대해 걱정하지 않아도 된다는 의미도 아니다. 온라인 정보 생태계를 더 안전하게 만드는 방법을 고려할 때 문제의 다양한 측면을 이해하는 것이 중요하다.

AI 거버넌스

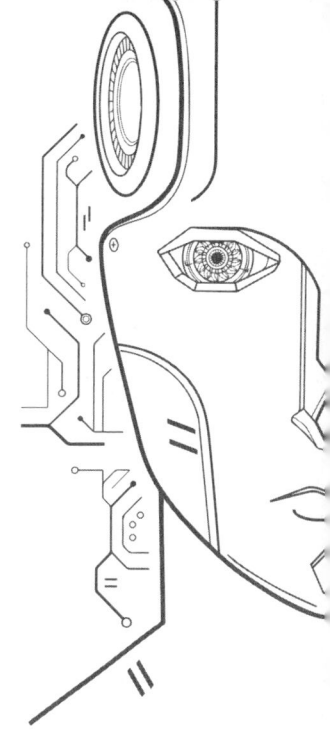

빅테크와 AI 거버넌스

도널드 트럼프는 2022년 2월 '트럼프 미디어 앤드 테크놀로지 그룹(TMTG)'이 제작한 SNS '트루스 소셜(Truth Social)'을 출시했다. 이는 트럼프가 2024년 대통령 선거 재출마를 준비하면서 자신의 온라인 영향력 회복을 목표로 한 것이다. 그는 2020년 11월 대선 패배 후 부정선거를 주장하는 허위 정보를 SNS로 유포한다는 이유로 트위터와 페이스북 등 주류 소셜미디어에서 퇴출당했다.

그 후 트럼프는 자신의 계정을 중단시킨 페이스북(현 메타), 트위터(현 X), 구글 그리고 이 회사의 경영자들을 상대로 소송을 제기했다. 그는 또한 2021년 1월 지지층의 연방 의사당 난동 사태와 관련해 허위 정보 유포 등을 이유로 이 소셜미디어들로부터 계정 중단 조치를 당한 후에도 소송으로 정면 대응했다.

트럼프가 빅테크와의 전면전을 위해 소송을 제기했다면, 바이든 행정부는 대통령과 정부의 권력을 총동원해 빅테크를 최대한 압박했다. 바이든 대통령은 2021년 7월 9일 미국 경제의 경쟁 촉진에 대한 행정명령에 서명하며 기업 간 경쟁을 확대하고 독과점 관행을 단속하라고 행정부에 지시했다. 여기에는 빅테크 등이 잠재적 경쟁자를 인수해 해당 업체의 혁신 상품 개발을 중단시켜 경쟁을 사전 차단하는, 이른바 '킬러 인수(killer acquisition)'를 제한하는 규칙을 만들도록 하는 내용이 들어 있다. 빅테크의 중요한 사업 관행을 정면으로 막겠다는 것이었다.

실제로 주요 빅테크는 기술력이 뛰어난 수많은 스타트업을 계속 인수해 왔다. 그런데 이러한 인수의 주목적은 소규모 신생 기업의 기술력에 투자하는 수준이 아니라 잠재적 경쟁자의 사전 제거에 있었다. 미래의 빅테크로 성장할 만한 기업을 일찌감치 흡수해 버리겠다는 전략이었다. 이러한 관행을 규제함으로써 기업 간 건전한 경쟁을 보장하겠다는 것이 바이든 행정부의 행정명령이 담고 있는 요점이었다.

미국 정부는 AI 산업에서 빅테크의 역할에 대해 더욱 강력한 규제에 나섰다. 법무부와 연방거래위원회(FTC)는 마이크로소프트, 엔비디아, 오픈AI 등에 대한 반독점 조사를 시작했으며, 이미 몇몇 기업에 소환장을 발부했다. 이것은 AI 업계에 대한 규제 필요성이 점점 더 커지는 가운데 나온 가장 중요한 규제 조치였다.

법무부에 앞서 FTC는 2023년 1월부터 마이크로소프트, 아마존, 구글 등의 오픈AI와 AI 스타트업 앤트로픽 투자에 대해 독점 관련 조사를 시작했다. 당시 FTC 위원장이었던 리나 칸은 "지배적 기업이 공정 경쟁을 해치는 방식으로 부당한 영향력을 행사하거나 특권을 얻는 거래를 면밀하게 조사할 것"이라고 밝혔다.

정치권 및 정부와 빅테크의 대결 구도는 미국에 국한되지 않는다. EU는 빅테크의 시장 지배력과 영향력 제한을 목적으로 하는 법 중 가장 강력한 '디지털 시장법(DMA)'의 전면 시행에 들어갔다. 이 법은 구글, 아마존, 메타, 애플 등 대형 온라인 플랫폼을 운영하는 빅테크의 시장 지배력과 영향력 제한에 초점을 맞추고 있다. 특히 이 법은 빅테크의 독점적 지위 남용을 금지하며 이를 위반할 경우 총매출액의 최대 20퍼센트를 과징금으로 부과하도록 했다.

바이든 행정부는 최고의 기술 기업이 새로운 기술을 빠르게 장악할 수 있다는 점을 경계하면서 AI 산업에 대한 더 강력한 규제를 추진했다. 미국의 빅테크 사이에서는 그렇지 않아도 국내에서 규제 압력이 강화되는 중에 EU의 새로운 법으로 해외시장에서의 사업도 어려워진다는 위기의식이 커졌다. 해당 기업뿐만 아니라 미국 정치권에서도 DMA가 미국 기업에 대한 차별이라고 주장하며 반발했으나 EU의 강한 의지를 꺾지 못했다.

이처럼 미국과 EU가 AI 기술을 기반으로 하는 빅테크에 대한 규제를 강화하는 이유는 무엇보다 기업의 독점적 지위를 이용한 불공정 행위를 막기 위함이다. 빅테크에 대한 미국과 EU의 규제 노력은 이미 몇 년 전부터 본격화했다. 특히 EU는 빅테크가 반독점 행위를 거듭하면 '기업을 해체(break-up)'한다는 내용의 규제법을 추진하기도 했다. 그런데 최근 들어 미국과 EU가 빅테크에 대한 규제의 강도를 더욱 높이는 이유는 기존 반독점 정책과는 차원이 다르다.

미국과 EU는 빅테크를 '새로운 최강의 독재자'로 인식하고 있다. 국가와 정부 권력을 머지않아 대체할 만한, 아니 이미 국가와 정부의 힘을 능가하는, 심지어 정부와 대통령을 선택할 수도 있는 힘을 가진 독재 권력이라는 것이 현재 미국과 EU의 빅테크에 대한 인식이다. 그리고 이러한 인식을 더욱 강화하는 배경에는 빅테크를 중심으로 AI 기술에 의한 '알고리즘 거버넌스(algorithmic governance)'가 부상하고 있다는 사실이 있다.

알고리즘 거버넌스

메타, 구글, 아마존 등과 같은 빅테크에 의해 형성된 알고리즘 거버넌스는 이미 국제정치와 국가의 역할에 중대한 영향을 미치고 있다. 이러한 현상의 중심에는 AI 머신러닝 기술을 활용해 의사결정 과정을 자동화하고 사회와 정치의 다양한 측면을 형성하는 분류 알고리즘(classification algorithm)이 있다.

인터넷, 소셜미디어 등의 사용이 일상화하면서 머신러닝을 사용하는 분류 알고리즘이 사회와 정치의 다양한 측면을 지배하는 경우가 점점 더 늘어나고 있다. 알고리즘 거버넌스는 기존의 불평등을 더욱 심화할 수 있으며, 개인정보 보호나 편견과 차별에 대한 우려를 불러일으키고 있다. 게다가 속도, 규모 등 알고리즘 기술의 고유한 특성과 상향식 머신러닝 설계로의 전환은 글로벌 거버넌스의 지형을 바꾸었다.

이에 따라 빅테크는 지난날 주권국가의 특권이었던 권위 있는 의사결정권을 행사하는 민간 통치자가 되었다. 이러한 기업들은 알고리즘을 사용해 수십억 명의 사용자를 인위적으로 조성한 환경으로 끌어들여 정보의 흐름과 정치적 담론에 막대한 영향력을 행사하고 있다. 이러한 발전은 빅테크의 권위가 전문성이나 국가 위임 같은 전통적인 정당성의 원천에 근거하지 않기 때문에 정당성 측면에서 문제를 일으킨다. 지금까지 사회적으로 논의되던 기업의 책임 등에 관한 틀로는 빅테크의 사적 지배구조의 규모와 범위를 다룰 수 없을 지경에 도달했다.

이미 국가 권력을 능가하고 국제정치적 영향력이 날로 커지는 빅테크의 알고리즘 거버넌스는 국가와 기업 사이에 새로운 형태의 상호의존성을 만들어냈다. 국가는 인터넷 거버넌스와 국가 안보 기능의 중요한 부분을 빅테크에 위임하고 있다. 이러한 상황에서 빅테크는 인권과 기술 윤리를 내세우며 국가 권력의 영향력에서 벗어나려는 시도를 계속한다. 반면, 국가는 반독점, 개인정보 보호, 언론 규제 등을 통해 빅테크의 힘을 줄이려고 노력한다.[20]

이처럼 국가와 기업 사이의 역학 관계 변화의 핵심에는 알고리즘 거버넌스가 있다. 빅테크는 이를 바탕으로 정치적·사회적 지배력을 급속히 확대하면서 국가의 규제를 우회할 방법을 모색 중이다. 국가는 이러한 빅테크의 영향력을 통제하려고 노력하지만, 이미 국가 기능의 중요한 부분을 그들에게 의존하고 있다.

각국 정부의 규제 정책은 빅테크의 기술 발달과 국제적 지배력 강화 속도를 따라가기도 어려운 현실이다. 이에 따라 미국과 EU는 더욱 강력하고 선제적인 규제에 노력하고 있다. 특히 이러한 규제는 특정 국가에 국한하지 않고 국제적인 문제라는 점에서 한국 정부와 정치권의 신속하고 적극적인 대응이 필요하다.

빅테크와 AI 통제가 필요한 이유

AI 시스템이 점점 더 많은 범위에서 행동을 결정하고 목표를 최적화하는 데 더욱 효과적일수록 잠재적인 부작용의 위험과 규모도 커진다. 2021년 10월 페이스북에서 회사명을 변경한 메타는 세계 최대 소셜 네트워크인 페이스북과 인스타그램을 운영하고 있다. 메타는 고급 AI 시스템인 딥러닝 추천 모델(DLRM)을 사용해 페이스북과 인스타그램의 뉴스 피드에 어떤 게시물을 표시할지 결정한다. 이 추천 모델은 수십억 명의 개별 사용자와 수조 개의 게시물에서 수집한 수천 개의 데이터 포인트를 기반으로 사용자가 어떤 게시물에 가장 관심을 가질지 예측하는 것을 목표로 한다.

페이스북의 AI 시스템은 사용자 참여를 극대화하는 데 매우 효과적이지만, 사회가 중요하게 여기는 다른 목표들을 희생시키고 있다. 내부 고발자 프랜시스 하우겐이 2021년 9월 《월스트리트저널》에 게재한 일련의 기사에서 밝혔듯이, 페이스북은 다른 모든 것보다 사용자 참여를 우선시하는 정책을 반복적으로 시행했다. 하우겐에 따르면, 페이스북은 내부 연구를 통해 인스타그램 사용이 여성·청소년의 신체 이미지와 관련된 정신 건강 문제의 심각한 증가와 관련 있다는 사실을 알고 있었지만 이를 적절히 해결하지 못했다고 한다. 2018년에는 플랫폼에서 '의미 있는 사회적 상호작용'을 강화하려 했지만, 오히려 분노를 조장해 민주주의의 건전성을 해칠 위험이 있는 '에코 체임버' 효과를 강화했다. 마약 카르텔과 인신매매 조직이 페이스북을 이용해 사업을 영위하고, 이를 저지하려는 페이스북의 시도가 불충분했던 미국 외 지역에서는 플랫폼의 문제점이 더욱 극명하게 드러났다. 이러한 사례는 개인 삶의 다양한 영역에 영향을 미치는 첨단 AI 시스템이 다른 모든 것을 희생하면서까지 하나의 목표를 추구하도록 프로그래밍할 때 사회에 얼마나 해로울 수 있는지를 보여준다.

페이스북의 내부 고발은 또 다른 이유에서도 교훈적이다. 첨단 AI 시스템을 통제하기가 점점 더 어려워지고 있음을 보여주기 때문이다. 약 12조 개의 매개변수로 구성된 인공신경망으로 구동되는 메타의 추천 모델은 현재 세계에서 가장 큰 인공신경망으로 알려져 있다. 이 시스템은 사용자가 어떤 게시물에 관심을 가질 가능성이 가장 큰지 예측하는 작업을 인간으로 구성된 전문가 팀보다 더 잘 수행한다. 따라서 이 시스템은 초인적인 수준의 인간만이 할 수 있었던 작업을 수행하는 AI 시스템 목록에 추가되었다.

일부 연구자들은 이러한 시스템을 도메인별 또는 좁은 의미의 초지능, 즉 좁은 적용 영역 내에서 인간보다 뛰어난 성능을 발휘하는 AI 시스템이라고 부른다. 다양한 영역에서 광범위한 문제를 해결하는 능력인 일반 지능은 여전히 인간이 선두를 달리고 있다. 그러나 최근 몇 년 동안 좁은 의미의 초지능이 빠르게 성장했다. 구글의 자회사인 딥마인드가 개발한 알파고와 2024년 노벨상 수상자가 개발한 알파폴드(AlphaFold)는 바둑을 두거나 단백질이 어떻게 접히는지 초인적인 수준으로 예측할 수 있으며, 음성 인식과 이미지 분류 시스템도 인간보다 더 잘 수행할 수 있다. 이러한 시스템이 초인적인 능력을 갖추면서 그 복잡성으로 인해 인간이 어떻게 솔루션에 도달하는지 이해하기가 점점 더 어려워지고 있다. 그 결과, AI를 만든 사람이 AI의 결과물에 대한 통제력을 잃을 수도 있다.

AI 시스템에 대한 통제

AI 시스템에 대한 통제는 두 가지 차원으로 이루어질 수 있으며 각 차원 나름의 어려움이 있다. 직접적 통제는 AI 시스템을 운영하는 회사나 단체가 충분한 통제권을 행사하는 것, 즉 시스템이 운영자가 원하는 대로 작동하도록 하는 것이 얼마나 어려운지를 알려준다. 사회적 통제는 AI 시스템이 사회적 규범에 따라 행동하도록 보장하는 것이 얼마나 어려운지를 보여준다.

AI를 직접 통제하는 것은 첨단 AI 시스템을 운영하는 기업이 직면한 기술적 과제다. 아마존은 여성에게 편향된 이력서 심사 시스템을 도입했고, 구글은 흑인 남성을 고릴라로 분류하는 사진 분류 시스템을 개발했으며, 마이크로소프트는 선동적이고 공격적인 트윗을 빠르게 게시하는 챗봇을 운영하는 등 모든 빅테크는 AI 시스템에 대한 직접 통제에 실패한 경험이 있다. 페이스북의 마크 저커버그는 2021년 3월 코로나-19 백신을 홍보하는 캠페인을 시작했으나 페이스북이 오히려 만연한 잘못된 정보의 출처가 됐다면서 "목표를 세웠음에도 불구하고 최고경영자가 원하는 대로 플랫폼을 조종할 수 없었다"라고 결론지었다.

첨단 AI 시스템의 근본적인 문제 중 하나는 기본 알고리즘이 어느 정도는 블랙박스 같은 성격이라는 점이다. 즉 알고리즘의 복잡성 때문에 불투명하고 인간이 그 작동 방식을 완전히 이해하기 어렵다. 심층 신경망을 설명하는 데 일부 진전이 있었지만, 이는 **네트워크 아키텍처**(architecture)에 의해 본질적으로 제한된다. 예를 들어, 충분한 노력을 기울이면 특정 결정이 어떻

> **네트워크 아키텍처:** 컴퓨터 네트워크의 설계. 네트워크의 물리적 구성 요소와 그 기능적 조직 및 구성, 운영 원칙과 절차를 포함한다.

게 내려졌는지 설명할 수 있지만(국소적 해석 가능성), 가능한 모든 결정과 그 의미를 예측하는 것은 불가능하다. 따라서 AI 시스템의 작동을 제어하기 어렵다.

앞에서 언급한 빅테크의 여러 사례에서 볼 수 있듯이 AI 통제 문제는 발생한 후에야 감지되는 경우가 많다. 하지만 이는 잠재적으로 재앙적인 결과를 초래할 수 있는 위험한 상황이다. AI 시스템이 더 큰 역량을 확보하고 더 많은 의사결정을 담당함에 따라 사후적인 수정에 의존하는 것은 사회에 막대한 잠재적 비용을 초래할 수 있다. 예를 들어, 소셜 네트워킹 사이트가 폭동과 살상을 조장했다면, 그 경로를 수정한다고 해서 인명 손실을 되돌릴 수는 없다. 이 문제는 군사용 AI 시스템에서 더욱 심각하다. 따라서 직접 통제에 대한 사전 예방적 작업과 이를 지원하고 의무화하기 위한 공공정책 조치가 시급한 상황이다.

AI에 대한 사회적 통제와 거버넌스

직접 통제의 기술적 과제와 달리, 사회적 AI 통제는 거버넌스 문제라고 할 수 있다. 이는 운영자가 원하는 대로 정확하게 작동하는 AI 시스템을 포함하여 AI 시스템이 나머지 사회에 외부효과를 부과하지 않도록 보장하는 것이다.

기업이 운영하는 AI 시스템에 대한 사회적 통제는 시장의 힘에 의해 더욱 악화된다. 자유로운 시장의 힘은 기업이 인류가 관심을 가질 수 있는 다른 목표들을 희생하면서까지 이윤 극대화라는 단일한 목표를 추구하도록 인센티브를 제공할 수 있다. AI 시스템의 맥락에서 이미 논의했듯이, 다면적인 세상에서 단일 목표를 추구하는 것은 사회 구성원 일부 또는 전체에 해로운 부작용을 초래할 수밖에 없다.

사회는 시장의 이점을 살리면서 단점을 줄일 수 있도록 다양한 규범과 규제를 만들어왔다. 그러나 첨단 AI 시스템은 기업과 사회 간의 힘의 균형에 변화를 가져왔으며, 이러한 기술이 등장하기 전에는 불가능했던 사용자 참여와 같은 단일 목표를 매우 효율적인 방식으로 추구할 수 있는 능력을 기업에 부여했다. 이로 인해 사회의 잠재적 피해는 더 커졌으며, 좀 더 선제적이고 목표 지향적인 규제 솔루션이 필요해졌다.

AI 통제위원회

미국은 사회에 새로운 위험을 초래할 수 있는 신기술이 개발될 때마다 세계적 수준의 전문성을 갖춘 새로운 규제 기관과 독립기관을 설립해 신기술을 감독·조사하는 일을 반복해 왔다. 예를 들어, 항공 시대가 열리면서 미국교통안전위원회(NTSB)와 연방항공청(FAA)이 설립되었고, 원자력 시대가 열리면서 원자력규제위원회(NRC)가 설립되었다. 여러 측면에서 볼 때 첨단 AI는 페이스북 고발 파일에서 볼 수 있듯이 사회에 새로운 유형의 위험을 초래할 수 있는 훨씬 더 강력한 기술이 될 수 있는 잠재력을 가지고 있다.

AI 기술의 급속한 부상과 확산에 따라 AI 통제 문제를 해결하기 위해, 즉 더욱 강력한 AI 시스템이 사회의 이익을 위해 행동하도록 명시적으로 설계된 'AI 통제위원회' 같은 감독기관의 설립이 필요하다. 이 목표를 효과적으로 달성하려면 이러한 위원회가 1) 직접적인 AI 통제 문제에 대한 해결책을 모색하고, 2) 사회적 통제 문제를 해결하기 위해 경제 전반에 걸쳐 AI가 사용되는 방식을 감독하고 필요한 경우 규제할 수 있는 능

력을 갖춰야 하며, 3) 동시에 AI의 발전에 장애가 되지 않도록 보장할 수 있어야 한다.[21]

첫째, AI 직접 통제와 관련된 어려운 기술적 문제뿐만 아니라 심지어 철학적 문제까지 상당한 기초 연구가 필요한 부분이 많다. 이러한 연구는 광범위한 공공의 이익을 가져다주지만, 가장 강력한 컴퓨팅 인프라와 최첨단 AI 시스템, 그리고 점점 더 많은 AI 연구자가 광범위한 공공재에 투자할 충분한 인센티브가 없는 사기업에 소속되어 있다는 사실에 의해 방해를 받고 있다. AI 통제위원회는 이러한 문제를 해결하기 위해 자원을 투입할 수 있어야 한다. 미국은 선도적인 AI 강국 중 하나로 세계적 차원에서 AI 발전의 방향을 좀 더 바람직한 방향으로 이끌 수 있는 잠재력을 가지고 있다.

둘째, 통제위원회가 진정으로 효과적인 기능을 하려면 AI의 사회적 통제라는 과제를 해결하기 위해 민간 및 공공 주체들이 AI 개발을 감독할 수 있는 다양한 권한을 가져야 한다. AI 개발을 모니터링하고 민간 부문과 다른 곳에서 어떤 유형의 첨단 AI 시스템이 위원회의 규제·감독 대상에 해당하는지 정의할 수 있는 권한이 있어야 한다. 위원회는 신경망의 크기, 사용된 컴퓨팅의 양(즉 계산에 사용되는 자원), 시스템의 도달 범위(예컨대 상호작용하는 사람의 수 및 예상되는 효과의 범위) 또는 위원회가 적절하다고 판단하는 여러 기준 등을 평가할 수 있어야 한다.

통제위원회는 다양한 이해관계자에게 첨단 AI 시스템에 대한 영향 평가를 의무화할 수 있는 권한, 첨단 AI 기업이 보고해야 하는 기준을 정의할 수 있는 능력, 현실 세계에 미치는 영향을 확인하기 위한 감사 및 실험을 수행할 수 있는 능력 등을 갖춰야 한다. 이러한 영향 평가와 관련 질문 및 실험은 AI 시스템의 유형과 제기되는 우려에 따라 크게 달라진다.

예를 들어, 한 소셜 네트워크는 콘텐츠 중재와 공정성 문제부터 사용자의 정신 건강 및 민주적 담론에 미치는 영향에 이르기까지 모든 우려 영역에 대해 보고하도록 요청받을 수 있다. 단백질 구조를 예측하는 알파폴드 같은 생물의학 연구를 강화하기 위한 도구는 새로운 병원균을 생성해 악용될 가능성을 평가하도록 요청받을 수 있다. 또 인간 수준의 언어를 대량 생성할 수 있는 GPT-4 같은 고급 언어 모델은 표적 소비자 조작과 잘못된 정보에 대한 영향을 평가하도록 요청받을 수 있다.

영향 평가에서 사회에 대한 위험이나 잠재적 남용이 지적되면 통제위원회는 이러한 위험과 남용을 줄이기 위한 규제 권한과 그 결과로 발생하는 구제책 또는 규정의 이행을 감독하고 집행할 수 있는 권한을 가져야 한다. 영향 평가에서 얻은 교훈을 공개적으로 제공해 첨단 AI 시스템의 투명성을 높이고 소비자와 노동자뿐만 아니라 유사한 문제를 다룰 수 있는 다른 AI 개발자에게도 주의해야 할 잠재적 문제에 대한 인식을 높여야 한다. 투명성의 또 다른 이점은 소비자, 노동자, 벤처 투자전문가(capitalist) 등이 일부 AI 기업이 사회의 더 넓은 목표를 해치는 편협한 목표를 우선시하는 경우 어떤 기업을 지원하고 어떤 기업을 피해야 할지 결정하는 데 도움이 된다는 점이다.

AI 통제위원회 설립의 과제

AI 통제위원회가 해결해야 할 문제 중 하나는 위원회의 활동이 기술 발전과 리더십을 해치지 않으면서도 AI의 발전을 바람직한 방향으로 이끌 수 있도록 보장하는 방법이다. 직접 통제 문제에 대한 위원회의 작업과 영향 평가에서 얻은 교훈은 민간 부문 행위자들이 위원회와 다른 AI 연구자들의 연구 결과를 바탕으로 구축할 수 있으므로 AI 발전에 광범위하게 도움이 된다. 사회적 통제 문제를 해결하는 데 필요한 감독과 규제도 잘 설계된다면 규제 환경에 대한 확실성을 제공하고 경쟁 기업의 바닥을 향한 경쟁을 방지함으로써 오히려 기술 발전을 촉진할 수 있다.

협의체를 설계할 때 또 다른 중요한 질문은 기존 기관이 이미 규제하고 있는 영역에 AI 시스템이 배치될 때 해당 영역의 문제를 해결하는 것이다. 이 경우 위원회가 자문 역할을 하고 필요에 따라 전문 지식을 지원하는 것이 가장 유용할 것이다. 예를 들어, 자율주행 차량으로 인한 자동차 사고는 미국 도로교통안전국의 영역에 속하지만, 새로운 AI 통제위원회는 고급 AI에 대한 전문성을 바탕으로 도움을 줄 수 있다.

첨단 AI 시스템이 새로운 영역에 영향을 미치거나 개별 기관이 담당하는 영역을 넘나드는 새로운 영향을 초래하는 경우 AI 통제위원회가 개입할 수 있어야 한다. 예를 들어, 소셜 네트워크의 추천 모델이 정신 건강에 미치는 영향은 기존 규정에서 다루지 않는 새로운 영역에 해당하며 이에 대한 영향 평가, 투명성 및 잠재적 규제 등이 필요하다. 반대로 소셜 네트워크가 기존 시장 조작 규제가 적용되지 않는 방식으로 증권 중개인을 표적으로 삼아 그들의 기분에 영향을 미치고 더 나아가 주식 시장에 금전적 이익을 주는 경우 위원회는 증권거래위원회(SEC)와 함께 조사해야 할 교차 과제의 사례로 삼을 수 있다.

정치와 AI의 만남, 인간 참여의 가치

AI가 비즈니스, 공공 행정, 일상생활에 이어 정치 영역에도 영향을 미칠 것으로 예상되면서 이에 대한 논의가 활발히 이루어지고 있다. AI 정치인의 등장은 논란을 일으키지만, 설문조사 결과는 이를 긍정적으로 보는 대중의 기대감을 반영한다.

AI 정치인에 대한 세계적 관심

2021년의 설문조사에 따르면, 유럽인 대다수는 일부 정치인을 AI로 대체하는 것을 지지했고, 중국 응답자는 AI가 공공정책 수립에 더 적극적일 수 있다고 평가했다. 반면, 혁신에 우호적이라는 여겨졌던 미국은 AI 정치에 대해 상대적으로 신중한 태도를 보였다.[22]

AI가 정치에 도입될 가능성은 다양하다. AI 기반 채팅봇의 정치 참여, AI를 활용한 직접민주주의, '알고리즘 정치체제(algocracy)' 등은 정치의 새로운 가능성과 한계를 보여준다.

AI 채팅봇 정치인: 실험과 한계

이미 몇몇 국가에서는 AI 채팅봇이 정치적 실험에 참여했다. 2017년 러시아에서 알리사(Alisa)라는 채팅봇이 대선에 도전했으며, 뉴질랜드·덴마크·일본에서도 AI 정치 실험이 이루어졌다. AI 채팅봇은 인간 정치인과 달리 욕망에 휘둘리지 않고 휴식이 필요 없으며, 광범위한 지식과 분석 능력을 갖췄다는 장점이 있다.

하지만 AI 채팅봇은 불투명한 의사결정 과정, 부정확하거나 조작된 정보 생성, 사이버 보안 위험, 윤리적·정치적 책임 부재 등 기술적·사회적 한계를 가진다. AI 챗팅봇은 여전히 인간 정치인의 감정적 교감, 협상 능력, 도덕적 책임을 대신하기에는 기술적으로나 제도적으로 부족하다.

AI 기반 직접민주주의: 이상과 현실

물리학자 세사르 이달고는 AI를 활용한 직접민주주의 모델을 제안했다.[23] 시민이 자신의 정치적 선호를 AI 에이전트에 입력하면 AI 에이전트들이 서로 협상해 법안을 작성하는 방식이다. 이는 대표민주제의 중간 단계를 제거해 시민의 직접적인 정치 참여를 확대할 수 있다는 기대를 낳는다. 하지만 이 모델은 알고리즘을 설계하는 전문가에게 실질적 권력이 집중될 수 있으며, 이는 또 다른 형태의 대표성을 초래할 가능성이 있다.

알고리즘 정치체제: 인간의 참여가 필요한 이유

AI가 인간보다 더 나은 결정을 내릴 수 있는 수준에 도달한다면 정치에서 인간의 역할이 필요 없게 될까? 알고리즘 정치체제는 인간의 자율성과 책임, 숙의(담론)의 가치를 재고하게 함으로써 기술이 아니라 인간 참여와 민주주의의 본질적 가치를 보존하는 방안에 대한 논의를 촉진한다.

AI와 정치의 공존 방향

AI의 정치 통합은 인간의 능력을 강화하고 민주주의 제도를 보완하는 방식으로 이루어져야 한다. 예컨대, AI가 토론을 중재하고 합의 도출을 돕는 '하버마스 머신(Habermas machine)' 같은 도구는 분열된 의견을 조정하는 데 성공적인 사례로 평가된다.

민주주의는 관점이 다양한 사람들 간의 자유롭고 평등한 의견 교환에 기초한다. 시민의회를 비롯한 구조화된 공론화는 이를 효과적으로 지원할 수 있지만, 비용이 많이 들고 규모를 확장하기 어렵다는 한계가 있다. AI가 이러한 한계를 극복하고 사회적·정치적 문제에 대한 집단 합의를 돕는 가능성을 연구한 결과가 발표되었다.[24]

이 연구에서 대규모 언어 모델을 기반으로 한 AI 시스템이 집단의 공통된 관점을 포착하여 집단 구성원이 동의할 수 있는 '집단 성명'을 작성할 수 있는지를 조사했다. 독일 철학자 위르겐 하버마스의 의사소통 행위 이론에 영감받은 연구진은 AI 시스템을 '하버마스 머신'이라 명명했다. 이 AI 시스템은 개인의 의견과 비판을 바탕으로 집단 승인율을 극대화할 수 있는 성명을 반복적으로 생성하며 이를 통해 합의를 도출한다.

영국의 5,000명이 넘는 사람들이 참가하여 진행된 실험에서는 하버마스 머신의 성능을 검증하기 위해 AI가 작성한 성명과 인간 중재자가 작성한 성명을 비교했다. 그리고 AI를 활용한 가상 시민의회를 통해 이 시스템이 논쟁적인 주제에서도 합의를 도출할 수 있는지를 평가했다. 실험의 핵심 결과는 다음과 같다.

1) 집단 성명 품질: AI가 작성한 성명은 인간 중재자가 작성한 성명보다 참가자들에게 더 높은 선호도를 받았다. 외부 심사위원들로부터도 품질, 명확성, 정보성, 공정성 측면에서 더 높은 평가를 받았다.

2) 집단 내 분열 감소: AI를 통해 진행된 논의 후 참가자들의 입장은 특정 공통점으로 수렴했다. 반면, 인간끼리 직접 의견을 교환했을 때는 이러한 변화가 나타나지 않았다.

3) 소수 의견 반영: 하버마스 머신은 다수의 입장을 강화하면서도 소

수 의견을 성명에 적극적으로 반영하여 공정성을 유지했다.

4) 가상 시민의회 실험: 논쟁적 이슈에 대한 AI 중재 결과, 집단 내 의견이 비슷한 방향으로 이동했다. 이는 AI의 편향이 아닌 진정한 합의 과정에서 나타난 것으로 확인되었다.

미래 전망: AI가 민주주의에 기여하는 방식

이 연구는 AI가 다양한 의견을 가진 집단 간의 공통점을 찾아낼 수 있는 강력한 도구임을 입증했다. 특히 하버마스 머신은 시간 효율성, 확장 가능성, 공정성 등에서 인간 중재자를 능가하며, 갈등 해결과 정치 토론, 계약 협상 등 다양한 분야에서의 활용 가능성을 보여주었다.

도전 과제와 윤리적 고려

AI 중재는 공론화에 새로운 가능성을 제공하지만, 잠재적 위험도 존재한다. 우선, 대표성 확보 문제다. 사용자들이 목표 집단을 충분히 대표해야 한다. 그리고 선의의 참여 문제다. 참가자들이 성실하게 논의에 참여하도록 준비되어야 한다.

올바르게 설계된 AI 시스템은 분열된 사회에서 합의를 이끌어내고 집단행동을 촉진하는 데 중요한 역할을 할 수 있다. 하버마스 머신은 현대 민주주의와 공론화의 새로운 도구로 점점 더 복잡해지는 사회적 문제 해결에 기여할 것으로 기대된다.

3

AI의 정치적 문제

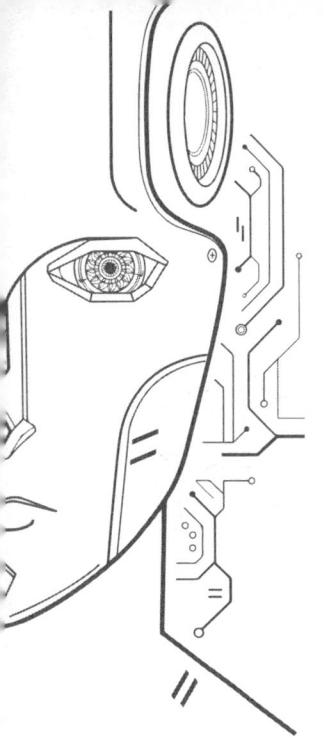

가짜뉴스

가짜뉴스의 정치적 영향

미국과 한국 모두 2024년 국가의 운명을 좌우할 중요한 선거를 치렀다. 한국도 비슷한 상황이지만 미국의 유권자들은 2024년 대통령 선거가 공정하게 치러지지 않을 것이라는 우려를 계속해 왔다. 선거의 공정성과 무결성이 훼손될지 모른다고 우려하는 중심에는 AI 기술의 오용과 그 기술을 기반으로 하는 소셜미디어의 악용 가능성이 있다.

시카고 대학교의 해리스 공공정책대학원에서 실시한 설문조사 결과에 따르면, 미국 유권자의 과반수(58퍼센트)가 2024년 대선에서 AI의 사용이 잘못된 정보 확산을 증가시킬 것이라고 답했다. 즉 AI 도구에 익숙할수록 AI의 사용이 잘못된 정보의 확산을 심화할 것이라는 의견이었다. 응답자 10명 중 8명은 기술 기업, 소셜미디어 기업, 뉴스 미디어, 연방정

부 모두 AI로 인한 허위 정보의 확산을 방지하는 데 어느 정도 책임이 있다는 견해를 밝혔다.[1]

여론조사기관 모닝컨설트의 조사에서 응답자들은 선거를 앞두고 가장 걱정되는 부분으로 넘쳐나는 가짜뉴스를 꼽았다. 가짜뉴스가 대선에 영향을 미칠 것이라고 우려한 응답자는 63퍼센트에 달했다. 이들은 가짜뉴스의 확산 경로로 소셜미디어(42퍼센트), 뉴스 미디어(40퍼센트)를 지적했다. 뉴스 미디어보다 소셜미디어가 가짜뉴스 경로라는 의견이 근소하게 많았다.[2]

미국인이 이처럼 대선에서 AI 가짜뉴스의 악영향을 우려하는 주된 이유는 학습효과 때문이다. 2021년 1월 대선 결과에 불복해 트럼프의 지지자들이 국회의사당에 난입해 폭력 시위를 벌였다. 미국 민주주의에 씻을 수 없는 오점으로 남은 이 사건의 중심에는 정치적 양극화를 극도로 부추긴 가짜뉴스 또는 가짜뉴스에 의한 정치적 양극화의 극단화 현상이 있다.

2016년 미국 대선에서 러시아가 페이스북 등 소셜미디어를 이용해 트럼프 당선 공작을 벌였다는 사실이 확인되었다. 2020년 미국 대선에서는 자신의 패배가 부정선거 때문이라는 트럼프와 음모론자들의 가짜뉴스가 소셜미디어를 통해 확산하면서 사상 초유의 혼란이 벌어졌다. 이제 미국인은 급속히 발달한 AI 기술을 이용한 가짜뉴스가 초래할 문제를 우려한다.

이런 가운데 페이스북을 운영하는 IT 대기업 메타는 최근 보고서에서 미국 대통령 선거를 앞두고 중국이 가짜뉴스의 원천이 되고 있으며, 챗GPT 등 생성형 AI의 발달로 위협이 더 강화될 수 있다고 밝혔다. 메타는 중국의 조직화된 비인증 행동(CIB) 네트워크 중 하나를 막기 위해서 최근 4,780개의 페이스북 계정을 삭제했다.

보고서에 따르면, 중국의 네트워크에서 활동하는 사람들은 다른 사람의 프로필 사진과 이름으로 가짜 계정을 만들고 전 세계 사람들과 친구를 맺고 있다는 것이다. 이들은 미국인으로 위장해 여러 플랫폼에 같은 가짜뉴스 콘텐츠를 게시하고 이를 확산시키는 역할을 한다고 한다.[3]

페이스북의 가짜뉴스는 2016년 미국 대선을 앞두고 당시 도널드 트럼프 후보의 지지율을 끌어올리려는 의도로 러시아를 중심으로 한 외국인들이 플랫폼 내 여론을 부추기면서 심각한 문제로 떠올랐다. 그 이후 메타는 가짜뉴스의 위험성을 엄격히 감시하며 투명성을 보장하기 위한 노력에 집중해 소기의 효과를 얻고 있다.

그런데 문제는 페이스북, 트위터 등 세계적인 대형 소셜미디어가 가짜뉴스에 대해 강력히 대응하면서 가짜뉴스 활동 양상이 변화했다는 데 있다. 페이스북, 트위터 등을 이용한 가짜뉴스 확산에 집중하던 이들이 레딧(Reddit), 큐오라(Quora), 미디엄(Medium) 같은 다양한 온라인 플랫폼으로 활동 무대를 넓혀가고 있다.

AI, 데이터 등을 기반으로 하는 소셜미디어는 어떻게 사용하고 누가 통제하느냐에 따라 민주주의를 개선하거나 약화할 수 있다. 현재 구글, 페이스북 등 소셜미디어 플랫폼은 소수에 의해 통제되고 있다. 이러한 통제 권력으로 운영되는 플랫폼은 소수의 이익을 위해 이용자를 감시하고 그들의 행동을 바꾸기 위한 메커니즘을 점점 더 정교하게 만들고 있다.

이 과정에서 시민의 선택은 점점 조작될 가능성이 커진다. 이러한 조작의 핵심 대상이 선거다. 현재의 민주주의 제도에서 시민이 정치에 참여할 기회는 몇 년마다 있는 선거 외에는 별달리 없다. 이용자를 감시하고 그의 행동을 바꾸기 위한 메커니즘은 곧 선거에서 유권자의 선택을 목표로 삼는다.

미국과 EU 등 주요 국가들은 AI 기반 디지털 플랫폼에 대한 사회적 통제를 시도하고 있다. 하지만 기술 발달과 사회적 변화 속도를 따라가지 못한다. AI 가짜뉴스 생산과 확산의 중심인 포털 등 디지털 플랫폼에 대한 규제는 선거의 공정성을 유지하기 위해 가장 빠르고 효과적인 대응책일 수 있다.

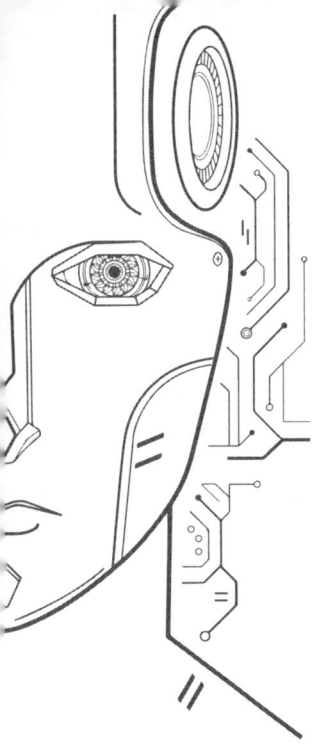

정치인, 가짜뉴스, 거짓말

지지층 결집 수단

도널드 트럼프는 2016년 선거 당시 러시아 스캔들로 위기를 맞았다. 트럼프 캠프는 러시아 정부와 공모해 만든 이메일을 이용해 선거 과정에 영향을 끼치려고 했다는 의심을 받았다. 트럼프는 이를 정적들이 만든 음모론이며 가짜뉴스라고 주장했다. 그의 지지자 중 일부는 이 주장을 지지하며 지지층 결집에 활용해 효과를 얻었다.

리처드 닉슨은 워터게이트 사건 당시 자신의 거짓말이 밝혀진 후 대통령직에서 물러났다. 자의가 아니라 탄핵을 피하려는 의도였지만 거짓말이 드러난 이상 더 버티지 않고 이를 인정하고 책임을 졌다. 로널드 레이건은 이란 콘트라 사건에서 거짓말을 했다는 문제에 인정이나 부정하지 않고 무대응 전략으로 나왔다.

과거에는 정치인의 거짓말이나 스캔들이 드러나고 사실을 부인할 수 없는 지경이 되면 당사자는 이를 인정하고 책임지는 모습을 보였다. 차마 자기 입으로 거짓말을 인정하지 못하더라도 최소한 사실을 부정하거나 이에 대해 정적에 의한 가짜뉴스라는 억지 주장을 함부로 하지는 못했다. 그러나 최근 정치 지도자들이 자신에게 불리한 보도 등을 무조건 부정하고 가짜뉴스로 몰아가는 일은 습관이 되었다.

선전, 허위 정보, 조작 등은 인류가 시작된 이래 필수적인 정치 도구였다. 그러나 (가장 중요한) 연결성, 점점 더 저렴한 모바일 컴퓨팅, 그리고 지난 몇 년간 엄청나게 급증한 데이터의 이용 가능성 등은 예전에는 생각할 수 없었던 수준의 잘못된 정보 확산과 각 개인에 맞춘 조작을 가능하게 했다. 정책결정자와 사회 구성원은 뒤늦게 문제의 심각성을 깨달았다.

'거짓말쟁이의 배당금(liar's dividend)'이란 가짜뉴스, 허위 정보, 조작된 콘텐츠 등의 확산으로 진실과 거짓을 구별하기 어려운 상황에서 사람들이 점점 더 진실을 믿지 못하는 현상을 말한다. 정보가 지나치게 많이 제공되는 현대사회에서 거짓 정보가 진실처럼 유통되고, 정치권·기업 등 특정 집단이나 개인은 이러한 환경을 자신에게 유리하게 이용하고 있다. 특히 디지털 기술과 소셜미디어의 발달로 인해 이러한 상황은 더욱 심각해졌다.

미국 퍼듀 대학교의 케일린 잭슨 쉬프 연구팀의 논문에 따르면,[4] 정치인이 책임을 회피하기 위해 실제 뉴스를 가짜뉴스라고 주장하는 것이 그에게 유리한 효과가 있는 것으로 나타났다. 자신의 스캔들이나 거짓말에 대한 사실 보도가 조작된 것이라고 거짓 주장을 함으로써 실제로 지지층 결집과 같은 이익을 얻을 수 있다는 사실이 실증적 연구에서 확인되었다. 자신의 스캔들을 다룬 기사가 가짜뉴스 또는 딥페이크라는 전략적이고 거짓된 주장은 스캔들 이후 지지를 유지하는 데 도움이 됨으로써 정치인에게 이익이 될 수 있다는 것이다. '거짓말쟁이의 배당금'이라고 할 수 있는 이러한 이익은 정보의 불확실성을 확산하거나 핵심 지지자들의 결집을 유도하는 두 가지 정치적 전략을 통해 달성될 수 있다.

연구팀은 미국 성인 1만 5000여 명을 대상으로 실제 정치인 스캔들을 묘사하는 기사에 대한 가상 정치인의 반응을 자세히 설명하는 다섯 가지 설문조사를 실험했다. 그 결과, 정보의 불확실성과 반대를 불러일으키는 스캔들에 대한 반박은 해당 정치인에 대한 지지를 높이고, 이 두 가지 전략은 당파적 그룹에서 광범위하게 효과적이라는 사실을 발견했다. 또 잘못된 정보에 관한 주장은 단순히 스캔들을 무시(무응답)하거나 규범적으로 바람직한 전략인 사과보다 정치인에게 더 큰 지지층을 형성하며, 적어도 단순한 부인만큼이나 효과적이었다.

또 이 연구에서는 반대 여론을 결집하는 전략을 사용하는 주장이 동영상에 포착된 스캔들의 신뢰도를 떨어뜨릴 수 있다는 증거를 발견했다. 그러나 동영상에 대한 허위 정보 주장의 효과는 예외적이며, 텍스트 기반 스캔들에서 허위 정보 주장이 훨씬 더 효과적이었다.

가짜뉴스를 생성하고 유포하는 새로운 방법, 즉 기존의 가짜뉴스 확산 전략을 변형·확장하는 방법이 등장함에 따라 가짜뉴스에 대한 우려가 더욱 심화되고 있다. 학자들은 가짜뉴스의 직접적인 영향과 관련해 속이고 설득하는 능력에 대해 논의해 왔다. 하지만 가짜뉴스는 직접적인 설득을 넘어 감정적이고 상징적인 수단을 통해 작용하고 광범위한 정보 환경 자체의 기반을 변화시키는 등 다양한 목적을 달성할 수 있다.

특히 이 연구에서는 정치인이나 기타 공인이 자신에 대한 진실한 정보(예를 들어, 스캔들)를 가짜라고 거짓 주장함으로써 잘못된 정보와 불신 환경을 자신의 이익을 위해 활용할 수 있는지를 파악하고자 했다. 즉 정치인이 진실한 사건과 이야기를 '가짜뉴스' 또는 '딥페이크'에 불과하다고 거짓으로 주장하면서 잘못된 정보를 퍼뜨려 지지를 유지할 수 있는지 살펴보았다.

거짓말이 성공적으로 사용되면 그의 권위, 재선 가능성 또는 평판을 높여주는 이익, 즉 '거짓말쟁이의 배당'을 제공한다.[5] 그러나 거짓말은 속임수를 통해 이루어지기 때문에 정치적 담론, 사회적 결속력, 미디어와 더 큰 정보 환경에 대한 대중의 신뢰를 더욱 약화시킬 위험이 있다.

정치적 목적을 위해 잘못된 정보를 사용하는 것은 정치의 역사만큼이나 오래되었지만,[6] 새로운 기술의 확산은 잠재적으로나 역사적으로 혁신적인 변화를 가져올 수 있다. 이러한 발전 중 하나는 생성형 적대적 네트워크 및 확산 모델 같은 AI 기술의 발전이 디지털 방식으로 변경되거나 조작된 오디오·이미지 또는 동영상을 제작하는 새롭고 정교한 방법인 '딥페이크'를 등장시킨 것이다. 전에는 고급 미디어 제작과 조작 능력은 시간과 비용이 많이 드는 전문가에게만 제한되었지만, 이제는 기술이 정교하지 않은 일반인도 매우 설득력 있는 가짜 비디오·이미지·오디오·텍스트를 저렴한 비용으로 빠르게 생성할 수 있다.

인기 소셜미디어 플랫폼에서 주요 경향으로 자리 잡은 이러한 모델의 광범위한 접근성은 정보의 오용과 조작 가능성에 대한 우려를 불러일으켰다. 그리하여 디지털 미디어에서 허위 정보와 속임수의 확산에 맞서기 위한 강력한 탐지, 검증, 이해력 및 거버넌스 노력의 필요성이 더욱 강조되고 있다. 대중의 90퍼센트가 변조된 동영상과 이미지가 혼란을 일으킨다고 답했다.[7] 뉴스 미디어와 기술전문가는 콘텐츠의 진위를 확인하는 데 심각한 어려움을 겪고 있으며, 정치인도 이에 대한 경각심을 높이고 입법 활동을 촉구하는 등 딥페이크와 AI가 생성한 텍스트 기반 허위 정보를 둘러싼 우려가 사회에 퍼져 나가고 있다.

유력 정치인이 거짓말을 아무렇지도 않게 계속하는 것을 보면 상식을 가진 사람들은 고개를 갸우뚱한다. "곧 진실이 드러나면 큰 낭패를 볼 텐데 왜 저럴까?" 그러나 그들은 거짓말쟁이의 배당금 효과를 이미 톡톡히 봤으며, 앞으로도 효과가 있을 것이라고 믿기에 전혀 개의치 않고 거짓말을 계속한다. 어떠한 추악한 면모가 드러나도 일단 아니라고 우기면 지지자들은 거짓말쟁이를 굳건히 믿고 지지한다.

AI 딥페이크

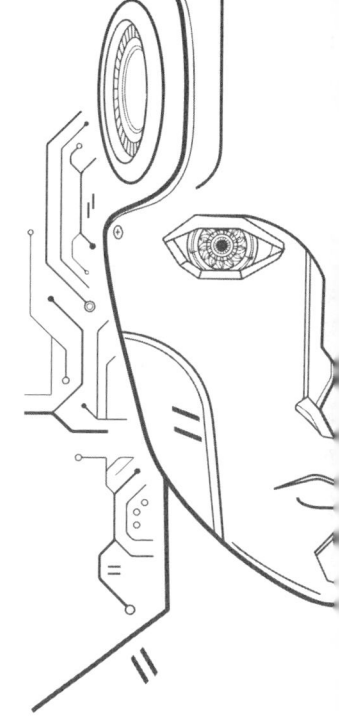

딥페이크의 위협

2023년 5월 도널드 트럼프는 자신을 비판해 온 CNN의 유명 앵커 앤더슨 쿠퍼가 바이든 대통령을 비난하는 가짜 영상을 소셜미디어에 올렸다. 이보다 앞서 3월에는 그가 뉴욕 경찰에 체포되는 사진들이 트위터 등에 급속히 퍼졌다. 그리고 펜타곤에 폭발이 발생한 가짜 사진 한 장 때문에 미국 증시가 급락하기도 했다. 모두 AI로 만든 가짜 동영상과 사진으로 생긴 일이었다.

한국에서는 2024년 들어 딥페이크 음란물이 사회문제화되면서 정부와 정치권이 대책 마련에 나섰다. 하지만 딥페이크 문제는 이미 여러 해 전부터 특히 선거 등 정치에 악용되며 그 심각성이 알려졌다. 사람이 직접 행동하거나 말하는 모습을 담은 동영상이나 이미지는 텍스트보다 더 강력한 영향력을 발휘한다. 이 때문에 딥페이크는 잘못된 정보를 퍼뜨리는 강력한 도구로 정치에 악용될 수 있다.

2024년 1월 20~21일 주말에 미국 뉴햄프셔주 주민들은 특이한 정치적 요청을 받았다. 바이든 대통령의 목소리가 자동녹음전화(로보콜)를 통해 "1월 23일 예비선거에 투표하지 말라"는 메시지가 흘러나왔다. 이 자동 메시지는 2024년 대통령 선거에 개입할 목적으로 AI 딥페이크 도구에 의해 생성된 것이었다. 녹음한 오디오를 통해 주민들은 예비선거 기간 집에 머물러야 한다는 말을 들었다. 주 법무장관실은 이러한 전화를 잘못된 정보라는 성명을 발표하면서 "뉴햄프셔 유권자는 이 메시지의 내용을 완전히 무시해야 한다"라고 강조했다. 한편 도널드 트럼프의 대변인은 공화당 후보나 그의 개입을 부인했다.[8]

소셜미디어 X(옛 트위터)의 소유주인 일론 머스크는 X에 민주당 대선 후보 카멀라 해리스의 딥페이크 영상을 공유했다가 문제가 되자 삭제했다. 해리스처럼 들리는 목소리가 "조 바이든이 마침내 토론에서 노망을 드러냈다"라고 말하는 영상이었다. 공화당 후보인 도널드 트럼프는 인기 최고의 팝스타 테일러 스위프트가 자신을 지지한다는 가짜 사진을 소셜미디어에 올리기도 했다.[9]

2024년 8월 10일 미국 연방선거관리위원회(FEC)는 만장일치로 AI가 생성한 정치 광고의 딥페이크 콘텐츠에 대한 규제를 도입하는 청원안 추진을 결정했다. 이 청원은 특히 2024년 대선을 앞두고 정치 후보자가 실제로 하지 않은 행동이나 발언을 한 것처럼 묘사한 AI를 활용하는 광고의 확산을 막는 데 초점을 맞추었다. 청원을 주도하는 시민단체인 퍼블릭시티즌(Public Citizen)은 딥페이크가 민주적 절차에 심각한 위협이 된다고 생각하는 로버트 와이즈먼이 이끌고 있다. 와이즈먼은 FEC가 딥페이크의 사용을 억제하는 권한을 행사해야 하며, 그렇게 하지 않으면 진실과 거짓에 대한 근본적인 개념을 약화시킬 수 있는 AI가 추진하는 잘못된 정보가 급증할 수 있다고 주장했다.[10]

기존 이미지나 동영상 속 인물을 다른 사람의 모습으로 바꿔치기하는 AI 합성 미디어인 딥페이크 기술은 하루가 다르게 발전하고 있다. 전문지식 없이도 누구나 스마트폰 앱으로 간단히 딥페이크 영상을 만들 수 있다. 딥페이크로 유명 연예인 등 다른 사람의 얼굴을 합성해 음란물을 만들어 유포하다가 적발되는 일도 흔해졌다. AI 딥페이크와 가짜뉴스는 사회 전반에 심각한 위협이 되고 있다. 이러한 가짜뉴스가 무분별하게 퍼지면 사회적 신뢰가 무너져 불신이 커질 뿐만 아니라 여론을 조작할 수도 있다.

AI 딥페이크를 이용해 가짜뉴스를 의도적으로 유포할 경우 상황은 더욱 위험해진다. 예를 들어, 정치 행위자는 AI가 생성한 딥페이크를 사용해 경쟁 상대의 평판을 훼손하고 정치적 양극화를 조장하거나 선거를 방해하는 거짓 상황을 만들 수 있다. 마찬가지로 악의적인 개인이나 집단은 AI를 기반으로 폭력을 선동하거나 불화를 조장하고 사회의 건전성을 해치는 방향으로 상황을 조작할 수 있다.

민주적 절차에 심각한 위협

정치, 언론, 문화 등 매우 광범위한 영역에서 악용할 수 있는 딥페이크는 민주적 절차에 심각한 위협이 된다. 딥페이크는 정치인 등의 스캔들을 조작하거나, 연설 내용을 목적에 따라 바꾸거나, 허위 지지자를 만들어 여론에 영향을 미치거나, 선거 결과를 뒤흔드는 데 사용될 수 있다. 한 국가 내에서만이 아니라 국가 간 분쟁을 촉발하고 국제관계를 악화시킬 수도 있다.

급속한 기술의 발달에 따라 이제 AI는 사이버 보안 전문가를 속일 정도의 그럴듯한 형태로 잘못된 정보를 생성하는 데 이용된다. 이는 사이버 공격에 대한 방어 노력을 무력화할 수 있으며, 가짜뉴스를 만드는 집단과 그것을 추적·탐지하는 집단 간의 'AI 군비 경쟁'을 촉발할 수 있다.

잘못된 정보를 식별하고 관리하는 데 사용되는 기술은 AI, 특히 오픈AI의 챗GPT, 구글의 바드(Bard) 같은 생성형 AI를 기반으로 한다. 이러한 기술은 **자연어 처리**(natural language processing, NLP)를 이용해 텍스트를 이해하고 번역, 요약 및 해석한다. 하지만 전문가도 속일 만큼 설득력 있는 허위 정보를 생성하는 등 악의적 목적으로도 이용될 수 있다.

> **자연어 처리:** 인간 언어의 규칙을 기반으로 한 컴퓨터 언어학과 통계 자료, 머신러닝, 딥러닝을 결합하여 컴퓨터와 디지털 기기가 텍스트와 음성을 인식, 이해, 생성할 수 있게 한다. 음성으로 작동하는 GPS 시스템, 아마존의 알렉사(Alexa), 애플의 시리(Siri) 등 다양한 분야에서 활용되고 있다.

자연어 처리와 생성을 위해 설계된 AI 알고리즘은 사람이 직접 만든 것과 매우 흡사한 텍스트를 생성할 수 있다. 이러한 알고리즘으로 작성된 조작 뉴스 기사는 소셜미디어 플랫폼 및 기타 디지털 채널에 배포된다. 이렇게 만들어진 정보는 편견을 악용하거나 긴장을 고조시키며, 신념을 조작해 불화를 조장한다. 또 선거에 영향을 미치거나 기관에 대한 불신을 확산하는 등 다양한 악의적 목적을 달성하기 위해 맞춤화될 수 있다.

딥페이크의 위험성은 완전히 조작된 현실을 만들어낼 수 있는 잠재력에 있다. 딥페이크는 타인을 사칭하거나 허위 증거를 만들거나 오해의 소지가 있는 뉴스와 선전을 생산하는 데 사용될 수 있다. 이처럼 딥페이크는 개인정보, 대중의 신뢰, 디지털 커뮤니케이션의 전반적인 무결성, 나아가 민주주의 정치체제까지도 위협하는 데 악용되고 있다.

AI 가짜뉴스 대응 전략 필수

허위 정보를 생산·확산하는 AI의 오용은 개인의 진실 분별력뿐만 아니라 사회적 안정과 민주적 절차를 위협한다는 점에서 심각한 우려를 낳고 있다. AI 기술이 계속 발전함에 따라 AI가 주도하는 가짜뉴스와 허위 정보를 탐지하고 대응할 수 있는 강력한 시스템과 전략의 개발이 무엇보다 중요하다.

한 예로, 2024년 2월 미국 연방통신위원회(FCC)는 로보콜에 AI가 생성한 딥페이크의 사용을 불법으로 규정했다. 이는 앞서 언급한 일부 지역 유권자에게 바이든을 흉내 낸 목소리로 주 예비선거에 투표하지 말라는 로보콜이 발송된 후에 나온 대응책이다. FCC가 잘못된 정보를 유포하는 등 사기를 위해 누군가 사칭하는 음성 복제 기술의 오용에 대해 직접 나선 것이다.

백문이 불여일견

이전의 가짜뉴스에 비해 딥페이크가 위험한 이유는 시각적 특성 때문이다. 동영상이나 사진은 텍스트 기반의 가짜뉴스보다 설득력이 강하다. "백문이 불여일견"이라는 말은 딥페이크가 강력한 힘을 발휘하는 이유를 보여준다. 직접 행동하거나 말하는 모습을 담은 동영상이나 이미지는 텍스트보다 더 강력한 영향력을 발휘한다. 이 때문에 딥페이크는 잘못된 정보를 퍼뜨리는 강력한 도구가 될 수 있다. 전반적으로 소셜미디어의 특성인 빠른 콘텐츠 공유, 에코 체임버 효과, 시각적 콘텐츠의 영향력 등은 딥페이크의 위력을 더욱 크게 만든다.

민주적 가치를 수호하기 위한 조건

전 구글 CEO 에릭 슈미트는 미국의 한 방송에 출연해 AI가 만들어낸 가짜뉴스가 미국 대통령 선거를 망칠 수 있다고 경고했다. 그는 소셜미디어 기업들이 AI에 의한 가짜뉴스로부터 이용자를 보호하기 위해 노력 중이지만 아직 해결하지 못했다며, 소셜미디어는 '컴퓨터가 아닌 인간을 위한' 언론의 자유를 허용해야 한다고 강조했다.

AI와 머신러닝 기술의 급속한 발전으로 딥페이크 등 AI 허위 정보는 더욱 정교해져 탐지하기가 쉽지 않게 될 것이다. 따라서 이러한 현상과 그 의미, 그리고 이에 대응하는 방법을 이해하는 것이 필수적이다. 이는 디지털 커뮤니케이션의 신뢰와 무결성을 유지하고, 궁극적으로 민주적 가치를 지키기 위한 전제 조건이다.

AI를 이용한 잘못된 정보는 전례 없는 규모와 속도로 가짜뉴스를 생성하고 전파함으로써 현실과 허위 사이의 경계를 모호하게 만들 수 있다. 가짜뉴스는 여론을 조작하고 사회 불안을 조장하며 선거에 개입하고 국가 안보까지 위협할 수 있는 강력한 무기가 될 수 있다. AI가 더욱 정교해지고 컴퓨터 이용 비용이 지속적으로 하락함에 따라 온라인 정보환경에서 딥페이크가 제기하는 도전은 더욱 거세질 전망이다. 이러한 도전에 대처하기 위해 정부와 정치권은 이 기술의 작동 방식과 사용될 수 있는 무수한 방법을 훨씬 더 잘 이해해야 한다.

딥페이크는 국가적으로 중요한 정보를 위조하고, 대중과 정부에 혼란을 조장하며, 사회적 혼란을 초래하는 행위에 정당성을 부여하는 등 다양한 목적으로 활용될 수 있다. 이러한 전술이 장기적으로는 실패할 수 있다는 것을 알면서도 당장 효과를 노리는 세력들에 의해 끊임없이 이용된다. 특히 중요한 선거를 앞둔 시기에는 더욱 기승을 부린다.

민주주의 국가의 정책결정자와 공무원에게 딥페이크는 특히 어려운 문제다. 민주사회에서 신뢰할 수 있는 정보 환경의 중요성을 고려할 때 민주정부는 이러한 신뢰를 약화할 수 있는 딥페이크에 대해 철저히 경계해야 한다. 그렇지만 미국, 한국 등 민주주의 국가들에서는 이를 정치적 목적에 악용하는 사례가 급증하는 중이다. 특히 온라인이라는 특성상 이는 어느 특정 국가만의 문제가 아닌 국제 문제가 되고 있다.

따라서 각국은 기존의 국제 규범과 선례를 바탕으로 딥페이크에 대한 공동의 대응책을 마련하는 것을 고려할 필요가 있다. 이 과정에서 첨단 AI 기술 활용을 무조건 억제할 것이 아니라 그것의 이점이 위험보다 더 큰 경우를 판단하는 것도 중요하다. 다양한 정부 기관과 기업 등 이해관계자의 관점을 통합함으로써 책임감 있는 기술의 사용을 보장할 수 있어야 한다.

AI 생성 연구, 과학 신뢰성과 사회적 지식 위협

AI 생성 논문 확산의 위험성

스웨덴 보로스 대학교의 한 연구팀은 AI로 생성한 가짜 논문이 구글

스칼라(Google Scholar)를 통해 확산하고 있다고 경고했다.[11] 연구팀은 100개 이상의 AI 생성 의심 논문을 발견했으며, 이러한 가짜 연구가 과학과 사회적 신뢰를 위협할 수 있다고 밝혔다.

연구팀은 AI 생성 논문이 '증거 해킹(evidence hacking)'의 위험을 크게 증가시킨다고 지적했다. 이는 조작된 연구 결과를 전략적으로 이용해 여론과 정책을 왜곡하는 행위를 의미한다. 이 연구에 참여한 비욘 에크스트룀은 "검색 엔진을 통해 AI로 생성된 연구가 확산되면 잘못된 결과가 사회와 다양한 영역으로 빠르게 스며들 가능성이 높아진다"라고 설명했다. 연구팀은 이러한 논문이 이미 온라인 연구 인프라, 아카이브, 소셜미디어 등을 통해 빠르게 퍼지고 있다고 경고했다. 비록 이러한 논문이 철회되더라도 이미 확산된 정보는 회수하기 어렵고 계속 유통될 위험이 있다는 점도 문제로 지적했다.

학술 시스템과 정보 해독력 부담 증가

AI 생성 논문은 이미 부담이 큰 '동료 심사(peer review)' 시스템에 추가적인 문제를 일으킨다. 보로스 대학교 연구팀의 일원인 주타 하이더는 "읽는 연구가 진짜인지 신뢰할 수 없다면, 잘못된 정보에 기반해 의사결정을 내릴 위험이 있다"라고 말했다. 하이더는 이런 문제가 과학적 부정행위인 동시에 미디어 및 정보 리터러시 문제라고 강조했다. 특히 구글 스칼라는 학술 데이터베이스가 아니며, 품질 보증 절차가 부족해 일반적인 구글 검색 결과보다 더 큰 문제를 일으킬 수 있다고 지적했다.

신뢰할 수 있는 학술 연구 판단 능력 필요

구글 스칼라 같은 검색 엔진은 과학적 콘텐츠에 접근할 수 있게 한다는 장점이 있지만, 사용자는 신뢰할 수 있는 학술지와 출판사를 식별하는 능력을 갖춰야 한다고 연구진은 주장한다. 이러한 능력은 의사결정과 여론 형성에 매우 중요한 역할을 한다.

AI로 생성된 가짜 논문의 확산은 사회적 신뢰성 손상, 잘못된 정보 확산, 학술 검토 시스템 부담 증가, 사용자의 정보 해독력 부족 등 다양한 문제를 초래할 수 있다. 연구진은 이러한 문제를 해결하기 위해 검색 엔진과 학술 출판사의 품질 관리 강화 및 대중의 정보 리터러시 향상이 필요하다고 강조한다.

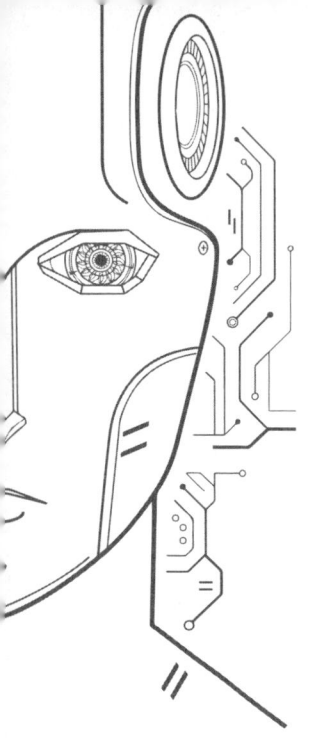

음모론

음모론 정치

미국의 극우 성향 음모론자 알렉스 존스는 2012년 12월에 발생한 샌디훅 총기 난사 사건이 오바마 행정부에 의해 조작된 것이라는 음모론을 전파하며, 피해자들도 실제로 사망한 것이 아니라 연기자라는 주장을 폈다. 그는 자신의 음모론 추종자들에게 인터넷으로 각종 상품을 판매하기도 했다. 끔찍한 사건으로 자녀를 잃은 부모들은 존스를 상대로 소송을 제기했고 법원은 존스의 배상 책임을 인정했다.

어맨다 크로퍼드는 샌디훅 초등학교 총기 난사 사건을 현대 소셜미디어 시대의 첫 번째 주요 음모론이라고 생각하고, 이를 둘러싼 잘못된 정보와 음모론의 폐해를 연구했다.[12] 그는 이 사건은 어떻게 비주류적 음모론이 소셜미디어를 통해 주류가 되고, 다양한 기득권층의 지지를 얻을 수 있는지 보여주는 사례라고 지적했다.

잘못된 정보를 퍼뜨리는 소셜미디어의 역할은 최근 몇 년 동안 급속히 발전했다. 샌디훅 총기 난사 사건이 발생한 2012년은 미국 성인의 절반 이상이 소셜미디어를 사용한 첫해였다. 지금까지 다른 음모론들도 소셜미디어에서 비슷한 경로를 따라오고 있다.

크로퍼드는 2012년 당시 소셜미디어에만 한정되었던 기괴한 음모론이 주류 언론으로까지 확산한 것은 앞으로 일어날 일에 대한 암시였을 뿐이라고 말한다. 그에 따르면, 샌디훅 총기 난사 사건에 관한 음모론은 잘못된 정보의 유산이며 이는 앞으로 미국을 괴롭힐 위기의 시작이라는 것이다.

인터넷 등 온라인상에서 극단주의적 콘텐츠는 다양한 웹 플랫폼에서 누구나 쉽게 찾을 수 있다. 메신저 포럼, 소셜 네트워킹 플랫폼, 스트리밍 서비스, 텔레그램 등 암호화된 커뮤니케이션 애플리케이션을 통해 다양한 음모론의 생산자와 맹신자가 네트워크를 구축한다.

소셜미디어는 코로나-19 팬데믹 절정기에 잘못된 정보를 퍼뜨리는 역할과 사실 확인을 위한 역할, 두 가지를 모두 담당했다. 글로벌 위기 동안 개인이 접하는 정보를 어떻게 인식하고 이해하는지 분석한 연구에 따르면, 소셜미디어는 코로나-19 팬데믹 절정기에 잘못된 정보의 확산과 사실 확인을 위해 모두 사용되었다.

영국 노팅엄트렌트 대학교의 심리학자들은 18세에서 56세 사이의 사람들을 대상으로 가짜라고 의심되는 뉴스에 어떻게 상호작용하는지 이해하기 위한 조사를 했다. 그 결과, 응답자 중 49퍼센트가 소셜미디어를 이용해 코로나-19에 대한 뉴스와 정보에 접근했으며, 46퍼센트는 팬데믹과 관련된 거짓 또는 오해의 소지가 있는 정보를 보았다고 답했다.

응답자들은 팬데믹 초기 몇 주 동안 감당하기 어려울 만큼 많은 정보, 정부 당국과 언론에서 제공하는 복잡한 정보 등으로 어려움을 겪었다. 그래서 그들은 간편하게 이용할 수 있는 소셜미디어 뉴스 피드로 눈을 돌렸다. 하지만 그들은 여전히 다양한 자료를 통해 뉴스 기사의 신뢰도를 대조하고 점검하는 방식을 선택했다.[13] 여기에는 매일 이루어지는 영국 정부의 브리핑을 비롯해 세계보건기구, 전통적인 인쇄물 및 방송 매체, 명성 있는 단체의 소셜미디어 채널 등이 포함되었다. 그들은 또한 의료진, 환자, 간호사 등 전문가 네트워크의 오피니언 리더에게도 의존했다.

문제 있는 정보를 공유하는 이유

많은 사람이 소셜미디어의 정보에만 의존하지 않고 소셜미디어의 잘못된 정보를 걸러내려고 노력했다. 그들은 잘못된 정보와 편향된 여론이 넘쳐나는 소셜미디어 채널을 피하려는 입장을 드러냈다. 그러나 일부 응답자들은 잘못된 정보의 확산에 관여하기를 원하지 않으면서도 정보에 문제가 없는지 평가하기 전에 해당 콘텐츠를 공유한 사실이 있다고 밝혔다.

정보에 문제가 없는지 확인하지 않고 공유하는 이유는 다양했다. 해당 정보가 새로운 지식과 판단력을 제공하거나 긍정적인 영향을 미칠 것이라는 생각으로 공유했다. 또는 단순히 재미를 위해 정확성 여부의 확인 없이 소셜미디어 정보를 공유하기도 했다. 그런가 하면 정치적 견해 또한 이러한 행동에 중대한 영향을 미쳤다.

소셜미디어는 음모론을 포함해 사실과 다른 정보를 전 세계 통신망에서 공유하기 쉽게 만들었다. 음모론은 진실을 외면하려는 태도나 사실에 대한 믿음의 감소 등에 따라 만들어지며, 믿을 수 있는 정보의 자리를 그렇지 못한 정보가 대신하도록 한다.

음모론을 위해 준비된 기술

음모론자는 자신의 견해를 강화하기 위해 자신이 의지하고 지지할 수 있는 전문가를 활용한다. 그런데 이러한 전문가에 대한 의존은 보편적으로 인정받는 전문가에 의한 공식적인 정보의 영향력을 약화할 수 있다. 음모론적 입장에서 과학을 왜곡하는 극소수 과학자로 인해 정상적인 과학자의 견해마저 신뢰를 잃기도 한다.

한 연구에 따르면, 소셜미디어 정보를 강하게 신뢰하는 사람이 중요한 사건을 왜곡해 설명하는 음모론을 더 잘 믿는 것으로 나타났다. 코로나-19에 대한 새로운 음모론뿐만 아니라 오래된 음모론에 대한 믿음에서도 비슷한 경향을 보였다.

돌을 보석과 칼로 변형시킨 중세 금속 세공인은 초자연적 존재의 대리인으로 여겨져 사회 구조를 위협하는 존재로 취급받았다. 아직도 많은 사람이 달 착륙이 텔레비전 스튜디오에서 조작된 것이라고 믿고 있다. 최근에는 영국에서 5G 셀 기술이 코로나-19를 확산시켰다는 음모론이 기지국 공격으로 이어지기도 했다.[14]

AI는 음모론을 위해 준비된 기술이라는 평가를 받는다. AI는 여러 가지 면에서 음모론의 틀에 들어맞기 때문이다. AI는 어떤 일이 일어날 것으로 생각하는지 알려줄 수는 있지만 왜 그렇게 생각하는지는 설명할 수 없다. AI의 기반이 되는 많은 알고리즘이 기존 데이터를 기반으로 예측하거나 관계를 파악하도록 설계되어 인과관계가 아닌 상관관계를 제공하기 때문이다.

AI가 우리의 질문에 어떻게 반응하는지에 대한 이해에 존재하는 이러한 간극은 바로 음모론이 줄거리의 공백을 메우기 위해 개입하는 부분이다. 챗GPT 같은 새로운 AI 시스템을 뒷받침하는 대규모 언어 모델은 매우 설득력 있고 이해하기 쉬운 결과를 만들어낸다. 이러한 도구에 질문을 던지면 방대한 정보를 종합해 이해하기 쉬운 단순화된 결과를 내놓는다. 결과가 정교하고 사람의 목소리처럼 전달되기 때문에 사람들은 당연히 AI의 주장이 옳다고 생각한다. 마찬가지로 음모론은 서로 다른 사실을 그럴듯한 줄거리로 포장해 제시한다. AI가 비판적 사고가 필요한 모든 무거운 작업을 대신하며, 사람들은 그냥 앉아서 믿기만 하면 된다.

AI와 음모론은 오늘날 이미 의심스러운 존재로 여겨지는 엘리트와 엘리트 기관이라는 공통의 기원을 함께하고 있다. AI와 알고리즘은 지금까지는 대부분 빅테크가 개발했으며, 빅테크나 정부(군대, 국세청, 법 집행 기관)에서 보급하는 경우가 많았다. 이에 따라 이 강력한 기관들은 음모론과 관련해 의심의 대상이 되기 쉽고, AI 음모론이 어떻게 무기화될 수 있는지도 쉽게 상상할 수 있다. 지정학적 또는 기업 경쟁자들은 선전·선동으로 잘못된 정보나 헛소문을 퍼뜨려 AI 구현에 대한 신뢰를 약화할 수 있다. 이러한 악의적 행위자들은 특정 집단이 가장 위협적이라고 생각하는, 따라서 가장 신빙성이 높은 잠재적 음모론을 맞춤화할 수 있다.

AI의 유익함을 제한하는 음모론

AI 기술을 배경으로 한 모든 음모론적 사고에서 벗어나려면 단순히

주의를 기울이는 것 이상으로 노력해야 한다. 사람들이 거짓을 믿지 않게 하려면 무엇이 진실인지를 보여주는 것이 도움이 될 수 있다. 과학적 합의가 존재한다는 것을 알면 과학적 지식을 사실로 받아들일 가능성이 더 커진다. 진실에 대한 중요한 반론은 음모론에 빠지기 쉬운 이유를 제시하고 이러한 이유를 뒤집는 것이다.

이러한 반론은 잘못된 정보가 사람들의 태도와 신념에 미치는 영향을 다루는 메시지를 지원할 수 있다. 사람들은 안면인식이나 챗봇 치료사 등 특정 AI 애플리케이션에 대해 서로 다른 우려를 하고 있거나 그에 대한 정보가 부족할 수 있다. 이때 메시지 전략은 어떤 데이터가 어떤 목적으로 누구에 의해 수집되는지 등 AI가 어떻게 사용되고 있는지 설명하는 데 도움이 될 수 있다. 이러한 메시지는 다양한 세계관이나 이념적 성향을 지닌 사람들에게도 효과적일 수 있도록 광범위한 과학적 근거와 대중의 동의를 강조해야 한다. 잘못된 정보에 노출되었을 때 경고하고, 잘못된 정보를 반복적으로 거부하는 등 메시지가 시의적절해야 한다.

음모론이 대중의 머릿속에 완전히 자리 잡기 전이 바로 이 작업을 수행할 적기일 수 있다. 시간이 지나면서 음모론은 더욱 폭력적인 사건으로 이어질 수 있다. 음모론과 마찬가지로 폭력은 전염될 수 있다. 그러나 AI와 과학에 대한 건조한 학술적·정책적 논쟁은 대중에게 미치는 편향된 알고리즘의 부정적 영향이라는, 현실과 거리가 먼 경우가 너무 많다.

연구자와 개발자는 AI 도구에 의해 부당한 피해가 발생하지 않도록 노력한 다음, 자신이 무엇을 하고 있는지 대중에게 명확히 밝혀야 한다. 다른 사람들을 대신해 활동하는 사람들은 정확한 정보를 홍보하고 사람들이 온라인에서 보고 공유하는 내용에 대해 비판적으로 생각하도록 도울 방법을 고려해야 한다.

앞으로 AI 기술을 통해 사회를 근본적으로 변화시킬 가능성이 가장 큰 시나리오는 음모론으로 인해 무산될 가능성이 있다. AI의 유익한 활용은 음모론에 의해 제한될 수 있으며, 음모론은 AI의 도입을 방해하거나 AI를 도입하는 사람들을 표적으로 삼을 수 있다. 사람들은 거짓 이야기에 취약하거나 그 영향으로 기꺼이 어떤 행동에 나설 수 있으므로 사회적 해악이 가속화될 수도 있다. 따라서 이러한 음모론에 대응하는 능력이 무엇보다 중요하다.

760명의 참가자를 조사한 한 연구[15]에서 미국 민주당과 공화당 지지자 그리고 남성과 여성의 63.1퍼센트가 페이스북을, 47.3퍼센트가 매일 트위터를 사용했다. 이들에게 소셜미디어 뉴스 사용 수준과 신뢰, 그리고 잘못된 정보를 식별하는 능력과 관련된 다양한 질문과 함께 바이러스가 외국에서 개발한 생물학적 전쟁의 무기라는 믿음 같은 몇 가지 코로나-19 음모론의 진실성을 평가하는 질문을 진행했다.

그 결과, 어느 정도 미디어 이해력 또는 미디어 분별 능력(media literacy)이 있어 잘못된 정보를 식별할 수 있더라도 소셜미디어에서 찾은 정보를 맹목적으로 믿는다면 그런 능력은 도움이 되지 않았다. 즉 미디어의 잘못된 정보 식별 능력이 음모론에 대한 믿음을 줄이지만, 일단 음모론에 대한 믿음이 자리 잡으면 그것이 거짓이라는 사실을 인정하기가 매우 어렵다.

잘못된 정보를 파악하는 것은 미디어 분별 능력의 한 부분일 뿐이다. 따라서 미디어의 정보를 분별하는 교육에는 소셜미디어 환경, 뉴스 제작과 보급뿐만 아니라 정보가 어떻게 조작될 수 있는지를 더 잘 이해하도록 하는 부분이 포함되어야 한다. 이용자가 이런 교육을 받아야 음모론에 넘어가지 않는 소셜미디어 활용이 가능하며 퇴행적인 음모론 정치꾼들을 제거할 수 있을 것이다.

소셜미디어와 코로나-19 음모론

불안감·무력감이 부채질하는 음모론

일부에서 주장하는 마스크나 사회적 거리두기 및 자가격리 등의 거부는 소셜미디어에서 유행하는 허위 정보나 음모론에서 비롯된 경우가 많은 것으로 나타났다. 코로나-19 팬데믹과 함께 확산한 음모론 등을 새롭게 조명한 미국 델라웨어 대학교의 연구는 사람들이 위기 또는 심각한 결과를 초래하는 대규모 사건에 직면했을 때뿐만 아니라 불안하고 무기력하여 결과를 통제할 수 없을 때 음모론을 더 많이 믿는다는 결론을 도출했다.[16]

특히 연구팀은 코로나-19 같은 감염병의 대유행은 개인이 안전하고 상황이 통제되고 있다는 믿음을 되찾으려는 과정에서 음모론에 눈을 돌리는 중요한 계기가 되었다고 지적했다. 잘못된 정보가 영향력을 발휘할수록 지역사회의 감염병 통제는 더욱 어려워지고, 그 결과로 음모론이 사회 전반에 걸쳐 광범위하게 나타날 수 있다는 것이다.

또 다른 연구에서는 설문조사 참가자의 3분의 1이 코로나-19와 관련된 하나 이상의 음모론을 믿었고, 음모론에 대한 믿음은 공공정책에 대한 지지를 약화할 수 있는 것으로 나타났다.[17] 실제로 음모론을 믿는 조사 참가자는 바이러스의 확산을 늦추기 위해 정책적으로 시행하는 백신을 접종할 가능성이 낮았고 공중보건 전문가를 덜 신뢰하는 것으로 조사되었다. 그러나 음모론을 믿는 사람도 의사에게 얻는 정보를 믿는 경향이 있으므로 의사들이 잘못된 정보와 싸우는 데 주도적인 역할을 해야 한다고 지적했다.

음모론의 주생산지는 어디인가

소셜미디어를 통한 음모론의 확산이 모든 국가에서 비슷한 수준으로 이루어지는 것은 아니다. 2020년 1월부터 2021년 3월까지 138개국에서 코로나-19 관련 데이터 9,657건을 분석한 연구에 따르면, 코로나-19 관련 잘못된 데이터 건수에서 인도가 전 세계 정보 생산량의 약 6분의 1을 차지했고, 미국·브라질·스페인이 인도의 뒤를 바짝 쫓았다.[18]

즉 코로나바이러스가 인체에 자기장을 발생시킨다는 이야기와 레몬주스로 바이러스를 죽일 수 있다는 주장을 포함해 전체 코로나-19 오보의 약 16퍼센트가 인도에서 만들어졌다. 미국이 10퍼센트, 브라질이 9퍼센트, 스페인이 8퍼센트로 그 뒤를 이었다. 캐나다는 1퍼센트 미만으로 26위였다. 이에 대해 연구팀은 미국이 인도와 비슷한 수준이라는 점에 놀랐다고 밝혔다. 미국은 인도와 비교해 통신 기술과 교육률, 미디어 이해력 수준 등이 더 높은 것으로 알려졌지만 이러한 결과가 나왔기 때문이다.

문제는 조사 대상 국가 대부분에서 잘못된 정보가 널리 퍼질 만큼 코로나-19에 따른 치사율이 높았다는 점이다. 브라질, 스페인, 프랑스, 튀르키예, 콜롬비아, 아르헨티나, 이탈리아, 멕시코 등과 함께 인도와 미국에서 모두 코로나-19의 잘못된 정보와 사망률 사이에 상관관계가 있었다. 감염 전이나 감염 확산 중에 잘못된 정보가 급증했으며 동시에 사망률이 급증했다. 2020년 3월 이후 인도, 미국, 브라질, 스페인 등은 코로나-19의 잘못된 정보와 함께 코로나-19 사망 사례가 점차 증가했다.

소셜미디어는 전체 오보 생산량의 85퍼센트로 가장 많이 코로나-19 오보를 생산했는데, 페이스북은 전체 소셜미디어 플랫폼이 만들어낸 잘못된 정보의 67퍼센트를 차지했다. 또 인터넷에서 생산된 오보가 90퍼센트 이상을 차지했으며, 주류 언론은 3퍼센트를 조금 넘는 오보로 가장 비중이 낮았다. 연구팀은 인도에서 소셜미디어 오보가 가장 많이 생산된 것은 아마도 인도의 높은 인터넷 보급률, 소셜미디어 소비 증가, 사용자의 인터넷 사용 능력 부족 때문으로 보인다고 설명했다.

음모론 추적 AI

이처럼 소셜미디어는 세계적으로 음모론의 핵심 확산 경로로 자리 잡았다. 미국 로스앨러모스 국립연구소의 연구팀은 공공 보건 관리자의 잘못된 정보 대응과 관련해 소셜미디어에서 코로나-19 음모론의 진화를 추적하는 연구를 시도했다.[19] 소셜미디어의 허위 정보와 관련된 많은 머신러닝 연구가 음모론의 식별에 초점을 맞춘 것과 달리 이 연구는 허위 정보가 확산하면서 어떻게 변화하는지 이해하는 것이 목적이었다.

로스앨러모스의 정보 시스템 및 모델링 그룹은 '코로나-19'라는 키워드를 포함하거나 건강과 관련된 트위터 계정의 180만여 개 데이터를 추려내 '무선 인터넷용 5G 셀타워가 바이러스를 퍼뜨린다', '빌 앤드 멜린다 게이츠 재단이 코로나-19와 관련된 악의적 의도를 가지고 있다', '바이러스는 실험실에 만든 것이다', '개발 중인 코로나-19 백신은 위험하다' 등 네 가지 음모론의 주제를 특성화해 분석한 후 이와 일치하는 부분집합을 식별하고, 각 음모론 범주에서 수백 개의 트윗을 구분해 머신러닝을 위한 훈련 세트를 구성했다.

분석 결과, 허위 정보 트윗이 사실 트윗과 비교할 때 부정적인 감정을 더 많이 포함하고 있었으며, 음모론이 시간이 지남에 따라 진화해 실제 사건뿐만 아니라 관련 없는 세부적인 정보들이 음모론에 합쳐진다는 것을 확인했다. 연구팀은 보고서에서 공중보건 당국은 시간이 지남에 따라 음모론이 어떻게 진화하고 설득력을 얻고 있는지 아는 것이 중요하며, 이를 통해 음모론이 실제 사건과 연결되는 것에 전략적으로 대응해야 한다고 지적했다. 즉 사람들은 처음 접하는 메시지를 믿는 경향이 있으므로 보건 당국은 언제 어떤 음모론이 소셜미디어에서 주목받는지 감시하고 허위사실유포에 대한 예방 차원에서 사전 홍보 캠페인을 벌여야 한다는 것이다.

음모론과 인플루언서

소셜미디어는 코로나-19 백신 접종을 주저하는 사람에게만 중요한 메시지를 전달할 수 있고, 또 그 사람은 백신 접종에 반대하는 소셜미디어 채널을 통해 그러한 메시지를 전달할 수 있다. 마찬가지로 종교인, 정치인 또는 온건한 견해를 가진 정치인도 음모론을 통해 자신의 지지 그룹에 영향을 미칠 수 있다.

인플루언서 마케팅

　상업용 마케팅 프로그램에서 소셜미디어 '인플루언서(influencer, 또는 브랜드 홍보대사)'를 동원할 때도 비슷한 접근 방식을 이용한다. 이 방법은 소셜미디어에서 상업용 브랜드의 장점을 자신의 이용자에게 신뢰할 수 있게 전달할 수 있다. 이러한 접근법은 사람들이 대중 커뮤니케이션보다 사회집단의 영향을 더 많이 받는다는 연구로 뒷받침된다.[20]

　두려움은 백신 접종 반대 그룹의 행동에 중요한 동기를 부여한다. 그들의 두려움은 백신의 안전에 대한 우려에서 비롯된다. 백신 접종을 주저하는 사람들에게 계속 백신의 안전성 문제를 제기하고 백신 접종 없이 같은 효과를 기대할 수 있다고 주장함으로써 그들의 우려를 더욱 강화하는 효과를 얻는다. 이처럼 백신에 대한 두려움을 확산시키는 이들은 나중에 자신의 주장이 사실과 다르다는 것이 밝혀져도 대부분 행동을 멈추지 않는다. 허위 정보를 퍼뜨린 것에 대한 책임 모면에 노력을 집중하며, 또 다른 정보로 대중의 두려움을 자극하는 시도를 이어간다.

　백신 접종을 반대하는 음모론 커뮤니티는 일반적인 음모론 커뮤니티보다 메시지가 명확한 편이다. 자신과 다른 생각을 지닌 사람, 즉 백신 접종자 중 상당수도 백신에 두려움을 가지고 있다는 점에서 다른 음모론에 비해 적극적인 태도를 보인다. 그래서 자신의 주장에 강하게 동의하는 집단뿐만 아니라 동의에 주저하는 집단에 대해 더욱 적극적인 공세를 취한다. 실제로 백신 접종자도 백신에 대한 불신, 두려움, 접종 후 증상에 대한 분노, 좌절 등과 같은 부정적 감정을 많이 표출하는 것으로 조사되었다.[21] 특히 백신 접종자는 백신의 안전성에 대해 우려했다.

두려움을 먼저 자극

백신 반대 그룹의 구성원은 부모, 가족, 친지 그리고 의사 등의 이야기로 정보 전달을 시작한다. "우리 엄마가 백신 접종 후 엄청난 후유증을 겪었다"라는 식으로 백신에 대한 두려움을 조성한 후 다음과 같이 본격적으로 백신과 코로나에 관한 음모론을 늘어놓는다.

"백신은 사실상 유전자 치료제, 즉 박쥐 코로나바이러스의 기능성 향상 연구 과정에서 만들어진 부산물이다." "사망자를 포함한 코로나 관련 통계가 부풀려졌다." "마스크는 저산소증, 과호흡증 및 기타 여러 위험을 일으켰다." "하이드록시 클로로퀸과 이버멕틴을 포함한 효과적인 코로나 치료제가 억제되어 살릴 수 있었던 많은 환자를 잃음으로써 기록적인 사망률을 자초했다." "유전자 조작 바이러스의 감염률 및 사망률을 인위적으로 부풀린 통계수치를 구실로 세계 각국의 봉쇄조치가 내려졌다." "백신은 자폐증, 암 또는 주의력결핍 과잉행동 장애와 관련 있다." "백신은 인간의 유전자를 조작해 전 세계인에 대한 거대 권력의 완전한 통제가 가능하게 하려는 음모다" 등등. 이 과정에서 자신의 음모론을 뒷받침하기 위해 백신에 반대하는 극소수 의료진의 주장을 확대 재생산한다.

그러나 코로나-19 음모론자의 주장에 반대하는 집단의 목소리는 별로 나타나지 않는다. 실제 팬데믹이 벌어지고 있고 이에 대한 우려와 관심으로 음모론자의 주장에 관심이 덜 가기 때문일 수 있다. 또는 코로나-19 음모론 집단의 주장이 사회적으로 직접적인 위해를 가하지 않기 때문에 이를 반대하고 나설 동기가 약하다는 이유도 있다.

코로나-19 음모론자들은 바이러스의 기원에 대해 의혹을 제기하기 시작했고 주류 언론 등의 정보에 불신을 나타냈다. "2020년 미국 대통령 선거는 중국 공산당 또는 이른바 '딥스테이트(Deep State)'에 의한 총체적 부정선거였다"라고 주장하는 이들과 거의 겹치는 부분이다. 그들은 주류 언론의 보도를 모두 거짓이라고 주장하며, 근거를 찾기 어려운 몇몇 극우 매체의 '아니면 말고' 식의 보도를 맹신하고 소셜미디어를 통해 이를 공유한다.

특히 코로나-19 음모론자들이 바이러스의 확산, 증상 또는 예방 조치가 아닌 바이러스의 기원에 초점을 맞추는 것은 보수 세력의 반중(反中) 정서를 최대한 이용하려는 목적 때문이다. 이를 위해 '인공', '중국의 생물무기', '딥스테이트의 산물', '5G 네트워크에 의한 방사선 질환' 등의 용어를 동원한다.

빠져나갈 구멍부터 준비

그러나 음모론자들의 언어에는 명확성이 없다. 불확실성 언어, 즉 '확실하지는 않지만' 또는 '아마도 그럴 것이다'와 같이 '빠져나갈 구멍'을 만들어놓는다. 음모론자들은 권위를 불신하고 언론과 정보원이 그들에게 거짓말을 하고 있다고 믿는다.

그들이 다양한 사람을 비난한다는 것은 코로나-19의 기원부터 백신·치료제에 이르기까지 광범위한 주제에 사회적 합의가 이루어지지 못하고 있다는 사실을 보여준다. 언론을 신뢰하지 않는 음모론자들은 다른 정보원을 찾고 발견된 정보를 공유할 때 "누구에 따르면", "아무개 박사의 논문에서" 등과 같이 주로 인용하는 식으로 표현한다.

전반적으로, 코로나-19 음모론 그룹의 주요 특징은 구성원이 감염병과 백신의 악의적 의도에 가장 관심이 있고 정보 출처를 공유하면서 주류 언론 보도를 불신한다는 것이다. 이 그룹을 중심으로 여러 출처의 정보가 공유되고 있으며, 소수의 비판자만 이에 대해 언급하고 있다. 이 그룹은 정부의 방역 조치나 백신 접종 효과 등 긍정적인 정보는 회피한다. 그 대신 사회적 거리두기, 마스크 착용 의무화 등에 따른 피해만 적극 부각시킨다.

권위에 대한 불신을 위해 권위 동원

이제 음모론에 대한 믿음은 일반적인 현상이 되었다. 미국 성인의 4분의 1 이상이 하나 이상의 음모론을 믿는다고 한다. 소셜미디어의 음모론 콘텐츠도 이제 일반적이다. 음모론자들은 또한 자신의 주장이 틀렸다는 것을 보여주는 정보를 접할 기회가 줄어들면서 소셜미디어 기반의 에코 체임버로 더 깊이 파고든다. 이러한 에코 체임버로 관점의 양극화가 심화되고, 에코 체임버 안에서 분리된 정보들은 인터넷상에서 다시 확산하며 영향을 미친다.

백신 반대 소셜미디어의 콘텐츠를 분석한 것에 따르면,[22] 백신 반대자와 백신 접종자는 서로를 비난하며 맞서고 있다. 이러한 행동은 서로에게 분노와 두려움에 찬 반응을 보낸다. 특히 음모론자들에 대한 적대적 반응은 그들의 주장을 더욱 자극한다. 예를 들어, 극단적인 음모론자일수록 조롱하고 놀리는 식의 비난을 받으면 근거 없는 소문에 더욱 집중하는 것으로 나타났다. 설득 캠페인의 부정적이고 의도하지 않은 영향은 드물지 않다.[23]

모든 음모론 집단의 공통점은 전통적인 권위 또는 권위자에 대한 불신이다. 그러나 자신의 주장을 위해 권위 또는 권위자를 내세운다. 백신 반대론자는 의료 당국에 대한 불신을 나타내면서도 자신과 견해를 같이

하는 의료인이나 유명인의 의견을 높이 평가한다. 코로나-19 음모론자들은 권위자와 주류 언론 뉴스를 불신하지만, 여전히 자신의 주장을 뒷받침하는 권위자와 비주류 언론 뉴스를 강조한다. 이는 음모론자들에게 대응하기 위해 권위자를 이용하는 게 쉽지 않은 일이며 신중해야 한다는 점을 시사한다.

다양한 음모론자 커뮤니티는 자신의 견해를 주장하고 그 활동에 동기를 부여하는 데 도움이 되는 그들만의 공격 포인트가 있다. 백신 반대론자는 백신의 안전성에 초점을 맞춘다. 이 그룹의 구성원은 백신의 안전성과 백신 안전성 테스트의 정확성과 정당성에 대한 우려를 강조하면서 공공 안전 전반과 특히 어린이에 대한 광범위한 우려를 확산시킨다. 이처럼 백신 안전을 강조하는 것은 그들의 음모론이 공중보건에 위협이 되지 않는 것처럼 꾸미기 위해서다.

음모론적 신념 설득을 위한 AI의 역할

음모론에 대한 강한 믿음은 사회적 우려와 학계 연구의 주요 주제로 자리 잡았다. 많은 음모론이 비합리적이고 근거가 부족한데도 상당수 사람이 이를 신봉한다. 기존 심리학 이론에서는 이러한 신념은 인간의 심리적 욕구와 동기에서 비롯되며, 논리적 증거나 반박만으로는 바꾸기 어렵다고 평가한다. 하지만 최근 연구는 음모론적 신념의 변화 가능성을 탐구하면서 새로운 통찰을 제시했다.[24]

연구팀은 기존의 교정 정보가 깊이나 개인화 측면에서 부족함이 있어 효과가 미비하다고 가정했다. 이를 검증하기 위해 AI 대규모 언어 모델인 GPT-4 Turbo를 활용해 음모론적 신념을 가진 사람과 맞춤형 대화를 나누는 실험을 설계했다. 참가자들은 자신이 믿는 음모론과 그 근거를 서술했고, AI는 이에 맞춰 세 차례의 대화를 진행하며 신념의 감소를 시도했다. 대조군에서는 음모론과 무관한 주제로 AI와 대화했다.

연구팀은 이러한 실험으로 다음과 같은 결과를 도출했다.

첫째, 신념 감소: 음모론 신념은 평균적으로 20퍼센트 감소했으며, 그 효과는 2개월 이상 지속했다.

둘째, 다양한 음모론 적용: 효과는 존 F. 케네디 암살, 외계인, 일루미나티 등과 같은 고전적 음모론부터 코로나-19와 2020년 미국 대선 관련 음모론까지 폭넓게 나타났다.

셋째, 사실 기반 유지: AI는 음모론과 관련된 근거를 99.2퍼센트 정확하게 교정했으며, 잘못된 정보는 제공하지 않았다.

넷째, 긍정적 전이 효과: 특정 음모론에 대한 신념이 줄어들면서 다른 음모론에 대한 신념도 약화했으며, 다른 음모론 신봉자들에게 반박하려는 의향도 증가했다.

이 연구는 음모론 신봉자도 적절한 증거를 제시하면 신념을 변화시킬 수 있다는 희망적인 결론을 제시했다. 이는 인간의 추론 능력에 대한 긍정적 시각을 제공하며, 음모론 신념이 단순히 심리적 욕구에 의해 고정된 것이 아님을 보여준다.

나아가 생성형 AI의 설득력을 실증했고, 책임감 있는 기술 활용의 중요성을 강조했다. AI의 맞춤형 접근법은 음모론 확산 방지뿐만 아니라 사회적 갈등 완화와 정보 생태계 개선에도 적용될 수 있다. 이 연구는 음모론 문제 해결에서 기술과 심리학의 융합이 효과적일 수 있음을 시사하며, 앞으로의 응용 가능성에 대한 기대를 높였다.

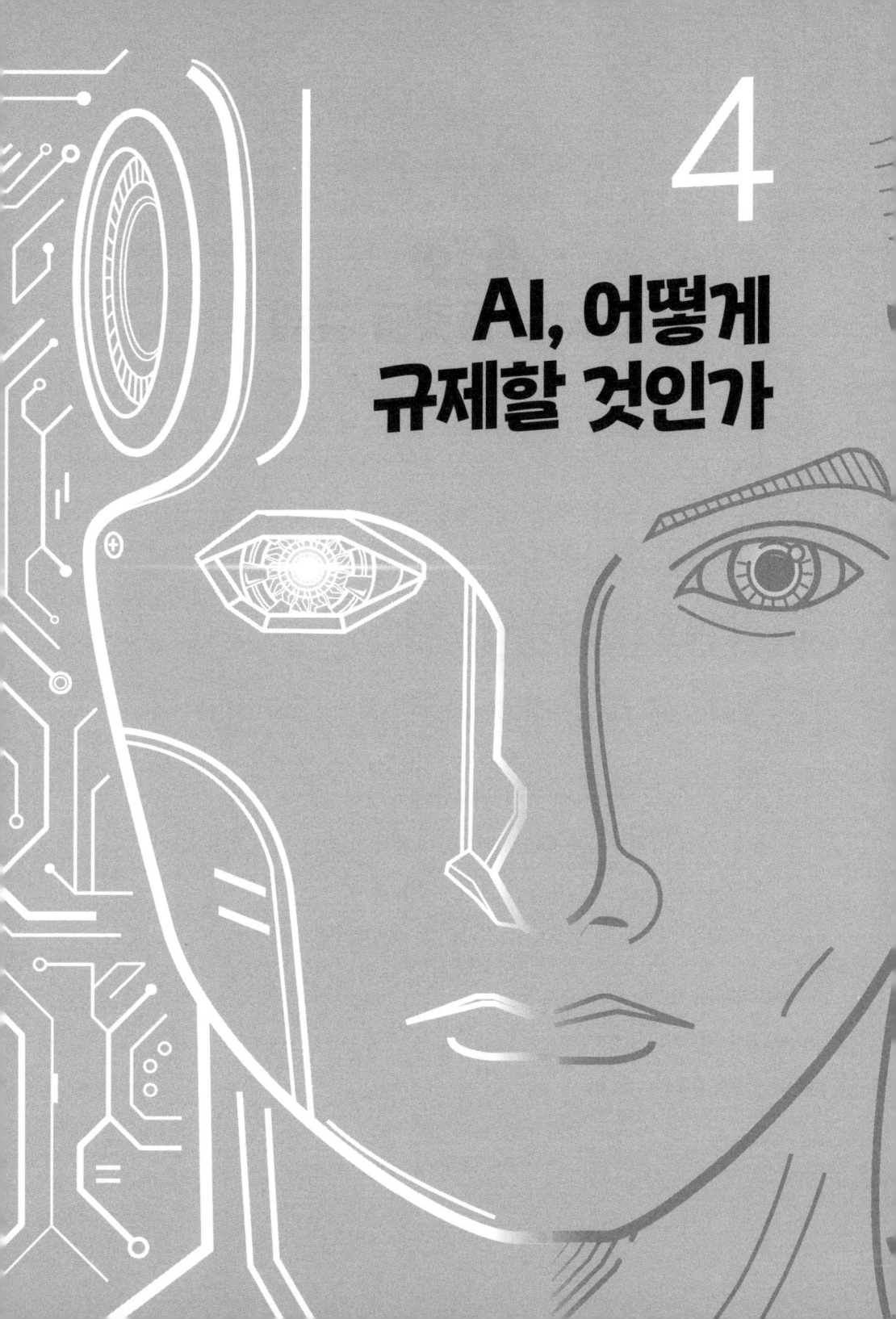

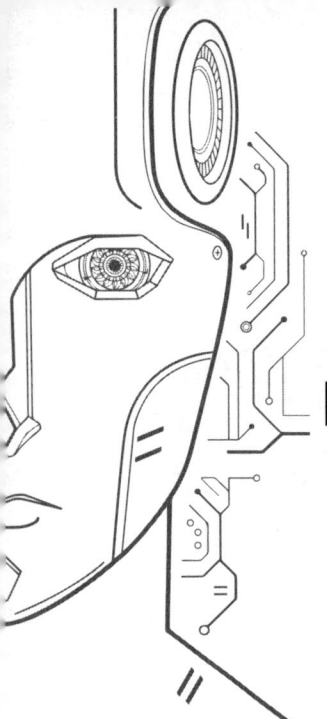

AI와
디지털 플랫폼 규제

디지털 플랫폼 규제는 세계적 추세

2024년 들어 EU 27개 회원국에서 '디지털 시장법(DMA)'이 전면 시행되었다. 이 법은 구글, 아마존, 메타(페이스북), 애플 등 대형 온라인 플랫폼을 운영하는 빅테크의 시장 지배력과 영향력 제한을 목적으로 하는 법 중 가장 강력한 내용을 담고 있다. 따라서 2020년 12월 법안 초안 발표 당시부터 애플 등 빅테크가 강하게 반발했다.

이 법의 핵심은 대형 플랫폼 기업들을 '**게이트키퍼**(gatekeeper)'로 지정하고 이들의 독점적 지위 남용을 금지하며 이를 위반할 경우 총매출액의 최대 20퍼센트를 과징금으로 부과하는 것이다. 법 시행 첫날부터 EU 집행위원회는 애플 모

> **게이트키퍼:** 어떠한 메시지를 선택 또는 거부하게 하는 사람으로, 언론 부문에서는 뉴스를 취사선택하는 기자, 편집장 등 뉴스 결정권자를 의미한다. 인터넷 시대에는 포털 사이트 운영사, 소셜미디어 기업 등 정보 플랫폼 소유자도 이러한 역할을 한다.

바일 운영체제 iOS에 대체 앱스토어 설치를 금지했다는 미국 게임제작사 에픽게임즈의 주장에 대한 애플의 해명을 요구했다.

EU의 새로운 법은 구글 모기업 알파벳, 아마존, 애플, 마이크로소프트, 틱톡 모기업 바이트댄스, 페이스북 모기업 메타 등 여섯 곳을 게이트키퍼로 지정했다. 규제 대상 여섯 곳 중 중국계 바이트댄스 외에는 모두 미국 기업이다. 따라서 해당 기업뿐만 아니라 미국 정치권에서도 이 법이 미국 기업에 대한 차별이라고 주장하며 반발했다. 그러나 EU의 강한 의지를 꺾지 못했다.

미국의 빅테크 사이에서는 그렇지 않아도 국내에서 규제 압력이 강화되는 중에 EU의 새 법으로 인해 해외시장에서의 사업이 어려워진다는 위기의식이 커지고 있다. 미국 정부는 연방거래위원회(FTC)를 중심으로 독점적 플랫폼에 대한 규제를 빠르게 강화하고 있다. FTC는 관련 기업들의 법 위반 소지를 찾아내면 좀 심하다 싶을 정도로 강력한 법적 조치를 이어가는 중이다.

2000년대 들어 IT 기술이 빠르게 발전하면서 소수 기업이 온라인을 독점하게 되었다. 알파벳(구글)은 검색, 아마존은 전자상거래, 애플은 하드웨어, 메타(페이스북)는 소셜 네트워킹, 마이크로소프트는 비즈니스 소프트웨어를 독점 지배한다. 인터넷 혁신에 대한 낙관적 기대가 계속되는 중에도 독점은 강화되었고 혁신에 대한 기대는 독점에 대한 회의로 바뀌었다.

인터넷은 한때 개방적이고 탈중앙화된 시스템이었다. 그러나 빅테크는 자신의 지배력을 공고히 하고 사회적 담론의 동력을 약화하는 여러 차별화된 플랫폼을 인터넷 안에 포함시켰다. 그리하여 독점적 기업은 거의 아무런 책임을 지지 않고 거대한 디지털 커뮤니티를 지배할 수 있는 특별한 힘을 가지게 되었다.

빅테크의 독점적이고 반경쟁적인 사업 관행은 이제 당연한 일로 여겨진다. 그들의 독점적 관행에는 경쟁자를 포기하게 만드는 굳건한 진입장벽이 존재한다. 인터넷이 주류가 된 이후 대형 플랫폼들은 무자비하게 그들의 경쟁을 물리쳤다. 신생 기업이 자신의 지배력을 위협하면 사업을 막거나 아예 인수·합병하는 방식을 선택한다. 페이스북의 SNS 장악력을 위협했던 인스타그램의 사례가 대표적이라 할 수 있다.

일반적으로 기업은 규모의 경제에서 이익을 얻는다. 디지털 기업의 경우 초기에는 상당한 비용 투자가 필요하지만 일단 자리 잡으면 이후 추가되는 고객 서비스 비용은 거의 들지 않는다. 결과적으로, 자연적 한계가 거의 없는 기하급수적인 성장이 가능하다. 디지털 플랫폼은 방대한 사용자 기반에서 수집하는 엄청난 양의 데이터를 사용해 규모를 확대하고 서비스를 신속하게 개선할 수 있다. 소규모 기업은 데이터 면에서 이미 경쟁 상대가 되지 않는다.

인터넷 등 온라인 통신 시스템은 오랫동안 미국 민주주의에 필수적이었다. 그런데 구글, 페이스북, 아마존 등의 독점적 지위는 이 기업들을 하나의 독점적 권력, 나아가 국가 권력을 위협하는 존재로 만들었다. 페이스북 창업자 마크 저커버그는 "여러 면에서 페이스북은 전통적인 회사라기보다는 정부에 가깝다"라고 말한 적이 있다. 그의 말은 사실이었으며, 다른 주요 플랫폼도 이제 비슷한 역할을 하고 있다. 그러나 효과적인 규제가 없는 상황에서 그들의 통치는 민주주의가 아닌 독재 지배와 유사하다.

역동적인 경쟁, 국경을 초월한 운영, 네트워크 효과와 과점 경쟁이 특징인 디지털 플랫폼은 경쟁을 방해하고 소비자의 이익을 손상한다. 나아가 혁신의 활력을 억제하고 고품질 발전을 해치는 심각하고 복잡한 독점 문제를 초래한다. 그러므로 그들은 더 엄격한 독점 금지 규제를 받아야 한다.

"엄격한 규제는 모든 것을 정지시키고, 느슨한 규제는 혼란을 가져온다"라는 전통적인 규제의 역설은 시장 규제의 고질적인 문제를 표현한다. 디지털 플랫폼의 반독점 규제는 이러한 규제의 역설을 피할 수 있어야 한다. 디지털 플랫폼의 양면적 성격, 역동적인 경쟁, 급진적 혁신에 따른 문제 해결을 위해서는 긍정적이고 포용적이며 신중한 규제의 원칙을 확립해 적절한 새로운 독점 규제 이론을 개발해야 한다.

이런 맥락에서 현재의 규제 강화 노력은 규제 자체와 처벌 강화에 지나치게 중점을 두는 것이 아니라 규제의 전환과 혁신에 초점을 맞춤으로써 효과적인 규제 개선을 목표로 한다. 양질의 규제 시스템을 제공하기 위해서는 독점금지법에 구체적이고 현실적인 디지털 경쟁 규칙 개선 조항이 포함되어야 한다.

독점적 디지털 플랫폼에 대한 규제 강화 움직임은 이미 세계적인 추세다. 국가 권력을 능가하는 플랫폼의 영향력에 대응하기 위해 EU, 미국 등은 규제 역량 강화에 힘을 쏟고 있다. 독점적 디지털 플랫폼 문제가 국제적 이슈로 확대되는 상황에서 네이버와 같은 한국의 독점적 플랫폼 규제는 단순히 국내에 한정된 문제가 아니다. 독점적 플랫폼에 대한 규제는 이미 한 국가를 넘어 국제정치·경제적 문제로 발전 중이다.

미국 정부의 규제 강화

전 세계의 점점 더 많은 사람이 정보와 통신을 위해 디지털 미디어 기술을 사용함에 따라 디지털 미디어는 시민정치 생활의 필수적인 부분이 되었다. 디지털 미디어는 사람 사이를 연결하는 중요한 플랫폼을 구성했다. 그러나 디지털 미디어는 정보를 제공하고 메시지를 동원하는 동안 잘못된 정보 유포, 정보 분열과 정치적 양극화를 심화하는 역할도 했다. 그리고 디지털 미디어의 개발부터 모든 운영은 소수의 '빅테크'가 전적으로 장악하고 있다.

그 결과 디지털 시대의 권리와 자유는 점점 더 이 기업들이 정한 규칙에 따라 결정된다. 트위터가 의사당 폭력 사태 여파로 도널드 트럼프를 침묵시키기로 한 것, 유튜브가 백신 반대 콘텐츠의 잘못된 정보 확산을 차단하기로 한 것 등은 빅테크가 얼마나 막강한 힘과 영향력을 지니고 있는지 보여주는 단적인 사례일 뿐이다.

의사소통을 위해 소셜미디어를 사용할 때 우리는 그러한 플랫폼을 통제하는 사람들의 허락과 조건에 따라 움직인다. 디지털 기술을 통제하는 사람들은 편리함, 즐거움, 심지어 부를 가져다줄 뿐만 아니라 힘을 줄 수 있다는 점에서 권력은 단순히 기술을 소유하는 것이 아니라 기술을 통제하는 자에게 달려 있다.

구글은 데이터에 대한 방대한 통제권을 가지고 있으며, 우리가 검색하는 정보가 어떻게 구조화되어 있는지를 스스로 결정하는 독점기업이다. 페이스북은 되도록 많은 권력을 얻고 사회에 영향을 미치려는 목적을 바탕으로 한 데이터 확보 능력을 지니고 있다. 아마존은 최근 매우 민감한 미국 정부의 정보 저장소로 지정되었다.

이러한 기업들이 휘두르는 권력이 권위주의적 정부, 심지어 전체주의적인 정부에 적용될 경우 정부의 감시·선전과 통제를 훨씬 더 광범위하고 효과적으로 만든다. 이처럼 디지털 미디어의 막강한 힘은 AI, 데이터 등 첨단 과학기술을 기반으로 한다. 특히 소셜미디어를 구동하는 AI 기술이 하루가 다르게 급속히 발달하면서 민주주의에 대한 영향력 또한 상상을 초월한다.

소수의 독점적 플랫폼 기업이 국가 권력보다 더 강하게 대중을 통제하는 힘을 가지게 되면서 정치체제가 권위주의적이고 독재적인 체제로 옮겨가는 데 필요한 자원을 제공하고 그 변화를 촉진하는 역할까지 한다. 민주적이든 전제적이든 폭압적이든 정부는 인터넷이 AI와 결합해 스스로 또는 국내나 외부의 힘으로 사람들을 감시하고 위협하며 세뇌하고 통제할 수 있는 강력한 도구를 제공한다는 사실을 잘 알고 있다.

이러한 가운데 미국의 연방 규제 당국은 2023년 온라인 플랫폼 기업들을 중심으로 반독점 정책을 더욱 강화할 계획을 밝혔다. 이에 따라 강화된 반독점 정책과 관련 소송이 미국의 반독점법 해석 자체까지 바꿀 가능성이 제기되었다. FTC와 법무부는 2020년부터 주요 기술기업이 소셜미디어 플랫폼, 검색엔진, 광고, 앱스토어에 대한 독점권을 유지하기 위해 반경쟁적 방법에 의존해 왔다며 다수의 소송을 제기했다.

특히 주목할 부분은 FTC가 미국의 기존 반독점법에서 규정한 범위를 넘어 더욱 강력한 법적 대응에 나서기로 한 점이다. FTC는 2021년 위원회의 반독점 조사 범위를 셔먼법(Sherman Act)과 클레이튼법(Clayton Act)으로 알려진 기존 반독점법으로 제한했다. 그러나 2022년 11월 FTC는 "연방거래위원회법 관련 조항을 이 두 법을 넘어 공정한 경쟁에 부정적 영향을 미치는 다양한 유형의 불공정 행위에 적용할 수 있다'라는 성명을 발표했다.

실제로 취임 후 구글, 애플 등 빅테크와 전면전을 벌이고 있는 리나 칸 FTC 위원장을 비롯한 지도부는 그동안 미국의 반독점법이 제대로 역할을 하지 못했다고 믿는다. 이들은 되도록 모든 방법을 동원해 더욱 폭넓고 공격적인 반독점 정책을 시행하고자 했다. 이에 따라 FTC는 반독점법 집행 능력 강화를 위해 새로운 개인정보 보호 규정을 연구하는 등 권한 확대를 위한 작업을 본격적으로 시작했다.

FTC는 메타가 소셜미디어 플랫폼에 대한 독점을 유지하기 위해 반경쟁적 행위에 의존해 왔다고 주장한다. 2020년 12월 FTC는 메타를 왓츠앱과 인스타그램을 포함한 경쟁사를 매수했다는 이유로 고소했으나 증거 불충분으로 2021년 기각되었다. 그러나 FTC는 소송을 재청구해 2022년 1월 진행이 허용됨에 따라 양측은 치열한 공방을 벌이고 있다. 또 미국 법무부는 2020년 구글이 반경쟁적 관행을 통해 온라인 검색 서비스와 검색 광고 시장에서 독점권을 유지했다며 고소했다.

미국 정부는 소수의 독점적 플랫폼 기업이 국가 권력보다 강한 대중 통제 능력을 보유한 상황에 대응하기 위해 더욱 강력한 반독점 정책을 추진하고 있다. 앞서 언급했던 FTC의 불공정 행위 기업 고소 사례처럼 한 차례 기각된 소송도 다시 청구해 반독점법을 집행하겠다는 의지를 천명했다.

선거와 AI 규제

2024년의 대통령 선거를 앞두고 각 당의 후보 경선이 시작되는 시점에서 상당수 미국인이 AI 기술이 선거에 미치는 부정적 영향을 우려했다. 2016년 미국 대선에서 러시아가 페이스북 등 소셜미디어를 이용해 트럼프 당선 공작을 벌였다는 사실이 확인되었고, 2020년의 대선에서는 자신의 패배가 부정선거 때문이라고 트럼프와 음모론자들이 계속 생산하는 가짜뉴스가 소셜미디어를 통해 확산하면서 사상 초유의 혼란이 벌어졌기 때문이다.

한국에서는 2023년 12월 국민의힘과 야당이 국회 정치개혁특위에서 '딥페이크'를 활용한 선거운동을 선거일 90일 전부터 전면 금지하기로 합의했다. 2022년 대통령 선거 당시 국민의힘이 윤석열 후보 선거운동에 활용해 화제를 모았던 'AI 윤석열'과 이에 대응한 'AI 이재명' 식의 선거운동을 제한하기로 한 것이다.

기존 이미지나 동영상 속 인물을 다른 사람의 모습으로 바꿔치기한 AI 합성 미디어인 딥페이크 기술이 하루가 다르게 발전하고 있다. 전문적인 지식 없이도 누구나 스마트폰 앱으로 간단히 딥페이크 영상을 만들 수 있다. 미국에서는 이미 정치권을 중심으로 이를 악용해 사회적 혼란이 발생한 사례가 여러 건 있었다.

최근 선거 사례들을 통해서도 악의적인 행위자들이 디지털 애플리케이션을 이용해 민주주의를 위협한다는 사실이 이미 확인되었다. 챗GPT 등 생성형 AI 같은 새로운 언어 모델의 등장으로 악의적인 행위자들은 더욱 강력한 새 무기를 보유하게 되었다. 따라서 정치권과 규제 당국은 이러한 위험을 사전에 방지하기 위해 적극적으로 노력해야 한다.

AI 시대가 본격화하면서 디지털 규제 기관의 필요성은 온라인 세계에서 경쟁을 촉진하고, 개인정보를 보호하며, 언론의 자유를 발전시키기 위해 무엇이 필요한지에 대한 신중한 성찰에서 비롯되었다. 정부와 의회는 디지털 공공정책 목표를 전반적으로 발전시키기 위한 조치를 마련하고자 노력하고 있다. 그러나 이를 디지털 산업 분야 전반에 실효성 있게 적용하려면 전문 규제 기관에서만 찾을 수 있는 정책과 산업적 전문성이 필수적으로 필요하다.

AI 등 첨단 과학기술을 기반으로 하는 디지털 경제의 핵심 목표는 '혁신'이다. 그런데 미국이나 한국이나 혁신을 추구하는 과정에서 예상치 못했던 많은 문제에 부딪혔지만 이를 관리하기 위한 규제는 쉽지 않다. 급속한 기술혁신이 이루어지는 동안 언제 무엇을 혁신할 것인지, 어떻게 디지털 제품과 서비스를 시장에 내놓을 것인지 등 많은 결정은 정부보다 기술 기업이 내린다. 기술 기업은 모든 일에 정부 허가가 필요하다면 혁신은 불가능하다고 주장한다. 반면, 정부는 혁신을 추구하는 과정에서 기술의 오용과 남용 문제를 예방하는 조치가 필수적이라는 입장이다.

산업화 시대에 소비자, 경쟁, 국가 안보 등을 보호하는 데 효과적이었던 과거의 방식은 AI 시대의 새로운 도전에 대응하기에 부족하다. AI 기술의 작동 방식뿐만 아니라 그로 인한 사회적·경제적·안보적 영향을 이해하려면 전문적인 지식이 필요하다. 혁신 기술의 지속적인 개발을 장려하면서도 이러한 영향에 대한 책임을 결정하는 일은 혁신과 책임 사이에서 줄타기하는 것과 같다.

게다가 AI 기술의 속도와 확장성에 대응하기 위해 오래된 법령과 규제 구조에 의존하는 것은 불가능한 일이다. 오래된 시스템이 기술의 발전 속도를 따라가지 못하고, 기업 등 민간 부문이 사회의 행동 방향을 결정하도록 허용할 경우 피할 수 없는 공익적 해악을 초래할 수 있다.

무엇보다 AI 규제의 목표는 공익을 보호하면서도 기술혁신을 촉진하는 두 가지 모두여야 한다. 산업 규제의 특징이었던 하향식 미시적 관리는 AI 혁신의 혜택을 늦출 것이다. 그 대신 민첩한 위험 관리가 필요하다. 이러한 새로운 규제 체계 마련을 위해서는 다음 사항을 고려해야 한다.

먼저, AI 기술의 효과는 일률적이지 않다. 검색 선택이나 온라인 게임을 지원하는 AI는 개인 또는 국가 안보에 영향을 미치는 AI와는 매우 다른 영향을 미친다. 규제 감독은 모든 사람에게 일률적으로 적용하는 것이 아니라 필요에 따라 맞춤형으로 이루어져야 한다.

다음으로, 경직된 유틸리티 스타일의 규제 대신 AI 규제는 민첩하고 혁신적이어야 한다. 위험이 식별되면 그 위험을 완화하기 위해 설계된 필수 행동 방식을 미리 준비해야 한다. 이를 위해서는 새로운 규제 담당 기관이 문제를 파악하고 업계 전문가를 모아 기관의 전문가와 협력해 필요한 행동 방식을 미리 마련해야 한다. 그 과정에서 그것이 수용 가능한 것인지를 결정하는 새로운 수준의 정부–업계 협력이 필요하다.

AI가 미래에 어떤 영향을 미칠지 현재로서는 정확히 알 수 없다. 다만 디지털 시대에 급변하는 기술 속에서 공익을 보호하지 못하면 어떤 해로운 결과를 초래하는지는 모두 경험을 통해 알고 있다. 지금 우리는 새로운 기술이 개발되고 그 결과에 대한 고려 없이 그것이 보급·활용되는 상황을 지켜보고 있다. 이제 이 강력한 신기술에 대한 공익적 규제 방법을 확립해야 할 때다. 기술을 통해 상업적 또는 정치적 이익을 얻으려는 사람들보다 더 큰 힘이 없다면, 혁신가가 규칙을 만들고 사회가 그 결과를 감당하는 초기 디지털 시대 역사의 반복을 피할 수 없게 될 것이다.

AI 혁명과 새로운 규제

AI 기술의 빠른 발전 속도는 공익을 보호하려는 기존 규제 체계의 속도와 맞지 않는다. 산업혁명에 맞춰 개발된 민간과 정부의 감독 시스템은 AI 혁명에 충분하지 않다. AI 규제는 기존 방식을 뛰어넘는 혁신적 접근이 필요하다.

미국은 산업 기술의 도전에 대응해 반독점 집행과 규제 감독 같은 새로운 개념을 도입했다. 하지만 디지털 혁명과 AI 시대의 현실에 대해 정책결정자들은 아직 충분한 대책을 마련하지 못했다. AI 같은 지능형 기술에 대응하려면 구글, 페이스북, 마이크로소프트, 애플, 아마존 등 플랫폼과 AI 서비스 제공업체를 감독할 새로운 기관이 필요하다. 이러한 기관은 전문성을 갖춘 인력을 통해 기술을 이해하고 공익을 보호하는 역할을 해야 한다.

과거의 규제로는 한계

산업화 시대에 효과적이었던 규제 방식만으로는 AI의 사회적·경제적·안보적 영향을 다루기에 부족하다. 기술의 작동 원리뿐만 아니라 그로 인한 영향까지 이해하려면 전문성이 필수적이다. 혁신과 책임 사이의 균형을 유지하며 AI의 책임 소재를 규명하기 위해서라도 과거의 법과 규제 구조만으로는 AI의 속도를 따라갈 수 없다. 이는 공익을 해치며, 사기업의 이해가 지배하는 상황을 초래할 수 있다.

AI 개발을 멈추거나 지연시키는 것도 사실상 불가능하다. 과거 구텐베르크의 인쇄 혁명 당시 종교 기관이 기술 발전을 저지하려 했으나 실패했던 전례를 봐도 그러하다. 새로운 기술에 대한 경제적 기회와 혁신을 막기 어렵다는 사실을 우리는 역사에서 배웠다.

미국 정책결정자들은 초당적으로 AI 규제의 필요성에 공감하고 있다. 상원 민주당 원내대표 척 슈머는 AI 기술을 사전 검토할 지침을 마련해야 한다고 밝혔고, 하원의장 케빈 매카시는 의원들과 함께 MIT를 방문해 AI에 대한 이해를 높이려 노력했다.

바이든 정부의 'AI 권리장전(Bill of Rights)' 역시 AI의 혜택이 공평하게 분배되도록 실질적 조치가 필요하다고 강조했다. FTC 위원장 리나 칸 역시 현행법에 AI에 대한 예외는 없다고 말했다. 그러나 기존 법률은 산업 경제를 대상으로 작성된 것이라는 한계가 있다. 각 부처가 독립적으로 AI 문제에 대응하는 현재의 분절된 방식은 일관된 국가 AI 정책이라고 보기 어렵다.

AI를 위한 새로운 규제 모델

상무부 산하 국가통신정보국(NTIA)이 AI 감독에 대한 의견 수렴 절차를 시작한 것은 긍정적인 신호다. 그러나 필요한 것은 AI 기업에 공익을 준수할 의무를 부여하는 독립된 전문 기관이다. 이 새로운 규제 모델은 기존의 일방적 감독 방식이 아닌, 혁신과 공익을 동시에 고려하는 새로운 접근에서 나올 수 있다. 이를 위해 세 가지 방안이 제안되었다.[1]

1) 위험의 식별 및 평가: AI 기술의 영향은 다양하다. 검색 기능을 지원하는 AI와 개인이나 국가 안보에 영향을 미치는 AI의 감독 방식은 달라야 한다. 맞춤형 접근이 필요하다.

2) 행동 규약 마련: 유틸리티 스타일의 고정 규제가 아닌, 유연하고 혁신적인 규제가 필요하다. 정부와 업계 전문가가 협력해 적절한 행동 규약을 마련하고, 이를 통해 위험을 완화할 수 있다.

3) 집행 권한 부여: 새 기관은 규약 준수 여부를 확인하고, 불이행할 때 제재할 수 있는 권한을 가져야 한다.

AI의 미래는 예측 불가능하다. 디지털 시대의 경험을 통해 기술 변화의 속도에 맞춰 공익을 보호하지 않으면 사회에 해로운 영향을 미칠 수 있다는 것을 배웠다. 새로운 기술이 규제의 공백 속에서 발전하도록 방치하면, 결국 그 피해는 사회가 감당하게 될 것이다.

미 행정부 AI 정책 차이점과 전망

AI는 사회 전반에 걸쳐 막대한 변화를 불러올 기술로 평가된다. 현재 AI 기술은 다양한 가능성을 열어가고 있으며, 새로운 미국 대통령은 AI가 산업, 민주주의, 군사, 평화 등 여러 영역에서 가져올 잠재적 영향에 대비할 과제를 맞이하게 될 것이다. 트럼프 행정부와 바이든 행정부는 서로 다른 접근 방식을 보여왔는데, 앞으로 AI 정책의 변화 가능성에 많은 관심이 쏠리고 있다.

1기 트럼프 행정부의 AI 정책

1기 트럼프 행정부는 AI 정책에서 개발 촉진과 도입 촉진이라는 두 주제에 초점을 맞췄다. 2019년 트럼프 대통령은 '미국 AI 이니셔티브'를 통해 AI 연구·개발과 민간 AI 채택을 장려했으며, 이를 법제화했다. 이후 트럼프 행정부는 AI 활용 시 민간과 정부가 지켜야 할 기본 원칙을 세우고, AI 기술 도입에서 미국 우위를 강화하기 위한 정책들을 시행했다.

또 트럼프 행정부는 중국의 AI 발전을 견제하는 경제 전략을 수립했다. 2019년 화웨이를 제재 대상으로 삼았고, 2020년에는 중국 국영 반도체 기업 SMIC를 제재 대상에 포함했다. 이를 통해 최첨단 AI 시스템에 사용되는 기술의 중국 접근을 차단하고자 했다. 아울러 경제협력개발기구(OECD) AI 원칙, 글로벌 파트너십 AI 협약 등에 참여해 국제사회에서 AI 관련 규범을 수립하는 데 동참했다.

바이든 행정부의 AI 정책

바이든 행정부는 트럼프 행정부의 AI 촉진 정책을 이어받으면서도 '위험 완화'와 책임 있는 AI 개발을 강조했다. 2022년에는 'AI 권리장전'을 발표해 AI 기술이 공익을 보호하며 발전할 수 있는 지침을 마련했다. 2023년 바이든 행정부는 주요 AI 기업과 자발적 AI 안전·신뢰성 약속을 협의하며 이를 위한 업계 협력체 구성을 이끌었다. 특히 2023년 10월에는 행정명령을 통해 AI 개발사들이 안전성 테스트 결과를 정부와 공유하도록 하고, 클라우드 서비스 제공업체들에 고객 확인 규제를 적용했다.

국제적으로 바이든 행정부는 미국과 EU 무역기술위원회(TTC)를 통해

AI 안전성과 투명성 강화를 논의했으며, 주요 7개국(G7)과 '히로시마 프로세스'를 통해 AI 기술 발전이 가져올 잠재적 위험에 대비하고자 했다. 또 영국 AI 안전연구소와 미국 AI 안전연구소 간 협력을 강화하며 AI 관련 안전 기준을 국제적으로 확산하고자 했다. 반면 중국과는 AI 안전 관련 대화를 재개하면서도 반도체 수출 통제를 확대하며 경제적 견제 기조를 유지했다.

2기 트럼프 행정부의 AI 정책 예상

2024년 다시 대통령에 당선된 트럼프는 "첫날부터 바이든의 AI 행정명령을 폐지하겠다"라고 공언했다. 이에 따라 트럼프 행정부에서 바이든 행정부의 규제 체계가 크게 변화하리라 예상된다. 특히 트럼프는 AI 개발을 "자유 발언과 인류 번영을 중심으로 한 AI 발전"으로 규정하며, 클라우드 제공업체나 AI 개발자에 대한 보고 의무를 철폐할 가능성이 높다.

대중국 수출 통제는 계속 유지할 가능성이 크다. 다만 트럼프는 중국산 제품에 60퍼센트 이상의 관세를 예고했으며, '미국 우선주의' 정책을 앞세운 그의 정책으로 동맹국들과의 협력이 어려울 수 있다. 미래 AI 정책에서는 AI의 잠재적 위험 관리, 민간 부문 자율 규제 등이 주요 의제로 등장할 전망이다.

EU, AI법 통과

EU 의회가 2024년 3월 AI 규제법을 최종 승인하면서 AI 규제 분야에서 전 세계적으로 선두에 나섰다. 이 법은 AI 기술을 위험 수준에 따라 나누어 규제하고, AI가 사회와 경제에 미치는 영향을 좀 더 안전하게 관리할 수 있도록 하는 데 목적이 있다.

EU는 2023년 12월 임시 합의를 거쳐 이번 의회 투표에서 찬성 523표, 반대 46표, 기권 49표로 AI법을 승인했다. EU 내수시장 담당 집행위원 티에리 브르통은 "유럽이 이제 AI의 글로벌 표준 설정자"라고 평가했다. 유럽의회 의장 로베르타 메촐라는 AI법이 혁신을 촉진하면서 기본권리를 보호할 수 있게 할 것이라고 말했다.[2]

AI 위험 수준별 규제 및 2025년부터 단계적 시행

EU의 AI법은 AI 기술을 불허, 고위험, 중위험, 저위험의 네 단계로 구분해 적용한다. 불허 등급은 사회에 중대한 위협을 초래하는 기술을 금지하며, 고위험군에는 엄격한 안전 규제가 적용된다. 법안은 AI 기술 발전에서 인류가 기술을 제어하는 위치에 있어야 한다는 목표를 담았다. 이 법은 2024년 유럽의회의 최종 검토를 거쳐 2025년부터 단계적으로 시행된다. EU는 이번 규제를 통해 AI의 소비자와 사회적 영향력을 효과적으로 관리하는 방안을 마련했으며, 글로벌 AI 규제 모델을 선도하는 법적 기준을 제시했다.

그런데 미국의 트럼프 대통령은 취임 첫 주에 AI를 규제하려는 움직임을 비판하며 기술 개발을 둘러싼 장벽을 제거하는 행정명령에 서명했으며, EU의 AI법이 미국의 빅테크를 표적으로 삼은 것이라며 보복을 경고했다. 그러나 EU는 미국의 위협과 압력을 인정하면서도 통과된 AI법은 변경되지 않을 것이라고 강조했다.[3]

규제와 자율 규제, 글로벌 AI 규범 논의

EU의 AI법은 다른 국가들에도 규제의 방향을 제시할 것으로 평가된다. AI 전문 변호사 스티븐 파머는 "EU가 GDPR(일반정보보호법)을 가장 먼저 만들었고 이는 글로벌 표준으로 수렴되었다. AI법도 그런 과정을 거칠 것 같다"라고 말했다. 그러나 엠마 라이트 변호사는 AI 기술 발전 속도를 감안할 때 EU의 AI법은 조만간 시대에 뒤처질 수 있다고 지적했다.[4]

AI 기술이 빠르게 발전하는 가운데 각국의 규제 기관과 AI 업계는 앞으로 AI 규제법을 실제로 어떻게 적용할 것인가에 대해 긴밀한 협력을 이어가야 할 것으로 보인다.

미 의회, 'AI 리터러시 법안' 발의

AI 기술이 사회 전반에 걸쳐 영향력을 확대함에 따라, 2024년 8월 미국 의회가 AI 관련 지식과 역량을 강화하기 위한 'AI 리터러시 법안'[5]을 발의했다. 이 법안은 다양한 교육기관과 산업 협력자의 지지를 받으며, AI의 직무 활용도가 높아지는 현시점에서 개인이 AI 활용에 필수적인 역량을 갖출 수 있도록 지원하는 것을 목적으로 한다.

초당적 지지 확보

민주당과 공화당이 공동으로 발의한 이 법안의 발의자들은 2017년 이후 AI 채택률이 두 배 이상 증가하고, 2018년에서 2022년 사이 조직의 AI 활용 역량이 크게 확장되었음을 강조하며 AI 지식의 중요성을 언급했다.

'AI 리터러시 법안'의 주요 목표는 2021년 제정된 '디지털 형평성 법(Digital Equity Act)'을 개정해 AI 리터러시와 훈련 기회를 제공하는 것이다. 이 교육 프로그램은 AI의 기본 원리와 실제 응용 사례를 다루며, AI 기술에 관련된 윤리적 문제와 제한점을 강조한다.

국가 경쟁력과 디지털 안전성 강화

'AI 리터러시 법안'은 국가 경쟁력 강화와 노동력 준비도 향상, 그리고 디지털 안전성 확보에 중점을 둔다. 이를 위해 초·중·고교(K-12), 대학, 비영리단체, 도서관 등에 보조금 지원 대상 자격을 확대해 사회 전반에 AI 교육을 보급하려는 목표를 세웠다.

법안에 대한 지지는 교육 및 노동력 분야의 주요 인사와 단체로부터 이어지고 있다. 인적자원관리협회(SHRM) 대표 에밀리 디킨스는 "AI 리터러시에 대한 투자는 단순히 기술적 요구를 넘어서며, 노동자와 일터의 전략적 발전을 위한 중요한 투자"라고 강조했다. AI를 이해하고 활용할 수 있는 역량은 비즈니스의 효율성, 혁신, 지속 가능한 성공을 촉진할 수 있다는 설명이다.

AI 기술 격차 해소

법안은 노동시장 내 AI 기술 격차를 줄이려는 움직임과 일치한다. 2023년 10월에 발간된 아데코 그룹 보고서에 따르면, 많은 근로자가 직장에서 AI를 사용하고 있지만, 절반 미만만 AI 관련 지침을 받았다고 응답했다. AI 교육의 부족은 AI 주도 변화에 대한 적응 능력을 방해할 수 있다.

같은 달 발표된 플루럴사이트 보고서에 따르면, 많은 근로자가 AI로 인해 자신의 역량이 시대에 뒤처질 것을 우려하고 있다. 이에 AI 리터러시 교육 기회의 제공은 이러한 불안을 해소하고, 근로자가 AI 주도 시대에 적응할 수 있는 기술을 갖추는 데 도움을 줄 것으로 기대된다.

'AI 리터러시 법안'의 앞으로의 전망

'AI 리터러시 법안'의 발의는 진화하는 AI의 환경 속에서 필요한 지식과 기술을 개인에게 제공하는 중요한 단계로 평가된다. 초당적 지지와 다양한 이해관계자의 협력을 바탕으로 법안의 지지자들은 이 법안이 AI 교육 격차를 줄이고 노동력의 경쟁력을 높이는 데 기여할 것으로 기대하고 있다.

AI의 영향력이 커지는 현시대에 'AI 리터러시 법안'은 AI 리터러시와 직무 준비도를 강화하기 위한 중요한 입법이다. 이 법안은 AI 교육과 훈련 기회를 확장함으로써 AI의 잠재력을 활용하는 동시에 윤리적 문제와 한계를 고려한 지식과 기술을 개인에게 제공할 것이다.

초지능 AI 위험성 경고

블록체인 기업 이더리움 공동 창업자 비탈릭 부테린이 초지능 AI의 빠른 발전에 대한 경고를 발표했다. 그는 인간의 지능을 초월하는 AI의 위험성을 강조하며, 이에 대한 신중한 접근이 필요하다고 주장했다. 부테린은 최근 X에 게시한 글에서 "초지능 AI는 매우 위험하며, 서두르지 말아야 한다"라고 말했다. 그는 또한 샘 알트먼의 AI 반도체 슈퍼팜에 대한 7조 달러 투자 제안에 비판적인 입장이다.

AI 반도체 투자와 권력 집중의 위험성

오픈AI의 창업자 샘 올트먼은 현재의 AI 반도체 부족 문제를 해결하기 위해 5조에서 7조 달러 규모의 투자를 모색하고 있으며, 이는 AI 개발의 병목을 해소하려는 조치로 평가된다. 그러나 부테린은 이러한 거대 자본 투자에 따른 위험성, 특히 권력의 집중에 대한 우려를 제기했다.

부테린은 중앙화된 대규모 AI보다 소비자 하드웨어에서 구동 가능한 오픈 소스(open source) AI 모델의 중요성을 강조했다. 그는 "소비자 하드웨어에서 실행되는 강력한 오픈 모델 생태계가 미래 AI 가치가 소수의 서버에 집중되는 것을 방지하는 중요한 방책"이라며, "기업의 과대 권력과 군사적 통제보다 이러한 모델이 훨씬 안전하다"라고 밝혔다.[6]

'작은' AI와 '큰' AI에 대한 규제 차별화 필요성

부테린은 '작은' AI 모델과 '큰' AI 모델을 구분하는 규제의 필요성도 강조했다. 그러나 과도한 규제가 모든 AI 모델을 '큰' 범주로 몰아가 오픈 소스와 접근 가능한 AI 개발을 방해할 수 있다고 경고했다. 부테린은 중앙화된 AI보다 오픈 소스 모델을 통해 AI 발전이 더욱 안전하고 포괄적으로 이루어져야 한다고 주장하며, AI 규제가 기술 발전을 과도하게 억제하지 않도록 해야 한다는 의견을 덧붙였다.

AI 혁신 전망

딥마인드 공동 창업자이자 인플렉션 AI의 CEO 무스타파 술레이만은 앞으로 5년간 AI가 비즈니스 세상을 혁명적으로 변화시킬 것이라고 전망했다. 그는 최근 세계경제포럼(WEF)에서 AI 시스템이 2030년 이전에 제품 개발, 제조, 마케팅, 판매까지 자율적으로 수행하는 능력을 갖출 수 있다고 강조했다.

술레이만은 "5년 이내, 늦어도 10년 내에는 이와 같은 AI 능력이 저렴하고 널리 사용될 수 있을 것"이라고 말했다. 그는 이를 실현할 기술이 오픈 소스로 공개될 가능성도 있다고 덧붙였다.

AGI 아닌 실용적인 AI 발전 중점

많은 전문가는 이러한 능력을 갖춘 AI를 'AGI(Artificial General Intelligence)'라고 부르지만, 술레이만은 AGI라는 개념이 모호하다고 지적하며 해당 용어 사용을 피했다. 그는 연구자들이 구체적이고 실용적인 AI 기술 적용에 집중해야 한다고 강조했다.

술레이만은 AI 시스템이 100만 달러를 독자적으로(그리고 합법적으로) 벌어들이는 것이 자신만의 '튜링 테스트(turing test)'라고 설명했다. 그는 "앞으로 5년간이 AI 발전의 가장 중요한 시기"라고 밝혔다.[7]

AI 규제 필요성 강조

술레이만은 AI의 통제가 중요하다며, 정부 개입의 필요성을 주장해 왔다. 2023년 그는 오픈AI의 샘 올트먼, 메타의 마크 저커버그 등 주요 기술 기업 CEO들과 함께 미국 상원과 AI 규제 방안을 논의하기도 했다. 이 회의에서 구체적인 조치는 합의되지 않았지만, 그들은 자발적으로 해로운 AI 시스템 개발을 피하겠다는 협약에 서명했다.

　술레이만의 주장은 AI가 자율적으로 운영할 수 있는 비즈니스 시대를 예고하며, 정부와 업계가 이를 대비해 책임 있는 기술 사용을 위한 노력에 나서야 함을 강조한다.

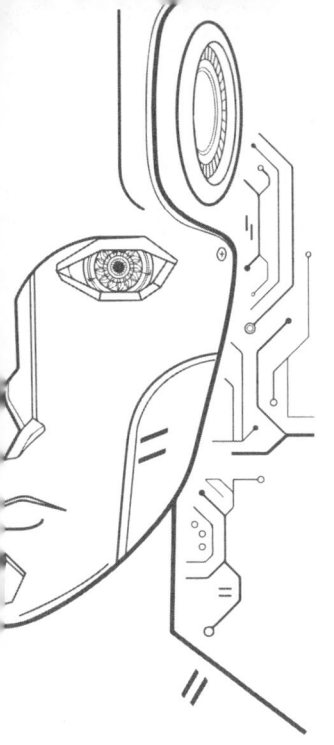

AI 규제와 국제 정치

AI 규제 국제 협력

2023년 영국에서 세계 주요국 정상급 인사와 기술 대기업 경영자, 학계 전문가 등이 참석한 가운데 제1차 'AI 안전 정상회의'가 열렸다. 참석자들은 AI를 안전하게 개발하기 위한 국제 표준을 논의하고, 그것의 바람직한 활용 사례 등을 공유했다. 또 참석자들은 AI로 인한 재앙적 피해를 막기 위한 기술 안전 협력을 다짐하는 '블레츨리(Bletchley) 선언'을 발표했다. 2024년 5월 한국은 AI의 안전한 활용을 위한 '미니 정상회의'를 영국과 공동 주최했다.

세계적으로 AI 기술의 혁신적인 발달에 대한 기대가 높은 만큼 그에 대한 우려도 크다. 새로운 AI 모델은 무엇보다도 소셜미디어의 조작 가능성을 획기적으로 높이는 역할을 했다. 챗GPT처럼 대화에 최적화된 생성형 AI는 자연스럽고 사람처럼 들리는 텍스트 콘텐츠를 대규모로 생성할 수 있으며, 오픈 소스 텍스트-이미지 모델은 상상의 모든 이미지를 사실적으로 만든다.

누구나 쉽게 사용할 수 있는 AI 도구로 인해 공격자는 사실적인 가짜 콘텐츠를 제작하는 디지털 인프라를 구축할 수 있다. 이를 통해 트위터, 레딧, 페이스북 등의 실제 계정처럼 보이지만 합성된 구성물인 온라인 인간 페르소나(persona)를 생성하고 특정 정치세력의 목적 달성에 이용할 수 있게 되었다. 이러한 상황은 전 세계적으로 극단적인 정치세력의 부상을 지원하는 한편, 민주적 제도와 절차에 대한 믿음과 참여를 더욱 어렵게 할 수 있다.

이에 따라 AI에 대한 규제 강화 움직임은 이미 세계적 추세가 되었다. 국가 권력과 세계 안보에까지 영향을 미칠 수 있는 AI의 영향력에 대응하기 위해 미국, EU 등 주요 국가들은 AI 대응 역량 강화에 힘을 쏟고 있다. 이 문제는 정부와 기업 사이의 문제에서 정치권 전반, 범국가적 이슈로서 그 범위와 중요성이 급속히 확대되고 있으며, 특히 이는 한 국가를 넘어 국제적인 문제가 되고 있다.

AI는 사람들이 일하고 사회화하며 경제를 발전시키는 방법을 변화시킬 수 있는 잠재력을 가진 기술로, 국가 안보에서 무역에 이르기까지 광범위한 영역에서 세계적 영향을 미칠 수 있다. 미국의 브루킹스연구소는 2021년 AI 혁신 및 중요 규제 분야의 목표를 실현하기 위한 수단으로 EU와 미국의 관계에 초점을 맞춘 보고서를 발표했다.[8]

보고서는 AI에 관한 대서양 협력의 중요성을 강조하고 있다. 여기에는 민주주의와 인권, 나아가 개방적이고 투명하며 책임감 있는 시민 거버넌스의 형태가 포함된다. 미국과 EU는 지금까지 표현의 자유와 혁신을 위한 공통된 인터넷 거버넌스를 추구해 왔다. 하지만 AI와 관련해서는 기존 가치와 규범을 바탕으로 하는 인터넷 거버넌스의 미래를 당연시할 수 없는 상황이다.

AI 국제 협력은 공동 가치에 기반한 AI 거버넌스의 토대가 될 수 있다. AI에 의한 개인정보 침해, 편향성 등의 문제가 이어지며 AI의 신뢰성 확보는 기술 개발보다 우선해야 할 과제로 떠올랐다. AI 거버넌스는 AI가 단순한 기술이 아니라 관련 분야의 전문가, 관계자 등이 참여하는 공동체라는 개념에서 AI의 신뢰성을 높이기 위한 관리 정책을 의미한다.

중국은 AI 연구의 최상위권을 차지하고 있으며, 안면인식 등 일부 분야에서는 기술 수용을 주도하고 있다. AI 분야에서 중국에 뒤질 수 있다는 인식에서 미국과 EU 등 국제 협력이 더욱 중요해졌다. 세계 주요국은 AI 분야의 리더십을 보장하기 위해 시장·기술·인재 활용, AI로 인한 경제적 이익 실현과 적절한 배분, 폭넓은 AI 거버넌스의 필요성에 공감하고 있다.

AI 국제 협력은 기초연구 개발, 기술 개발, AI 투자 등을 포함하며, 정부와 민간 부문의 혁신 역량이 성패를 판가름할 전망이다. 지속적인 AI 개발을 위해서는 공통된 규제와 표준의 개발이 필요하다. 이는 기능적이고 상호적이면서 불필요한 장벽을 방지하고 혁신을 지원하는 기본 가치로서 의미가 있다.

효과적인 AI 규제를 위한 국제 협력 관계는 다음과 같은 단계를 거쳐 구축할 수 있다. 첫째, AI 규제 목표에 대한 공통된 시각 개발이다. 미국과 EU는 AI 규제와 관련해 비슷한 목표를 제시하고 있는데, 이와 관련해 공통의 표준이 될 수 있는 OECD의 AI 원칙을 지지하고 있다.

다음으로, AI에 대한 공통 위험 평가 및 관리 방법 개발이다. 비용 편익 분석을 포함하는 위험 평가는 EU와 미국의 규제 개발의 핵심이다. 전반적인 관련 규제는 차이점보다 유사성을 바탕으로 공통의 이해를 발전시킬 수 있다. 이와 함께 AI 피해에 대한 최적의 대응 방안을 모색해야 한다. AI로 인한 피해 위험을 줄이고 신뢰 구축을 위한 최적의 접근 방안을 모색하는 규제 및 비규제적 전략을 개발해야 한다.

여기서 AI 표준 개발은 AI 국제 협력의 핵심 부분이다. 중앙아시아와 유럽을 잇는 육상 실크로드(일대)와 동남아시아와 유럽, 아프리카를 연결하는 실크로드(일로)를 뜻하는 일대일로(一帶一路), 양자 간 합의, 표준기구 등을 통해 중국은 자국의 기술 표준을 세계적으로 확장하고 있다. 이에 대응해 각국이 규제의 차이를 최소화하고 되도록 일치하려는 노력은 AI 거버넌스 발전을 위해서도 중요하다.

세계에서 처음으로 AI 안전 정상회의를 개최한 영국은 이미 미국 AI 안전연구소, 싱가포르 정부 등과 관련 협력을 공고히 하고 있다. 영국이 새로 설립한 AI 안전연구원은 주요 7개국(G7) 정부 내 첨단 AI 모델과 관련된 위험을 평가하는 임무를 맡았다. 영국 정부의 적극적인 접근 방식은 강력한 국제 협력의 토대를 마련했으며, 이는 전 세계적으로 AI 안전 표준과 관행 발전에 중요한 역할을 할 것으로 기대된다.

플랫폼 규제는 국제적 문제

독점적 디지털 플랫폼에 대한 규제 강화 움직임은 이미 세계적 추세가 되었다. 국가 권력을 능가하는 플랫폼의 영향력에 대응하기 위하여 미국, EU 등은 규제 역량 강화에 힘을 쏟고 있다. 이 과정에서 각국 정부 당국이 소송 등 적극적인 법적 대응에 나서면서, 법원의 결정에서도 사회적 공정을 위한 반독점 원칙에 더욱 무게를 두고 있다. 나아가 이 플랫폼들에 대한 규제는 이미 한 국가를 넘어 국제정치·경제적 문제로 발전 중이다.

2021년 11월 유럽연합 일반법원(EU General Court)은 구글의 불공정 독점 행위에 대한 벌금 부과에 문제가 없다고 판결했다. 구글은 2017년 EU로부터 자사의 가격 비교 쇼핑 서비스를 경쟁사의 서비스보다 더 잘 보이도록 하는 등 시장 지배적 지위를 남용했다는 이유로 24억 유로(약 3조 2천억 원)의 벌금을 부과받았다. 이에 대해 구글은 EU 일반법원에 소송을 제기했는데 법원은 이를 기각했다.

미국 정부는 연방 반독점법에 의거, 불공정 독점 행위 기업에 대해 적극적인 법적 대응을 계속해 왔다. 미국 FTC와 법무부는 2020년부터 주요 기술 기업들이 소셜미디어 플랫폼, 검색엔진, 광고, 앱스토어에 대한 독점권을 유지하기 위하여 반경쟁적 방법에 의존해 왔다며 다수의 소송을 제기했다.

2020년 12월 FTC는 메타가 왓츠앱과 인스타그램을 포함한 경쟁사를 매수했다며 메타를 고소했으나 2021년 증거 불충분으로 기각되었다. 그러나 FTC는 소송을 재청구, 2022년 1월 진행이 허용됨에 따라 양측은 치열한 공방을 벌이는 중이다. 이처럼 과거 한 차례 기각된 소송도 다시 청구해 법 집행 의지를 분명히 하고 있다. 미국 법무부는 2020년 구글이 반경쟁적 관행을 통해 온라인 검색 서비스와 검색 광고 시장에서 독점권을 유지했다며 고소했다.

그런데 최근 들어 독점적 디지털 플랫폼의 문제는 정부와 기업 사이의 문제에서 정치권 전반, 범국가적 이슈로서 그 범위와 중요성이 급속히 확대되고 있다. 특히 이는 한 국가를 넘어 국제적인 문제가 되고 있다. 대표적인 사례가 얼마 전 세계적 관심이 집중되었던 미국 하원에서 열린 중국의 동영상 공유 플랫폼 '틱톡(Tik Tok)' 청문회였다.

2023년 3월 말, 미국 하원 에너지통상위원회의 틱톡 청문회에서 민주·공화 양당 의원은 정당 구별 없이 의회 청문회에서 흔히 보기 어려울 정도의 공격적 자세를 드러냈다. 이들은 단순히 중국 기업이 운영하는 플랫폼 틱톡이 아닌, 중국 공산당 지도부에 대한 맹공을 펼쳤다. 이 공격의 핵심은 중국의 동영상 플랫폼 틱톡이 미국의 국가 안보를 위협한다는 것이었다.

이제 독점적 디지털 플랫폼의 문제는 국내 경제적 사건에서 국가 안보 차원의 이슈로까지 발전했다. 물리적 국경의 의미가 희미해지는 디지털 플랫폼 세계에서 미국과 중국의 틱톡 같은 논란은 이제 시작일 수 있다. 디지털 플랫폼의 공정성·투명성 등 문제는 특정 국가 내 정부와 단일 기업 사이의 범위를 넘어섰다. 이는 여러 국가에 걸친 문제로 비화하면서 국제적 분쟁이 되고 있다.

미-중 AI 협력 로드맵

2023년 11월 미국 바이든 대통령과 중국 시진핑 주석이 캘리포니아에서 회담하며 AI 관련 협의를 위한 양자 대화 채널을 개설하기로 발표했다. 양국 정부가 구체적이고 실현 가능한 과제를 중심으로 협력할 경우 AI 기술의 위험을 줄이고 신기술 관리에 대한 합의를 이룰 기회가 될 수 있었다. 그러나 만일 공동 목표 설정에 실패한다면, 서로의 불만만 드러내는 또 다른 형식적 대화로 전락할 위험도 있었다.

관건은 '구체성'

AI에 대한 협의를 '위험 관리 및 안전성 강화'로 규정한 미국과 달리 중국의 관영 신화통신은 AI 관련 협력 강화를 위한 대화의 틀을 마련한 것이라고 전했다. AI의 범위가 자율주행, 군사 무기, 얼굴 인식, 생성형 AI까지 매우 광범위하므로 이 대화가 구체적으로 어떤 기술과 응용 분야를 다룰 것인지가 핵심 과제였다. 협력의 성과를 위해서는 구체적인 주제를 선별해 실질적 진전을 이루고, 난해하거나 모호한 문제는 일단 배제하는 접근이 필요했다.

처음이 아니다

미국과 중국은 이미 AI 기술에 대한 정책적 관심을 보여왔다. 2016년 오바마 행정부는 AI의 미래 대비 보고서를 발표했고, 중국은 2017년 신세대 AI 개발 계획을 통해 사회적 안정 유지와 AI 활용을 강조했다. 특히 2023년 영국에서 열린 AI 안전성 정상회의에서는 AI의 잠재력과 위험성을 인식하며, 미국·중국·EU의 주요 관계자들이 참석해 협력 방안을 논의했다. 이러한 흐름은 미·중 간 AI 협력이 단기간에 성과를 낼 가능성을 시사했다.

구체적인 협력 방안

미국과 중국은 실질적인 AI 협력을 이루기 위해 군사적 AI 적용, 데이터 공유를 통한 긍정적 협력, 신뢰할 수 있는 기술 표준 설정 등을 중요한 과제로 논의했다. 군사적 AI의 경우 AI를 활용한 무기 시스템의 검증과 엄격한 평가 기준을 마련하는 등의 기초적인 합의가 필요했다. 또 데이터 공유는 기후 변화, 질병 등 분야에서의 협력 가능성을 제공하지만, 국가 안보 우려와 결부된 데이터 보호 문제가 걸림돌이 되었다. 이를 위해 양국은 데이터 보호를 강화하면서도 연구와 모델 개발을 위해 데이터 공유가 가능하도록 기술 표준을 마련할 필요가 있었다.

마지막으로 생성형 AI 모델의 신뢰성을 높이기 위한 워터마크 부착과 정보 무결성 보장도 중요한 사안이었다. 이러한 기술과 정책적 해결책은 글로벌 표준화 기구와의 협력을 통해 양국이 협력할 수 있는 실질적 분야가 될 것이다.[9]

AI 분야의 양자 대화 채널은 협력의 기회를 제공했지만, 중국의 반도체 기술 수출 규제나 국내 감시 문제 등 논의에서 벗어난 주제를 다루면 협력은 막다른 길에 이를 수 있다. 양국이 이번 기회를 활용해 AI 위험 관리와 신뢰 구축을 위한 실질적 접근을 유지한다면, AI 대화 채널은 미·중 양국 간의 긴장을 완화하고 기술 발전에 중요한 토대가 될 수 있다.

FBI, 중국의 AI 기술 남용 우려

미국 연방수사국(FBI)은 중국의 AI 기술 활용이 사이버 첩보 활동을 강화할 수 있다는 심각한 우려를 표명했다. FBI를 포함한 미국 정보기관들은 중국이 AI를 통해 전례 없는 수준의 데이터 수집과 저장을 진행하고 있다고 경고했으며, 이에 따라 중국의 해킹 활동이 더욱 강력해질 가능성이 제기되었다.

2024년 2월 FBI 국장 크리스토퍼 레이는 AI가 중국의 사이버 첩보 능력이 '증폭기' 역할을 할 수 있다고 언급했다. 그는 AI가 방대한 양의 데이터 분석을 가능하게 됨으로써 과거 인간의 손으로는 불가능했던 대규모 정보 수집이 이뤄지고 있다고 지적했다. 더불어 미국 고위 관리와 기업 경영진의 개인 데이터가 대량으로 수집되는 상황에서 AI가 이를 효과적으로 분석할 수 있어 안보 우려가 더욱 커진 상태라고 경고했다.

외교적 갈등 격화

이와 관련해 중국은 꾸준히 이러한 의혹을 부인해 왔으며, 중국 외교부 대변인 왕원빈은 미국을 "세계 최대의 해킹 제국이자 글로벌 사이버 도둑"으로 비판하며 외교적 갈등의 골이 깊어졌다. 이처럼 미국과 중국 간의 사이버와 AI 기술을 둘러싼 긴장이 고조되는 가운데, 미국 정보당국은 AI와 관련된 기술과 데이터를 보호하는 데 집중하고 있다.

이에 따라 FBI는 AI 프로그램에 필수적인 칩 제조업체 보호에 중점을 두기 시작했다. AI 기술이 몇 달 만에 구식이 될 만큼 빠르게 발전함에 따라 AI 기술의 발전을 가능케 하는 하드웨어 보호가 중요하다고 판단한 것이다. 미국은 AI가 첩보 수단이 될 위험이 있는 만큼 민감한 기술이 불법적인 용도로 쓰이지 않도록 대응을 강화하고 있다.

AI '양날의 검'

AI의 이러한 이중성에 대해 마이크로소프트 사장 브래드 스미스도 언급했다. 그는 2021년 중국과 연관된 마이크로소프트 이메일 서버 해킹 사건을 AI 기반 표적 공격 사례로 제시하면서, 동시에 AI가 이러한 공격에 대한 방어 도구로도 활용될 수 있음을 강조했다. 이는 AI가 사이버 보안에서 공격과 방어 양면에서 중대한 역할을 할 수 있음을 시사한다.[10]

AI 기술 수출 통제 강화

미국은 AI 기술 경쟁에서 우위를 점하고자 2023년 6월부터 관련 조치를 취했다. 특히 AI 기술이 국가 안보에 중요한 요소로 떠오르면서 미국 정부는 AI 분야의 수출 통제와 기술 보호를 강화하고 있다. 엔비디아(Nvidia)가 중국 시장을 겨냥해 개발한 새로운 AI 가속기와 관련해 미국 정부의 면밀한 검토가 이루어졌으며, 이를 통해 민감한 AI 기술이 무분별하게 중국에 유출되는 것을 방지하고자 했다.

FBI의 우려는 AI가 국가 안보와 국제관계에서 중요한 요소로 부상하고 있음을 강조한다. 미국은 기술 우위를 지키기 위해 AI 기술의 악용을 방지하고 보안을 강화하는 조치를 이어가고 있다. AI 경쟁이 첨예화되는 가운데 AI의 공격과 방어 역할에 따른 글로벌 안보와 지정학적 파장이 계속될 전망이다.

2기 트럼프 행정부의 AI 정책 전망

도널드 트럼프가 다시 미국 대통령에 취임한 후 백악관의 AI 정책 방향에 큰 변화가 예상된다. 트럼프는 이미 바이든 대통령이 2023년 10월에 발표한 AI 행정명령을 철회할 계획을 밝혔으며, 미국을 AI 분야에서 선도국으로 만들겠다고 강조했다. 하지만 구체적인 세부 계획은 아직 모호한 상태다. AI 정책 분석가들에 따르면, 트럼프 행정부의 AI 정책은 규제를 최소화하고 분권화를 중시하는 그의 철학이 반영될 가능성이 크다.

바이든의 2023년 행정명령은 AI의 '레드팀' 테스트를 위한 틀을 제시하고, AI가 생성한 사진과 비디오의 워터마킹 같은 문제를 해결하도록 했다. 즉 콘텐츠가 인간의 노력으로 유기적으로 생성되지 않은 경우를 명확히 함으로써 '딥페이크' 사기 또는 잘못된 정보의 위험을 억제할 수 있도록 했다. 정보 중심의 세상에서 매우 중요한 부분으로 사용자 데이터에 대한 AI의 위협에 대처할 계획도 세웠다.

이 명령은 AI가 계속 발전함에 따라 미국인의 사생활과 시민의 자유는 보호되어야 한다고 강조했다. 또 AI는 사람들의 신원, 위치, 습관과 욕구에 관한 민감한 정보를 추출, 재식별, 연결, 추론 및 행동하는 것을 더 쉽게 만들고 있다며 연방정부에 데이터의 수집, 사용과 보존이 합법적이고 안전하며, 개인정보와 기밀성 위험을 완화하도록 보장할 것을 요구했다. 이 모든 것은 AI 안전 표준에 대한 글로벌 표준 설정을 지지하는 EU가 AI 문제에 대해 취하는 신중한 입장과 궤를 같이했다.

그런데 트럼프 행정부가 실제로 이러한 안전장치를 해체하면 어떻게 될까? 혁신과 성장의 분위기를 조성하려는 공화당의 이념과 일치하는 이 접근 방식은 AI 스타트업의 규제 부담을 줄일 수 있을 것이다. 이는 대선에서 트럼프의 최대 지원군이었던 일론 머스크 같은 기업가들의 목표와 '완전한' AI 시스템 개발을 추구하는 기업으로 성장시키려는 오픈AI CEO 샘 올트먼의 계획에도 잘 부합한다. 그동안 신생 AI 스타트업은 규제가 심한 시장에 진입하는 데 어려움을 겪어왔다. 그러나 이러한 변화로 인해 신규 업체에도 시장이 다시 열릴 수 있다.

특히 트럼프의 강력한 지지자인 머스크는 트럼프의 재집권이 AI 경쟁에서 자신의 위치를 강화할 기회로 보고 있다. 머스크는 오픈AI와 구글이 정치적으로 편향된 AI 알고리즘을 개발하고 있다고 비판하며, 자신의 AI 기업 xAI가 이끄는 경쟁 구도를 준비해 왔다. 머스크가 트럼프 행정부와의 밀접한 관계를 통해 AI 규제 완화 정책을 주도한다면 오픈AI와 구글은 앞으로 정부 계약에서 불이익을 받을 가능성이 있다는 전망도 나왔다.

이러한 변화가 '안전하지 않은 혁신'으로 이어질 가능성도 제기된다. 이는 점점 더 고도화되는 AI 시스템의 잠재적 위험으로 오랫동안 지적되어 왔으며 최근 선거 과정에서 중요한 문제로 떠올랐던 AI 관련 사기도 부인할 수 없는 사실이다. 2024년 9월, MIT는 충분히 규제되지 않은 AI 기술이 초래할 수 있는 다양한 위험에 대한 대규모 데이터베이스를 구축해 왔는데 그중 일부가 사회적 피해를 초래하려는 AI 제작자의 의도에 의한 것이었다고 밝혔다.

혁신과 성장 추구라는 기본 방향과 함께 AI와 관련한 트럼프 2기 행정부의 최우선 과제는 미국이 중국보다 더 강력하고 유능한 AI 알고리즘 개발 경쟁에서 앞서도록 하는 것이다. 대규모 언어 모델과 AI 머신러닝이 실행되는 시대에 트럼프는 미국의 AI가 계속 앞서나가는 데 필요한 대규모 AI 프로젝트에 연방 자원을 제공하는 것도 고려할 수 있다.

이 전략은 또한 미국의 최대 라이벌 중국을 괴롭히는 것을 포함할 가능성이 크다. 1기 트럼프 정부는 중국 AI 기업이 미국과 거래하고 최첨단 AI 제어 장치를 구축하는 데 필요한 반도체에 접근하는 능력을 제한하기 위한 제재를 도입했다. 이 정책은 바이든 행정부에서 더욱 강화되었다. 트럼프의 두 번째 임기에서는 특히 광범위한 무역 전쟁이 시작될 경우 중국의 AI 강화를 억제하기 위한 노력에 역점을 둘 것으로 보인다.

실제로 미국의 대표적인 보수 성향의 싱크탱크 해리티지 재단과 400여 명의 학자가 마련한 종합적인 정책 비전 '프로젝트 2025'는 이와 관련한 내용을 담고 있다. 새로 출범한 트럼프 행정부와 공화당의 세부 의제를 담고 있는 '프로젝트 2025'는 특히 기술, 미디어, 통신 정책에 중점을 두고 있다.

AI를 주제로 한 '프로젝트 2025'는 중국과의 적대적 관계에 초점을 맞추고 있다. 미국은 AI 분야에서 글로벌 리더가 되려는 중국의 목표를 무너뜨려야 하며, 이를 위해 정부는 미국의 혁신에 투자하고 보호하는 동시에 미국 기업이 중국의 기술 우위를 돕는 것을 금지할 것을 주문했다. 그리고 소셜미디어에서 외국의 간섭을 탐지하고 차단하며 무역 남용을 적발하는 등 다양한 과정을 지원하기 위해 AI를 사용하는 것을 제안했다.

그러나 트럼프 행정부가 기술 우위를 지키기 위해 AI 기술의 악용을 방지하고 보안을 강화하는 조치를 더욱 강력하게 시행할 것이 거의 확실시된다. 따라서 2기 트럼프 행정부에서는 AI를 둘러싼 미국과 중국의 대결과 갈등이 격화할 것이며 한국에도 상당한 영향을 미칠 전망이다.

글로벌 AI 경쟁 우위를 위한 전략

미국의 AI 산업은 혁신과 글로벌 경제에 대한 기여에서 독보적 위치를 차지하고 있다. 그러나 최근 한 보고서에 따르면, 중국의 공격적 투자와 유럽의 규제 환경이 미국의 AI 리더십을 위협하며 새로운 도전 과제로 떠오르고 있다. 이 같은 상황 속에서 미국은 규제 완화, 투자 확대, 국제 협력 등 다각적 접근을 통해 AI 기술 선두를 유지해야 한다는 지적이 나온다.

미국 내 20여 개 조직으로 구성된 '아메리칸 에지 프로젝트(American Edge Project, AEP)'는 최근 보고서[11]를 통해 AI 분야에서 미국이 글로벌 리더십을 유지하기 위해 반드시 조치를 취해야 한다고 강조했다. 보고서에 따르면 미국은 여전히 AI 개발에서 세계를 선도하고 있지만, 중국은 전략적 투자와 추진력으로 이를 위협하고 있다.

AEP의 CEO 더그 켈리는 "미국의 AI 리더십은 중요한 기로에 서 있다"라며 중국의 AI 지배 전략과 규제 압박이 미국의 글로벌 리더십을 위협한다고 지적했다. 그는 "AI 혁신을 지원하고 육성하기 위해 미국 정책 결정자들이 힘을 모아야 한다"고 강조했다. 켈리는 글로벌 AI 경쟁이 단순한 시장 지배를 넘어 미국의 경쟁력, 번영 그리고 국제적 힘의 미래를 결정짓는 요소라고 덧붙였다.

보고서는 미국 내 AI 경쟁도 치열해지고 있다고 설명했다. 2023년에만 약 900개의 신규 AI 기업이 미국 시장에 진입했고, 2018년에서 2022년 사이 AI 특허 신청 기업은 621퍼센트 증가했다. 하지만 AEP는 이러한 성장에도 안주해서는 안 된다고 경고했다.

중국은 2030년까지 전 세계 AI 분야를 지배하겠다는 목표 아래 1조 4천억 달러의 국가 투자를 통해 AI 개발을 공격적으로 추진하고 있다. 중국은 이미 AI 연구 출판물과 특허 출원 수에서 세계를 선도하는 상황이다. 반면, 유럽은 지나친 AI 규제로 인해 경쟁력이 약화한 것으로 분석되었다.

미국은 빅테크의 역동적 생태계를 기반으로 AI 혁신을 선도하고 있다. 이는 빅테크와 스타트업의 협력, 기술 개발 가속화, 글로벌 경제 영향력 확대 등을 통해 나타난다. 그러나 미국이 현재 상황에 안주한다면 중국과의 경쟁에서 밀릴 위험이 있다.

이런 가운데 미국 내 AI 관련 규제가 증가하면서 혁신의 발목을 잡을 가능성이 제기되었다. FTC를 비롯한 규제 기관의 반독점 조사와 다양한 법안은 기업들이 혁신에 집중하기 어렵게 만들고 있다. 전문가들은 현재 미국의 법적·규제적 체계가 많은 AI 관련 문제를 이미 포괄하고 있다고 평가한다. 예를 들어, 차별적 채용 알고리즘은 민권법, 지적재산권 문제는 1976년의 저작권법, 금융 결정 편향은 공정신용보고법(FCRA)에서 문제가 될 수 있다.

여기에 더해 EU의 AI법과 디지털시장법(DMA) 등 엄격한 규제는 미국 기업에 과도한 준수 비용을 부과하고, 유럽 시장에서의 경쟁력을 약화하는 요소로 작용하고 있다. 이로 인해 미국 기업은 유럽에서의 제품 출시와 혁신 활동에 어려움을 겪고 있다. 특히 EU의 강력한 규제 추세는 높은 규제 준수 비용으로 인해 스타트업의 성장을 억제하고 투자 환경을 악화시켰다.

AI는 미국과 중국 간 경제뿐만 아니라 군사적 경쟁에서도 핵심적인 위치를 차지한다. 중국은 대규모 국가 주도 투자를 통해 AI 연구와 군사적 통합을 추진하고 있다. 반면, 미국은 오픈AI, 구글, 마이크로소프트 등 민간기업이 혁신을 주도하며 경쟁력을 유지하고 있다.

2023년 미국은 672억 달러(약 89조 원)의 민간 AI 투자를 유치했으며, 이는 중국의 78억 달러(약 10조 원)를 훨씬 넘어선다. 그러나 중국은 2030년까지 AI 분야에서 세계 선두를 차지하겠다는 목표를 세우고 있어 미국이 방심할 수 없는 상황이다. 이에 따라 미국 내 정책 연구소와 전문가들은 글로벌 AI 경쟁에서 우위 확보에 필요한 규제 전략을 제시하고 있다. 특히 이러한 전략은 미국과 마찬가지로 중국을 비롯해 글로벌 AI 경쟁 중인 한국에도 매우 중요한 의미가 있다.[12]

글로벌 AI 경쟁에서는 유연한 규제, 인재 유치, 집중된 입법이라는 세 가지 전략으로 AI 리더십을 유지해야 한다. 유연한 규제를 위해서 AI 개발의 복잡성과 빠른 변화를 감안해 민간 주도 체계를 활용하고, 강력한 법적 틀 대신 협력적 접근을 우선해야 한다. 인재 유치를 위한 전략으로는 STEM, 즉 과학(science) · 기술(technology) · 공학(engineering) · 수학(mathematics) 교육에 대한 투자 확대 및 비자 프로그램 개선을 통해 국제 AI 인재를 유치하고 유지해야 한다. 그리고 집중된 입법 전략으로 위험이 확인된 경우 제한적이고 명확한 규제를 도입해야 한다. 예를 들어, 음란 딥페이크 방지를 위한 법안은 AI 악용 문제를 해결하는 모델로 작용할 수 있다.

AI 규제 논의는 기술혁신을 억누르지 않으면서도 윤리적 책임을 강화해야 하는 도전 과제를 안고 있다. 유연한 정책으로 글로벌 경쟁력을 유지하고, AI 개발을 선도하며, 경쟁국의 AI 전략에 대응할 수 있다면 AI

는 국가적 성장과 안보를 동시에 지원하는 핵심 자산이 될 것이다.

영국, 'AI 안전연구소' 설립

AI 안전연구소의 주요 목표는 AI 기술의 급속한 발전에서 발생할 수 있는 예기치 못한 영향을 완화하는 데 있다. 영국 총리 리시 수낵은 이 연구소가 AI 안전을 위한 글로벌 연구 중심축으로 자리 잡게 될 것이라고 강조하며, AI 기술의 잠재력과 위험을 평가하는 연구를 주도할 것이라고 약속했다.

AI 위험 관리의 기준 제시

기술부 장관 미셸 도넬런 또한 연구소가 국제적인 AI 안전기준을 설정하고, 전 세계 정책입안자에게 유용한 가이드를 제공할 것이라고 자신했다. 연구소는 DSIT의 중앙 AI 위험 기능(Central AI Risk Function) 등 여러 분야와 협력해 AI 개발 최전선에서 얻은 최신 인사이트를 정부 전반에 전파할 계획이다.

공식 발표에 따르면 AI 안전연구소는 AI 모델 출시 전후의 위험을 철저히 분석해 편향성이나 허위 정보 확산 같은 사회적 문제부터 인간이 AI를 통제하지 못하는 극단적 상황까지 다양한 위험을 평가할 예정이다. 또 연구소는 데이터 과학 및 AI 분야의 국가 연구센터인 앨런 튜링 연구소와 긴밀히 협력해 효과적인 AI 안전 전략과 실천 방안을 모색할 방침이다.[13]

국제적 협력 강화

영국의 AI 안전연구소 설립에 대한 세계 각국의 반응은 대체로 긍정적이다. 미국, 캐나다, 싱가포르, 일본 등 주요 국가가 지지의 입장을 밝혔고, 독일 정부도 협력 가능성에 관심을 표명하며 AI 안전연구소와의 협력을 기대하고 있다. 영국은 이미 미국 AI 안전연구소 및 싱가포르 정부와 파트너십을 확립했으며, AI 안전 테스트를 위한 공동 작업을 이어가고 있다. 이러한 선제적 접근을 통해 영국 정부는 국제 협력 기반을 구축했으며, 글로벌 AI 안전기준과 실천 방안 발전에 크게 기여할 것으로 기대된다.

AI 안전연구소는 영국 정부의 AI 위험 평가와 관리 접근법에 변화를 불러일으키는 상징적인 이정표가 되고 있다. 이 연구소의 출범은 AI 프론티어 태스크포스가 4월 설립된 이후 이뤄진 일련의 발전 단계 중 하나로, 해당 태스크포스는 G7 국가 중 최초로 AI 모델 관련 위험 평가를 전담할 팀을 꾸리면서 큰 주목을 받았다. 9월에 AI 안전연구소로 개명된 이후 첫 진척 보고서를 발표하면서 그 역할과 중요성이 한층 확대되었다.

G7, AI 개발자 윤리 강령 채택

2023년 12월 G7 회원국은 AI 개발자를 위한 윤리 강령에 합의했다. 이 강령은 전 세계적으로 안전하고 신뢰할 수 있는 AI 개발을 촉진하고, AI의 잠재적 혜택을 최대한 활용하면서도 그에 따르는 위험을 관리하고 해결하는 데 중점을 두고 있다.

이번 윤리 강령 초안은 2023년 9월 G7 정상들이 마련한 것으로, 첨단 AI 시스템을 개발하는 조직에 자발적인 행동 지침을 제공하는 내용을 담고 있다. 특히 최첨단 기반 모델과 생성형 AI 시스템을 포함해 AI 시스템의 능력, 한계, 사용과 오용에 대한 보고서 공개와 보안 강화를 권장하고 있다.[14]

글로벌 협력 추진

EU를 포함해 캐나다, 프랑스, 독일, 이탈리아, 일본, 영국, 미국의 G7 회원국이 합의한 AI 윤리 강령은 AI의 책임 있는 개발과 글로벌 AI 거버넌스를 논의했던 2023년 5월 히로시마 회의에서 디지털·기술 장관들이 집중적으로 논의한 주제 중 하나다.

AI 윤리 강령은 글로벌 AI 규제의 필요성이 커지는 가운데, 각국 정부가 AI의 유용성과 잠재적 위험성을 동시에 다루려는 노력의 하나로 등장했다. EU는 2023년 6월 AI 규제법 초안을 통과시키며 가장 먼저 AI 가이드라인을 수립했다. 이와 더불어, 10월 26일에는 유엔이 AI 관련 규제를 다룰 39명으로 구성된 자문위원회를 발족했다. 중국 역시 8월 자국 내 AI 규제를 발효하며 AI 기술 통제에 나섰다.

자율적 준비 조치 강화

산업계에서는 인기 AI 챗봇인 챗GPT의 개발사 오픈AI가 AI 관련 위험을 평가할 '준비팀'을 창설할 계획이라고 밝혔다. 이는 AI 시스템이 사회에 미칠 영향을 선제적으로 파악하고 위험을 최소화하려는 조치로 해석된다.

G7의 AI 윤리 강령 합의는 각국 정부와 산업계가 AI의 혜택과 위험성을 균형 있게 다루기 위한 글로벌 규범을 확립하려는 의지를 보여준다. G7의 자발적 행동 지침은 이후 AI 안전기준 수립에 중요하게 기여할 것으로 기대되며, AI 거버넌스에 대한 국제 사회의 협력 체계를 더욱 강화할 전망이다.

스위스, AI 규제에 기술 중립적 접근

전 세계 정부들이 고도화된 AI 시스템을 개발하고 이를 규제하기 위한 정책을 속속 도입하고 있는 가운데, 스위스는 독자적이고 실용적인 AI 규제 방식을 추진하고 있다. EU가 세계 최초로 포괄적인 AI 규제법을 통과시키고 미국이 AI 안전기준 행정명령을 발표한 것에 비해, 스위스는 자국 AI 정책을 지속적으로 발전시키고 있다.

스위스는 블록체인과 암호화폐 분야에서 '크립토 밸리(Crypto Valley)'를 형성할 정도로 혁신적인 기술 중심 국가로 알려져 있으며, 세계적 수준의 AI 연구기관인 취리히 연방공과대학(ETH Zurich)이 자리 잡고 있다. 그러나 스위스는 EU 소속이 아니므로 EU AI 법안의 직접적인 영향은 받지 않는다. 스위스 AI 정책의 방향과 원칙을 파악하기 위해 블록체인 전문 매체인 《코인텔레그래프》는 스위스 AI 정책 정상회의 주최자 아야샤 피오티와 AI 및 블록체인 기업의 자문인 알렉산더 브루너와 인터뷰를 진행했다.[15]

대화와 신뢰 중시

피오티는 스위스가 AI 도입과 법제화를 진행하면서 '대화'를 중시한다고 강조했다. "우리는 직접민주주의 국가로, 법을 제정할 때 국민의 동의를 구하는 것이 중요하다. 이는 AI 입법과 도입에도 필수적"이라고 밝혔다. 스위스의 이러한 접근 방식은 특히 비즈니스 분야에서 AI 통합을 촉진하는 데 중요한 역할을 한다는 설명이다.

스위스는 AI 연구에서 큰 성과를 내고 있으며, 세계 AI 전문가인 메타의 야닉 르쿤 등으로부터도 높은 평가를 받고 있다. 브루너는 "스위스는 13년 연속 UN 지식재산기구에서 상위권을 유지하고 있다. 혁신과 연구를 위한 자유로운 환경이 이러한 성과를 뒷받침한다"라고 말했다. 그는 AI와 암호화폐가 혁신에 대한 동일한 헌신을 공유하고 있다고 덧붙였다.

기술 중립적 규제와 협력

피오티와 브루너는 스위스의 접근 방식을 '기술 중립적'이라고 설명하며, 스위스가 특정 기술을 직접 규제하기보다는 AI가 활용되는 특정 분야와 사용 사례에 따라 법제화의 틈을 메워나가는 방식을 채택한다고 강조했다. 브루너는 "스위스는 기술별 새로운 규제의 틀보다는 기존 법률을 수정·보완하는 방식으로 AI의 영향을 분석하고 있다"라고 말했다. 이와 같은 신중한 접근 방식은 스위스가 세계적인 AI 정책에서 중요한 위치를 차지하는 이유다.

스위스의 국제적 중립성은 AI 거버넌스와 글로벌 협력에서도 그 영향을 미치고 있다. 브루너는 스위스가 국제 포럼에서 '신뢰받는 중재자'로 인정받고 있으며, 이로 인해 스위스는 작은 나라이지만 글로벌 정책에 중요한 목소리를 내는 데 기여한다고 설명했다. 피오티도 스위스가 EU의 AI 법안을 직접 따르지는 않지만, 스위스 내 기업들이 EU에서 사업을 운영하려면 이를 준수해야 한다며 EU의 영향력을 언급했다.

스위스의 역할

스위스는 제네바에 다수의 국제기구가 본부를 두고 있는 덕분에 글로벌 AI 정책 협력에서 중요한 역할을 하고 있다. 브루너는 유럽평의회 내 AI 작업 그룹을 예로 들며, 스위스가 46개국과 협력해 AI 정책 논의에 활발히 참여하고 있다고 말했다. 그는 "협력은 스위스의 최대 강점이며, 우리는 작은 나라임에도 불구하고 그 이상의 목소리를 낼 수 있다"라고 강조했다.

혁신과 개인 권리 보호의 균형 찾기

2024년 이후 세계는 AI 기술의 급격한 발전에 대응하는 중요한 규제 전환기를 맞고 있다. 즉 AI 기술이 급격히 발전하면서 혁신 촉진과 개인 권리와 사생활 보호 사이의 균형을 찾는 것이 과제로 떠오르고 있다.

규제의 중심에 선 AI

AI 규제는 개인의 삶과 점점 더 밀접하게 결합하는 AI의 역할을 재정립할 것으로 보이며, 메타버스 같은 신기술과의 융합도 중요한 논점으로 떠오르고 있다. 기술 발전이 빠르게 이루어지면서 이에 대한 사회적 영향에 대한 우려가 커지고 있다. 메타버스는 기술적 가능성을 보여주고 있으나, 실질적인 작동 방식과 개인정보 보호 문제에 대한 불확실성도 여전히 남아 있다.

혁신과 안전성의 조화

2024년에는 혁신적인 기술 개발과 이에 대한 오용 방지 사이의 균형을 찾는 것이 주요 과제로 떠올랐다. 이를 위해 EU의 AI 법안이 주요한 시작점이 될 것으로 보인다. EU 집행위원회는 AI 법안과 새로운 AI 책임 지침을 통해 규제의 틀을 형성하고 있으며, 특히 고위험 AI 시스템 분류, 바이오메트릭(생체인식) 기술의 한계 설정 등의 문제를 집중적으로 논의하고 있다.

EU는 감정 분석과 행동 평가가 가능한 AI 기술에 대한 데이터 보호법과도 연계하며 규제의 폭을 넓히고 있다. 특히 디지털 및 데이터 규제 강화가 예상되며, '유럽 건강 데이터 공간(European Health Data Space)' 같은 비개인 데이터 및 개인정보 규제 강화를 시작으로 포괄적 접근을 목표로 하고 있다.

AI에 대한 신뢰 기반 마련

2024년 정책결정자들은 윤리적 지침을 필수적인 규제 요소로 보고 있는데, 이는 AI 기술에 대한 공공 신뢰를 구축하기 위한 기초로 여겨진다. 윤리적 지침은 편향과 차별 문제를 해결하고 AI 오용을 방지하는 핵심 요소로 작용한다. 이는 단순한 도덕적 책무를 넘어 AI 기술의 부정적 영향을 예방하고 대중의 신뢰를 유지하기 위한 전략적 필요로 자리 잡고 있다.

개인정보 보호와 혁신의 공존

AI 기술의 확산에 따라 사회적 발전을 위한 AI 활용과 개인정보 보호가 공존해야 한다는 인식이 강화되고 있다. 이러한 목표를 실현하기 위해 정책입안자들은 데이터 기반 혁신을 촉진하면서도 개인의 민감한 정보를 보호하는 데 중점을 두고 있다. 이를 위해 투명한 AI 알고리즘과 강력한 데이터 보호법이 필요하며, 이는 AI 혁신과 개인정보 보호의 균형을 이루는 중요한 기초가 될 것이다.

공정한 AI 규제 환경 조성

AI 규제에서 산업 중립성도 중요한 요소로 부각되고 있다. 이는 특정 산업에 편중되지 않고 모든 분야에 걸쳐 공정한 경쟁 환경을 조성하는 것을 목표로 한다. 특히 EU AI 법안은 이러한 산업 중립성을 반영하여 AI 기술의 혜택이 의료, 금융 등 다양한 산업에 공평하게 분배되도록 하고 있다.

디지털 시대에 맞춘 포괄적 규제

2024년 디지털 시대를 맞아 포괄적인 디지털 규제 의제를 수립하는 것이 중요해지고 있다. 정책결정자들은 디지털 윤리, 사이버 보안, 데이터 거버넌스를 규제에 포함해 투명성과 책임·포용성을 바탕으로 한 디지털 생태계 구축을 목표로 하고 있다. 이는 AI의 사회적 가치를 반영하며, 개인정보가 보호되고, 기술 발전의 혜택이 모든 분야에 공정하게 제공되도록 하려는 접근을 나타낸다.

유럽 데이터 보호청, AI 기업의 개인정보 보호 위반에 문제 제기

유럽 데이터 보호청장 감독관 보이치에흐 비에비오로프스키는 미국 기반의 AI 기업들이 EU의 '일반정보보호법(General Data Protection Regulation, GDPR)' 위반 가능성으로 인해 심각한 상황을 맞을 것이라 전망했다. 최근의 인터뷰[16]에서 비에비오로프스키는 AI의 급속한 발전 속도가 2016년 미국 대선에서 유권자의 개인정보 유출을 일으켰던 케임브리지 애널리티카 사건과 비슷한 데이터 보호 문제로 이어질 가능성을 제기했다.

비에비오로프스키의 발언은 오픈AI 같은 선도적 AI 기업에 최근 들어 맞닥뜨린 혼란의 와중에서 나왔다. 오픈AI의 GPT 서비스는 GDPR 준수 문제로 이탈리아에서 전면 금지되었고, 아일랜드, 프랑스, 독일에서도 유사한 조치가 논의되고 있다.

EU와 미국의 법적 압박

비에비오로프스키는 인터뷰에서 "유럽의 접근 방식은 데이터의 사용 목적에 따라 달라지며, 이를 위반하면 법을 어긴 것이 된다"라고 밝혔다. 유럽의 GDPR 법에 따르면 EU 시민은 데이터 수집을 거부할 권리가 있으며, 시스템이 잘못된 데이터를 제공할 경우 이를 수정할 권리도 있다.

이에 따라 오픈AI의 GPT-3.5와 GPT-4 같은 모델은 EU 내에서 운영에 제약이 생길 가능성이 높다. 몇몇 전문가는 오픈AI 같은 대규모 언어 모델 개발사들이 GDPR 규정을 준수하는 것이 거의 불가능할 것이라고 보고 있다. 이러한 모델들은 데이터를 복합적으로 학습하여 개별 데이터 포인트를 분리하기 어렵기 때문이다.

비에비오로프스키는 이를 두고 "유럽 법률과 미국 집행의 결합은 지옥의 정의와 같다"라는 표현으로 상황의 심각성을 비유했다. 현재 오픈AI는 이탈리아에서 2024년 4월 30일, 독일에서 6월 11일까지 GDPR 문제에 대한 답변을 제출해야 하는 상황에 있지만, 아직 이와 관련된 구체적 대응 방안을 밝히지 않고 있다.

금융 및 핀테크 시장에 파장

GPT API 및 기타 대규모 언어 모델을 활용하는 유럽의 사용자와 기업들, 특히 핀테크와 암호화폐 관련 사업에 종사하는 이들은 이러한 규제가 모델 사용에 어떤 영향을 미칠지 예측하기 어려운 상황이다. 이 규제가 전면 금지되면 유럽 내 많은 핀테크 기업과 암호화폐 거래소, 분석가, 트레이더(trader) 등이 큰 타격을 받을 수 있다.

> **GPT API**: 챗GPT가 사용하는 응용 프로그램 인터페이스(Application Programming Interface, API). API는 다양한 소프트웨어나 서비스가 서로 통신하고 데이터를 주고받게 하는 규칙과 프로토콜의 집합이다. 서로 소통하기 위해 응용 프로그램에서 사용하는 공통 언어라고 할 수 있다.

한편 미국에서도 유럽 GDPR 규제를 모델로 한 비슷한 개인정보 보호 규제를 도입할 가능성이 거론되고 있다. 최근 금융서비스업체 JP모건 체이스의 분석가들은 S&P 500(Standard and Poor's 500) 지수의 2024년 상승분의 절반이 챗GPT 같은 AI 기술 덕분이라고 평가했다. 미국이 유럽의 규제를 도입한다면 전통 금융시장과 암호화폐 거래 시장에 큰 혼란이 일어날 수 있다는 우려가 커지고 있다.

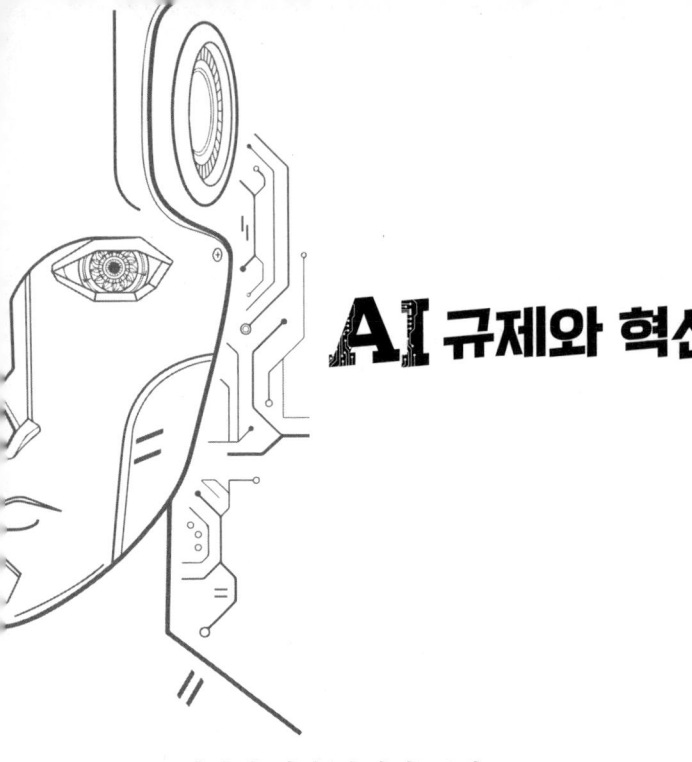

AI 규제와 혁신

혁신에 대한 사회적 통제

여러 국가는 시장 내부의 문제를 줄이면서도 시장의 이점을 누릴 수 있도록 규범과 규제를 마련해 왔다. AI 같은 첨단기술은 기업과 사회 사이 힘의 균형에 변화를 가져왔다. 디지털 플랫폼 기업은 이러한 기술 보급 전에는 불가능했던 이용자 참여와 같은 목표를 추구할 수 있게 되었다. 그러나 이 과정에서 독점적 플랫폼의 잠재적 해악이 더 커졌다. 이에 따라 사전 예방적이고 표적화된 규제가 더욱 필요해졌다.

소셜미디어 페이스북의 AI 시스템은 이용자 참여를 극대화하는 데 매우 효과적이지만 사회의 목표들을 희생시킨다. 이것은 앞서 언급한 2021년 《월스트리트저널》에 폭로된 '페이스북 파일'에 잘 드러나 있다.

미국과 EU, 그리고 한국 등 주요 국가들에서는 AI를 기반으로 하는 독점적 디지털 플랫폼에 대한 사회적 통제를 시도하고 있다. 미국은 '셔먼법' 등의 반독점법을 이용한 규제와 함께 독점적 지배 기업에 대한 규제 정책을 시행하고 있다. EU 역시 디지털 플랫폼을 규제하고 지역 내 디지털 시장 보호를 목적으로 '디지털 서비스법(Digital Services Act, DSA)' 등을 제정했다. 이러한 법과 정책들은 구글과 애플의 뉴스 노출 알고리즘에 대한 투명성을 요구하는 등 독점적 플랫폼의 사회적 통제에서 중요한 역할을 한다.

혁신을 보장하기 위한 규제의 완화는 공정한 경쟁과 운영의 투명성을 보장하는 우선 조건이다. 공정한 경쟁을 막는 독점적 플랫폼은 혁신과 거리가 멀다. 국가 권력을 능가하는 지배력으로 자유민주주의 체제에 위협이 될 수 있는 독점적 플랫폼은 더욱 분명한 사회적 통제가 필요한 대상이다.

무허가 혁신의 문제

디지털 경제가 미국의 국내총생산(GDP)에서 차지하는 비중은 이미 금융 부문을 넘어선 것으로 알려졌다. 코로나-19 팬데믹이 발생하기 전까지 디지털 경제는 매년 평균 6.8퍼센트씩 성장했다. 1970년대 근대적 규제 국가의 부상 이후 전체 경제 중 그 어떤 부문도 전반적 규제가 시행되기도 전에 그러한 성장을 경험하지 못했다. 특히 이와 같은 급성장 과정에서 사회의 거의 모든 부분에 영향을 미치는 데이터 시스템과 AI 알고리즘의 중요성이 과소평가되고 있다.

> **무허가 혁신:** 급속한 기술혁신이 이루어지는 동안 언제 무엇을 혁신할 것인지, 그리고 어떻게 디지털 제품과 서비스를 시장에 내놓을 것인지 등, 많은 결정은 정부보다 기술 기업들에 의해 이루어졌다. 기술 기업들은 기업에서 하는 모든 일을 정부의 허가를 받아야 한다면 혁신이 불가능하다고 주장하는 반면, 정부는 혁신을 추구하는 과정에서 기술의 오용과 남용 등의 문제를 예방하는 조치가 필수적이라는 입장이다.

그런데 디지털 경제의 성장 과정에서 혁신과 관련한 많은 결정을 정부가 아닌 기술 기업이 내리면서 **'무허가 혁신**(permissionless innovation)'문제가 대두되었다. 혁신에 의한 경제 성장을 부인할 수 없지만, 데이터 시스템과 알고리즘의 대량 확산은 무허가 혁신의 모습으로 사회에 광범위한 해악을 미치기도 했다. 그리고 IT 등 혁신에 초점을 맞춘 분야에 대한 규제의 어려움은 국가적 해결 과제로 떠올랐다. 이에 따라 새로운 규제 기관, 즉 미국 FTC 같은 기관의 역할이 확대되고 있다.

많은 산업에서 알고리즘에 의한 의사결정 방식을 이용하는 것은 기존 법률의 규제와 집행에 심각한 문제를 가져올 수 있다. 미국의 건강보험 회사들은 인종적으로 편향된 방식의 진료를 우선하는 위험한 예측 도구를 구현하고 있다. 그러나 현재로서는 AI로 발생한 직접적인 해악, 특히 독점적 디지털 플랫폼의 알고리즘 차별을 줄이기 위한 정부의 조치는 여전히 부족하다.

화상 면접 자동화에 이용되는 AI 시스템도 의심의 여지 없이 중대한 결함이 있다. 이는 미국 장애인법을 위반해 장애인을 차별하는지 조사할 이유가 된다. 승차 공유 플랫폼 우버와 리프트(Lyft) 운전자를 관리하는 알고리즘이 노동법 준수를 이유로 직원과 자영업자 사이의 경계를 모호하게 하는 결정을 내릴 수 있다. 미국에서는 정부와 정치권이 이러한 문제에 대한 해결책을 제시하라는 목소리가 높아지고 있다.

미국 정부와 정치권은 디지털 플랫폼의 독점적 지위 제한을 위한 규제 노력을 강화하고 있다. 예를 들면, 디지털 플랫폼에서 언론사의 공정한 알고리즘 접근 권한을 보장하고 알고리즘에 대한 투명성을 강화하는 방안을 적극 모색 중이다. 1기 트럼프 행정부는 알고리즘 사용과 관련된 문제를 피하려고 했다는 지적을 받았다. 이에 대한 규제는 최소한의 수준에 그쳐야 한다는 정책적 입장이 우세했기 때문이다.

이에 바이든 행정부에서는 더 적극적으로 나서야 한다는 요구가 높아졌다. AI 같은 방대한 데이터 시스템에 대한 관리·감독은 많은 정부 기관에 벅찬 작업일 수 있다. 바이든 행정부는 이러한 새로운 책임을 지원하기 위해 '미국 디지털 서비스(USDS)'에 연방기관의 알고리즘 규제 역량을 뒷받침할 데이터 과학자와 엔지니어를 보강했으며, 안전한 데이터 환경을 구축하고 알고리즘에 대한 감사를 수행하는 데 필요한 인력을 공급했다. 바이든 행정부는 백악관 과학기술정책실(OSTP)과 대통령 혁신 펠로십(fellowship)의 인력 충원 권한을 활용해 전문성을 높이는 등 관련 노력을 정책의 우선순위로 삼았다.

규제 초점은 정치적 영향력 제한

정치권력은 정치적 목적 달성을 위해 소셜미디어 등 디지털 플랫폼을 적극적으로 이용한다. 디지털 시장에서 개인 이용자의 데이터는 정치적 목적 추구에서 중요한 요소로 자리 잡았다. 이 과정에서 개인 이용자 데이터는 정치권력에 의해 정치적 신념을 형성하고, 일방적 사고를 강화하는 도구가 되고 있다는 증거가 계속 늘고 있다.

디지털 시장의 역동성, 플랫폼의 광범위한 연결 기능, 개인정보에 대한 디지털 플랫폼의 영향력은 새로운 유형의 정치적 문제를 만들고 있다. 이러한 문제 중 가장 심각한 것은 선거 등 정치적 이슈와 관련한 잘못된 정보를 확산시켜 자유민주주의 정치과정을 위협한다는 사실이다. 따라서 독점적 디지털 플랫폼의 규제는 플랫폼의 정치적 영향력 제한에 초점을 맞출 필요가 있다.

일반적으로 반독점, 독점 규제 등에 관한 논의에서는 경제력 집중의 완화, 자원의 배분 등을 우선시한다. 물론 독점적 경제력의 분산으로 특정 기업이나 디지털 플랫폼의 정치적 영향력을 줄일 수 있다. 그러나 현재 정보 검색과 뉴스 정보 제공 등을 사실상 독점하고 있는 플랫폼인 구글, 네이버 등이 자유민주주의 체제에 미치는 막대한 영향력에는 되도록 직접적이고 집중적인 통제가 필요하다.

이러한 인식에 따라 디지털 플랫폼 규제 논의의 중심은 경제적 독점 규제에서 정치적 영향력 제한이라는 방향으로 옮겨가는 추세라고 할 수 있다. 디지털 플랫폼의 독점 규제 논의에서는 플랫폼의 독점이 경제적 이익, 뉴스와 저널리즘에 미치는 영향에 집중되는 경향이 있다. 그런데 최근 들어 미국을 중심으로 디지털 플랫폼의 정치적 영향력 규제에 관심이 높다.

디지털 시대 언론산업의 문제점과 지속 가능한 모델을 모색하기 위한 정부 위원회 보고서 《케언크로스 보고서》[17]는 언론산업의 수익 모델 변화, 이를 위한 정부와 언론사 그리고 인터넷 기업 등의 협력 필요성을 강조하고 있다. 2019년 호주 경쟁 및 소비자위원회(ACCC)의 디지털 플랫폼 보고서는 온라인 시장에서 디지털 플랫폼의 광고 수익 독점 문제 해결을 위한 방안 마련을 촉구했다.

이에 비해 최근 들어서는 디지털 플랫폼 규제 논의에서 플랫폼의 정치적 영향력 문제가 중요한 부분을 차지한다. 미국 스티글러 위원회의 최종 보고서[18]는 디지털 플랫폼이 정치적 영향력을 갖고 있으며, 기업과 개인에 대한 영향력뿐만 아니라 언론산업 전반과 정보의 이용에도 영향을 미칠 수 있다는 점에 주목한다. 플랫폼 기업들은 데이터의 수집, 분석, 이용 등을 통해 정치적 영향력을 확대하고 있다. 이러한 영향력은 광범위한 사용자 데이터를 활용한 선거 캠페인, 정치적 광고 및 온라인 커뮤니티에서의 여론 조작 등을 가능하게 한다고 지적했다.

보고서는 디지털 플랫폼의 정치적 영향력 문제 해결 방안으로 다양한 규제 도구의 활용, 특히 투명성과 거버넌스의 강화를 제시했다. 이를 위해서는 플랫폼 기업의 데이터 활용 방식과 정치적 광고에 대한 투명성을 높이는 것이 중요하다고 강조하며 플랫폼 기업들의 사업 모델, 현재의 법적 도구 등을 고려한 적절한 규제 마련을 요구했다.

현재 미국 디지털 시장 반독점 규제의 핵심을 제공하는 하원 반독점 소위원회의 보고서[19]는 디지털 플랫폼의 정치적 영향력 문제를 더욱 중요하게 다루고 있다. 보고서는 디지털 플랫폼이 정치적으로 영향력을 행사하고, 이를 통하여 민주주의를 위협할 가능성이 있다고 밝혔다. 특히 디지털 플랫폼이 사용자의 정치적 선호도를 파악하고, 이에 따라 특정 정치적 시각을 홍보하거나 특정 그룹의 이익을 증진하는 등의 영향력을 행사할 수 있다고 설명했다.

또한 보고서는 디지털 플랫폼의 광고 수익 모델이 정치적 선호도를 고려하도록 설계되었으며, 이를 통해 편향된 정치적 시각을 강화하거나 특정 집단의 정치적 이익을 지원하기도 한다고 지적했다. 이러한 문제를 해결하기 위해서는 정치권과의 규제 협력을 강화해 디지털 플랫폼의 정치적 영향력을 통제하는 것이 필요하다고 강조했다.

EU-미국, AI 글로벌 거버넌스 협력 강화

EU와 미국은 글로벌 AI 거버넌스의 핵심 역할을 맡고 있다. 양측의 AI 위험 관리 접근 방식이 일치하면 무역 촉진과 규제 감독 개선, 더 넓은 대서양 간 협력이 가능해질 것이다.

미국은 연방기관별로 AI 위험 관리를 분산하여 기존 법적 권한 내에서 AI를 다루고 있으며, 새로운 규제 대신 비규제 인프라를 구축하고 있다. 여기에는 AI 위험 관리 체계와 얼굴 인식 소프트웨어 평가, AI 연구 자금이 포함된다. 반면 EU는 사회경제적 영역에서 고위험 AI 시스템과 소비자 제품에 대한 규제와 투명성을 강화하는 법안을 제정해 공공과 민간 영역에서 AI의 설계와 사용에 대한 통제를 강화하고 있다.

개념적 일치 속 세부 차이

EU와 미국은 AI 위험 관리에서 위험 기반 접근 방식을 공유하고 신뢰할 수 있는 AI 원칙과 국제 표준의 중요성에 합의한다. 하지만 세부 규제에서는 큰 차이를 보인다. 특히 사회경제적 접근방식과 온라인 플랫폼 관련 AI 적용 방식에서 양측은 점점 다른 방향으로 나아가고 있다.

이에 따라 EU와 미국 무역기술위원회(TTC)는 AI 신뢰성에 관한 공통 원칙과 방법론을 개발하며 초기 성과를 냈고, 국제 AI 표준을 협력 개발하고 AI 신기술의 잠재적 위험을 공동 연구하기로 합의했다.

EU-미국 협력 증대 방안[20]

더욱 긴밀한 협력과 AI 거버넌스 강화를 위해 양측은 다음과 같은 추가 조치를 고려하게 되었다.

1) 미국은 연방기관의 AI 규제 계획을 실행해 전략적 AI 거버넌스 시스템을 마련하고, EU와의 조화를 도모해야 한다.
2) EU는 AI법 시행의 유연성을 높여 미국과의 협력을 강화할 수 있는 여지를 남겨야 한다.
3) 온라인 플랫폼 관리를 위한 미국의 법적 틀이 마련되기 전까지는, 양측이 추천 시스템과 네트워크 알고리즘의 문서화를 공유하고 온라인 플랫폼 공동 연구를 진행하는 것이 필요하다.
4) 지식 공유를 통해 AI 표준 개발, AI 샌드박스 구축, 공공 AI 연구 프로젝트와 오픈 소스 도구 협력, 규제 기관 간 교류, AI 보증 생태계 개발을 함께 추진해야 한다.

양측은 이러한 협력을 통해 AI 민주적 거버넌스의 기초를 다지고, AI의 미래 활용에서 안전성과 공익을 보장하는 체계를 마련할 수 있을 것이다.

미 의회의 디지털 규제 기관 설립 법안

정책 연구자와 옹호자는 입법자들에게 디지털 플랫폼을 규제하는 새로운 기관을 설립할 것을 촉구했다. 엘리자베스 워런 상원의원과 린지 그레이엄 상원의원은 이러한 규제 기관을 설립하는 법안을 제안했고, 마이클 베넷 상원의원과 피터 웰치 상원의원도 법안을 발의했다.

디지털 규제 기관은 디지털 플랫폼에 대한 법적 요건을 해석 및 이행하고, 개인정보 보호와 경쟁 촉진 요건을 비교 검토하는 데 필요할 수 있다. 디지털 규제 기관이 현실적으로나 정치적으로 손이 닿지 않더라도 경쟁, 개인정보 보호, 콘텐츠 규제 기준 등을 법제화하는 것은 여전히 중요하다.

워런과 그레이엄은 2023년 7월 27일 디지털 소비자보호위원회 법안을 발의하고, 《뉴욕타임스》 기고문을 통해 이 법안을 대대적으로 발표했다.[21] 이 초당적 법안은 경쟁, 투명성, 개인정보 보호, 국가 안보 등과 관련해 디지털 플랫폼을 규제할 수 있는 권한을 가진 새로운 디지털 소비자보호위원회를 설립하는 내용을 담고 있다. 또 이 법안은 지배적인 플랫폼이 사업을 운영하기 위해 면허를 취득하도록 하고, 심각한 소비자 피해를 일으킨 반복적이고 중대하며 불법적인 위법 행위에 대해 위원회가 면허를 취소할 수 있는 권한을 부여한다.

이러한 논의는 일반 규제 기관과 법원의 경쟁, 개인정보 보호, 콘텐츠 조정과 관련된 정책적 과제를 다룰 준비가 되어 있지 않다는 지적을 받았다. FCC가 방송, 케이블 사업자, 통신사를 규제하는 것처럼 지정된 디지털 규제 기관은 소셜미디어 회사, 검색엔진, 전자상거래 마켓플레이스, 모바일 앱 인프라, 광고 기술 관련 기업의 반경쟁적 행위 등을 감독한다. 이 기관은 디지털 경쟁 촉진, 온라인 개인정보 보호, 온라인 정보 환경의 무질서와 남용에 대응하는 조치 등을 관할한다.

논의된 질문 중 하나는, 이미 소비자 보호 의무와 전권을 가진 FTC와 법무부 반독점국이 경쟁을 촉진하기 위해 노력하고 있는데 왜 새로운 디지털 기관이 필요한가이다. 디지털 규제 기관의 필요성은 온라인 세계에서 경쟁을 촉진하고, 개인정보를 보호하며, 언론의 자유를 발전시키기 위해 무엇이 필요한지에 대한 신중한 성찰에서 비롯되었다. 입법자들은 이러한 디지털 공공정책 목표를 전반적으로 발전시킬 조치를 수립할 수 있지만, 이를 디지털 산업 분야의 업계 참여자들에게 적용하려면 전문 규제 기관에서만 찾을 수 있는 정책과 산업 전문성이 필요하다.

예컨대 데이터 이동성은 EU의 2018년 '일반 데이터 보호 규정' 제20조에 명시되어 있다. 이 규정은 사용자가 자신의 기록을 한 회사에서 다른 회사로 이전하여 자신에 대한 정보를 통제할 수 있는 기본적인 권리를 입증할 수 있도록 허용하는 것을 목적으로 한다. 그러나 이 법을 적용해야 하는 유럽의 국가별 데이터 보호 규제 당국은 법률 문안에서 해결되지 않은 시행상의 문제에 빠르게 직면했다. 즉 사용자는 어떤 정보를 전송할 수 있나, 이메일 커뮤니케이션 및 연락처 목록 같은 다자간 기록의 전송과 관련한 다른 사용자의 개인정보 보호권은 어떻게 해야 하나 등의 문제에 봉착했다.

EU 개인정보 보호 규제 기관은 사용자가 회사에 제공한 정보와 회사 및 다른 사용자와의 상호작용 기록은 이동성 요건의 적용을 받지만, 사용자 행동으로부터 회사가 추론한 정보는 그렇지 않다고 판단했다. 또 해당 상호작용 기록은 영향을 받은 다른 사용자의 동의 없이 전송할 수 있지만, 제3자의 개인정보 보호 권리를 보호하기 위해 해당 기록을 수신하는 회사는 제3자 정보를 해당 개인의 프로필을 구축 또는 보강하거나 마케팅 메시지를 보내는 등 자체적인 목적으로 사용할 수 없다고 판결했다.

여기에 디지털 규제 기관의 강력한 이유가 하나 있다. 순전히 입법 요건이 해당 산업에 실제로 어떤 의미를 지니는지 알기 위해서는 유럽의 개인정보 보호 규제 기관이 데이터의 이동성(상호운용성)에 대해 그랬던 것처럼 시행 기관이 세부 사항을 명시해야 한다.

정책결정자가 공정한 경쟁을 보장하기 위해 상호운용성 원칙을 요구하더라도 대기업의 지배력에 따라 비슷한 문제가 발생한다. 상호운용성이란 경쟁업체가 지배적인 기업의 시설을 사용하여 자사 고객에게 서비스를 제공할 수 있는 능력을 말한다. 예를 들어 통신에서, 한 통신사가 경쟁 통신사의 메시지를 수신해 전달하는 것을 의미한다. 소셜미디어의 맥락에서는 메타의 경쟁사에서 자사 사용자가 페이스북 서비스 가입자가 아니더라도 페이스북 사용자와 상호 작용할 수 있는 기능을 제공할 수 있다는 뜻이다. 전자상거래에서는 판매자가 경쟁 전자 마켓플레이스에 가입하는 것만으로 아마존 플랫폼에 가입하지 않고도 아마존의 고객에게 접근할 수 있다는 뜻이다.

물론 입법부가 상호운용성을 요구하는 것만으로는 충분하지 않다. 누군가는 상호운용성의 요구가 업계에 어떤 의미인지 설명해야 한다. 특히 '디지털 시장법' 제7조에서처럼 근거 법률이 플랫폼의 '기본 기능'에 대한 상호운용성만 요구하고 경쟁 차별화 요소로 작용할 수 있는 추가 기능을 요구하지 않는 경우 더욱 그렇다.

예를 들어, 메타는 경쟁 소셜미디어 회사에 사용자 정의 그룹에 대한 접근 권한을 제공해야 하나? 규제 기관이 경쟁사에 어떤 기능을 제공해야 하는지 결정하지 않으면 가장 기본적인 질문인 상호운용성에 대한 답을 찾을 수 없다. 통신 분야에서 FCC는 상호접속 책임을 정의했다. 기술 분야에서 효과적인 상호운용성이란 입법부가 경쟁을 촉진하는 데 필요하다고 생각하는 상호운용성 요건을 해석하고 시행할 수 있는 권한을 FCC에 상응하는 디지털 기관이 부여받아야 한다는 것을 의미한다.

정책적 시너지 효과와 긴장감

하지만 특정 디지털 산업에 대한 일반적인 요건을 이행해야 한다는 단순한 필요성 외에도 일상적인 기술 산업 규제 기관이 필요한 또 다른 이유가 있다. 이를 알아보기 위해 새로운 유럽 디지털 시장법 제6조 9항을 살펴보겠다. 이 법안은 경쟁 정책 측면에서 데이터의 상호운용성에 대한 권리를 다시 명시하고 있다. 이 법안은 디지털 게이트키퍼의 플랫폼 사용 과정에서 사용되거나 생성된 데이터에 대해 사용자에게 상호운용성을 제공하도록 한다. 이는 사용자의 개인정보를 보호하는 것이 아니라 경쟁업체가 경쟁에 필요한 데이터에 접근할 수 있게 함으로써 지배적 기업에 대한 경쟁을 촉진하기 위한 것이다.

이 사례에서 얻을 수 있는 중요한 교훈은 개인정보 보호와 경쟁이라는 상충하는 요구가 있는 경우 누군가는 균형 잡힌 판단을 내려야 한다는 것이다. 완벽한 개인정보 보호와 완벽한 경쟁 촉진이라는 두 마리 토끼를 모두 잡을 수 있다고 가정하는 것은 아무 소용이 없다. 누군가는 데이터의 상호운용성을 구현할 때 어느 정도의 개인정보 보호가 필요한지, 강력한 데이터의 상호운용성 조치가 경쟁을 일으킬 가능성은 얼마나 되는지, 그리고 그 경쟁은 어느 정도인지에 대한 문제를 해결해야 한다.

디지털 규제 기관이 필요한 두 번째 이유가 여기에 있다. 디지털 기관은 개인정보 보호법에서 부여하는 권리가 경쟁을 촉진하는 별도 법률의 요구와 상충할 때 신중한 균형 판단을 내릴 수 있는 제도적 기반으로서 필요하다. 따라서 개인정보 보호와 경쟁 정책 모두에 대한 전문성과 권한을 갖춘 공통의 시행 및 집행 기관을 두는 것이 가장 이상적이다. 서로 다른 책임을 별도의 기관에 맡기면 정책의 일관성이 떨어질 수 있다. 데이터 상호운용성은 이러한 정책적 긴장을 보여주는 단적인 예가 아니다. 디지털 세상에서는 정책 목표 간의 충돌과 시너지 효과는 어디에나 존재한다.

다른 예를 들면, 친경쟁적 목적을 위한 상호운용성의 요구는 개인정보 보호, 보안, 올바른 콘텐츠 조정 관행과도 충돌할 수 있다. 상호운용성은 지배적인 소셜미디어 기업이 상호 연결할 경쟁 기업에 대한 선택권이 없다는 것을 의미할 수 있으며, 상호운용성은 중립적이고 비차별적이며 보편적인 요구사항으로 간주될 수도 있다. 물론 지배적 기업은 상호운용을 원하지 않기 때문에 특정 경쟁사와 상호운용할 경우 사용자의 안전이나 네트워크의 무결성이 위협받을 수 있다는 이유로 반대하고 싶을 것이다. 독점 통신사는 FCC가 통신 경쟁을 촉진하려고 시도하자 네트워크 외 장치 및 다른 네트워크와의 상호 연결에 대해 이러한 불만을 제기했다. 그리고 그것은 종종 경쟁을 피하기 위한 구실이 되었다.

미국 FTC, 가짜 리뷰 금지법 통과

2024년 8월 미국 FTC는 가짜 리뷰와 허위 마케팅 관행을 금지하는 새로운 규칙을 만장일치로 통과시켰다. 이 법안은 AI 기술로 생성된 가짜 리뷰를 포함한 모든 허위 리뷰를 금지한다. FTC는 이러한 관행이 소비자에게 피해를 주고 공정 경쟁을 방해한다고 지적했다. FTC의 이번 규칙은 10월 중순부터 시행되었다. FTC 의장 리나 칸은 "가짜 리뷰는 소비자의 시간과 돈을 낭비하고, 시장을 오염시키며, 정직한 경쟁자에게 피해를 준다"라고 말했다.

AI 리뷰·팔로워 수 조작 금지

새 규칙에 따르면, 기업은 AI나 봇으로 작성된 리뷰 사용, 긍정적·부정적 리뷰를 위해 대가를 지급하는 행위, 팔로워 수를 인위적으로 부풀리는 행위 등을 금지해야 한다. 위반 건수당 벌금이 부과되며, 특히 대규모 전자상거래 사이트에서 위반하면 벌금이 크게 누적될 수 있다.

전자상거래와 인플루언서 마케팅, 생성형 AI의 확산으로 광고주가 자동화된 챗봇을 사용해 빠르게 리뷰를 생성하는 사례가 증가하고 있다. 이에 따라 소비자가 허위 리뷰에 기초해 제품을 구매하는 일도 빈번해졌다. 이미 아마존은 2022년 7월 페이스북 그룹 관리자 1만 명 이상을 대상으로 가짜 리뷰 중개를 이유로 소송을 제기한 바 있다.

FTC의 감독 강화

주요 리뷰 플랫폼들은 이번 규칙을 지지했다. 주요 리뷰 플랫폼인 옐프(Yelp)의 법률 고문은 "FTC의 새로운 규칙 시행으로 소비자 리뷰 환경이 개선될 것"이라고 밝혔다. FTC는 과거 개별 위반 사례를 법무부와 협력해 기소했으나, 이번 규칙으로 내부적으로 더욱 간소화된 방식으로 규제를 강화할 수 있게 되었다.

이번 발표는 백악관이 주최한 '창작자 경제 컨퍼런스'와 같은 날에 이루어졌으며, 온라인 인플루언서와 디지털 콘텐츠 제작자들이 정부와 업계 문제를 논의하는 자리에서 발표되어 더욱 주목을 받았다.

미 법무부, AI 시장 독점 방지 집중 조사

미 법무부 반독점국장 시절 조너선 칸터는 AI 산업 내 독점 위험성을 면밀하게 조사할 필요성을 강조했다. 그는 컴퓨팅 용량, 데이터 활용, 하드웨어 접근성 등 다양한 AI 요소를 분석하며 소수 기업이 시장을 지배하는 현상을 방지하고자 했다.

칸터는 한 인터뷰에서 "AI 산업 경쟁을 유지하기 위해 독점 발생 지점을 신속히 파악해야 할 때"라며, 컴퓨팅 파워와 대규모 언어 모델(LLMs) 훈련에 필요한 데이터, 클라우드 제공업체의 시장 지배력, 엔지니어링 인재 및 AI 하드웨어 등에 우려를 표명했다. 그는 AI 경쟁이 최고조에 이른 상태에서 규제 당국이 조기에 개입해 독점 위험을 관리해야 한다고 강조했다. 이를 통해 기업에 대한 개입의 부담을 줄이고 시장 경쟁력을 유지할 수 있다고 말했다.

AI 독점의 영향과 위험성

AI 산업의 집중화는 GPU(graphic processing unit, 그래픽 처리 장치) 같은 하드웨어 접근성, 혁신 방해, 사회적 불평등 확대 등 다양한 문제를 일으킬 수 있다. AI 훈련에 필수적인 GPU 수급 문제가 발생하면서 엔비디아 같은 반도체 제조사의 매출이 급격히 상승했다. 실제로 2023년 1분기 엔비디아의 매출은 전년 대비 262퍼센트 증가해 2조 5000억 달러 이상의 평가액을 기록했다.

싱귤래리티넷(SingularityNET)의 최고운영책임자 재닛 애덤스는 "AI 일반 지능(AGI)을 몇몇 대기업이 지배하게 되면, 이 기술이 사회적 가치를 넘어서 금전적 이익에 집중될 위험이 있다"라며, 이러한 독점이 디스토피아적 미래로 이어질 수 있다고 우려를 표명했다.

AI 독점을 방지하기 위한 예방 조치

칸터는 미국의 반도체 생산을 지원하는 '2022년 반도체 및 과학법' 같은 정부 프로그램을 통해 독점 위험을 완화할 수 있다고 설명했다. 이 법안은 미국 내 반도체 제조에 390억 달러의 보조금을 제공하여 현지 공급망을 강화하고 해외 의존도를 줄이는 것을 목표로 했다.

또 블록체인 기술을 활용해 AI 개발을 분산화하는 것도 대안으로 언급된다. 이를 통해 AI 발전의 혜택이 소수 기업이 아닌 다수의 참여자에게 확산될 수 있으며, 오픈 소스 AI 프로젝트를 장려해 경험이 적은 개발자들이 AI 생태계에 기여할 수 있도록 지원하는 것도 방안이 될 수 있다.

AI 산업의 급속한 성장 속에서 독점적 행위를 방지하기 위한 지속적인 점검과 규제 당국의 적극적인 개입이 필요하다. 강력한 반독점 접근은 시장의 공정 경쟁을 확보하는 데 중요한 역할을 할 것이다. AI의 미래는 독점 방지, 기술혁신을 통해 인류에 도움 되는 방향으로 발전할 것으로 전망된다.

AI의 급속한 발전과 저작권 갈등

AI 분야에서 커뮤니케이터와 콘텐츠 창작자에게 중대한 영향을 미칠 변화가 일어나고 있다. 특히 AI와 저작권을 둘러싼 법적 논쟁이 주요 쟁점으로 부상하고 있다. 이는 AI 기술의 미래 방향성을 결정할 중요한 요소로 주목받고 있다.

《뉴욕타임스》, 오픈AI와 마이크로소프트에 저작권 소송

《뉴욕타임스》는 2024년 오픈AI와 마이크로소프트를 대상으로 대규모 언어 모델 훈련에 자사 기사 수백만 건을 무단 사용했다며 법적 조치를 취했다. 즉 챗GPT 같은 AI 챗봇이 자사 콘텐츠를 무단 활용해 정보 제공의 경쟁 우위를 침해했다고 주장하며 AI 저작권 보호를 위한 개혁과 규제의 필요성을 역설했다.

이 소송은 미국 언론사가 AI 기업을 상대로 저작권을 문제 삼은 첫 사례 중 하나로, 악시오스(Axios)는 이를 "2024년 AI의 전장"으로 표현했다. 《뉴욕타임스》의 사례는 세라 실버먼 등 저명인사들이 저작물 무단 사용을 이유로 오픈AI에 소송을 제기한 사건과도 연결된다.

AI 저작권 분쟁 확산과 영향

로이터는 로스 인텔리전스(ROSS Intelligence)를 상대로 자사의 법률 플랫폼 자료를 무단으로 AI 모델 훈련에 사용했다며 소송을 제기했다.[22] 이러한 저작권 분쟁은 기업용 AI 챗봇의 저작물 활용 방식을 크게 제한할 가능성이 있으며, 앞으로 저작권 판결이 AI 도구의 기능에 미칠 영향을 고려해 기업들이 신중한 AI 투자 전략을 수립해야 할 필요성이 커지고 있다.

저작권과 공공 영역 콘텐츠 활용

2024년은 저작권과 AI 활용의 중요한 해로 평가된다. 그중 하나로 미키 마우스의 초기 버전이 2024년부터 공공 영역에 포함되었다. 이는 AI 모델이 미키 마우스 이미지를 합법적으로 활용할 가능성을 열어주었지만, 브랜드 관리와 창작자의 저작권 준수에서 새로운 과제를 제시했다.

AI의 기후 변화 대응 역할과 새로운 기회

AI는 단순히 콘텐츠 생성에 그치지 않고 기후 변화 대응에도 중요한 역할을 하고 있다. AI는 메탄가스 배출 추적, 산불 예측과 예방, 신재생 기술에 필요한 광물 자원 탐지 등 환경 문제 해결에도 기여한다. 한 연구는, 머신러닝은 이미 다양한 산업 분야에서 에너지 효율을 높이고 있음을 보여주면서 기후 변화에 대응하기 위한 AI 및 가속 컴퓨팅 채택을 강조했다.[23]

생성형 AI의 접근성 확대

2024년에는 생성형 AI가 크게 주목받았다. 마이크로소프트 오피스 스위트에 통합된 코파일럿(Copilot)을 애플의 아이폰과 아이패드에서도 사용할 수 있게 되었고, 이메일 작성, 텍스트 요약, 이미지 생성 등 AI 활용이 일상화되고 있다. 이로 인해 AI는 검색엔진처럼 일상 속에서 빠르게 확산하고 있으며, 채용 분야에서도 중요한 역할을 하고 있다.

AI 분야의 새로운 직업 기회

AI의 확산은 새로운 직업 기회를 창출하고 있다. AI 컨설턴트, 소셜미디어 인플루언서 등 다양한 AI 관련 직업이 등장하고 있으며, AI 도구 사용 능력은 직장 내에서도 경쟁력 있는 기술로 자리 잡고 있다. AI 도구를 활용한 능숙한 콘텐츠 제작 및 작업 효율성 향상이 승진 기회에 기여할 수 있다.

AI는 저작권 논쟁, 다양한 응용 분야, 접근성 확산, 고용에 대한 영향 등 여러 방면에서 큰 변화를 이끌 것으로 전망된다. 커뮤니케이터는 이러한 발전을 주시하며, AI의 잠재력을 조직에 도입하는 방법을 모색해야 한다. AI 기술이 계속 발전하는 가운데 책임 있는 기술 활용과 윤리적 사용이 무엇보다 중요하다.

AI 규제의 핵심 과제

AI 규제의 가장 큰 과제는 포괄적이면서도 교육 접근성, 고용, 모기지 가격 책정, 임대료 책정, 의료 서비스 제공 등 다양한 애플리케이션에서 AI의 미묘한 차이에 맞는 규정을 마련하는 것이다. 브루킹스 연구팀은 연방 규제 당국이 중요한 사회경제적 결정에 사용되는 알고리즘을 유연하게 관리할 수 있도록 새로운 규제 접근 방식인 중요 알고리즘 시스템 분류(CASC)를 제안했다.[24] CASC는 연방정부의 구조를 크게 바꾸지 않으면서도 합리적인 제한을 통해 알고리즘 시대에 중요한 소비자와 시민권 보호를 유지하는 데 도움이 될 전망이다.

포괄적 알고리즘 관리 접근법

알고리즘 시스템은 사회경제적으로 영향력 있는 여러 결정에 널리 사용되고 있지만, 이러한 알고리즘은 각 상황에 따라 고유한 특성을 갖는다. 따라서 애플리케이션별 감독을 포괄적으로 수행할 수 있는 알고리즘 관리 접근법이 필요하다. 이러한 과제를 해결하기 위해 연구팀은 주요 규제 기관에 1) 알고리즘 조사를 위한 행정 소환 권한, 2) 연방기관의 기존 규제 범위 내에서 특히 영향력이 큰 알고리즘에 대한 규칙 제정 권한이라는 두 가지 새로운 권한을 부여할 것을 제안했다.

알고리즘 의사결정 시스템

알고리즘 의사결정 시스템(ADS)은 교육 접근성, 일자리 발굴 및 채용, 직원 관리, 소비자 금융 서비스, 부동산 감정, 임대료 책정, 세입자 심사, 의료 서비스 제공, 의약품 승인 등 사회경제적으로 중요한 의사결정에 널리 사용되고 있다. 이러한 중요한 분야에서의 의사결정 대부분은 ADS의 영향을 받거나 전적으로 ADS에 의해 이루어지고 있다. 이러한 ADS의 확산은 소득 평등, 사회적 이동성, 건강 결과, 심지어 기대수명에도 상당한 영향을 미치는 현대 경제와 사회 정책의 핵심 이슈다. 알고리즘과 데이터 분석의 사용은 때때로 사회적 결과를 개선하기도 하지만, 잘못된 데이터, 알고리즘의 실패, 차별적 영향, 알고리즘 능력의 과대평가 등으로 많은 개인이나 조직에 피해를 입히기도 한다.

이러한 사회경제적 결정 중 일부는 이미 부분적으로 연방법의 적용을 받고 있다. 그러나 자신의 법적 권한에 속하는 ADS를 검토하고 충분히 규제할 수 있는 역량을 갖추지 못한 연방기관이 많다. 많은 기관이 알고리즘 감독과 관련하여 데이터, 코드, 모델, 기술 문서를 보유하도록 기업에 요구할 수 있는 권한, 해당 자료를 소환할 수 있는 권한, ADS를 감사할 수 있는 기술적 능력, 사용 규칙을 정할 수 있는 법적 권한 등 중요한 역량을 갖추지 못하고 있다. 이러한 제한은 백악관의 'AI 권리장전' 청사진, 관리예산처(OMB) 각서 M-21-06, 국립표준기술연구원(NIST)의 AI 위험 관리 체계 등의 문서에 명시된 바와 같이 신뢰할 수 있고 책임감 있는 AI를 촉진하려는 연방정부의 목표에 큰 장애가 되고 있다.

많은 연방기관에서 용량 문제를 공유하고 있지만, 사용되는 알고리즘의 유형, 조작하는 데이터, 사회기술적 접근방식, 제기되는 위험 등 각 ADS의 세부 사항은 매우 다양하다. 주요 사회경제적 결정에서 알고리즘의 역할은 매우 복잡하고 다양하므로 중앙집중형 처리방식을 통해 모든 알고리즘의 표준이나 시행을 설정하는 것은 가능하지도 않고 바람직하지도 않다(공개 및 차별 금지와 같은 일부 속성은 적절한 보편적 요건이 될 수 있지만). 이는 채용 알고리즘, 자동화된 가치평가 모델, 의료 정보기술 체계 등 지금까지 제안된 연방 규칙 제정과 지침의 매우 세부적이고 상황에 따른 구체성에서 잘 드러난다.

또 EU가 하나의 포괄적인 AI 법안을 마련하는 과정에서 특정 분야와 알고리즘 응용 분야에 대한 충분한 맞춤화가 부족한 법적 규제로 이어질 수 있는 중대한 문제에 직면한 것에서도 알 수 있다. 중앙집중형 처리방식이나 단일 규칙 대신, 연방기관은 해당 영역에서 영향력 있는 ADS에 대한 맞춤형 고려 사항에 적응할 수 있는 충분히 유연한 권한을 부여받아야 한다.

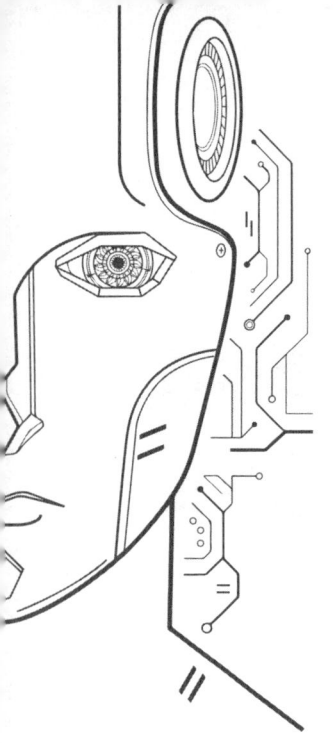

정치의 사법화

정치의 사법화란

정치의 사법화는 국가의 주요한 정책 결정이 정치과정이 아닌 사법과정으로 해소되는 현상을 일컫는다. 그 현대적 성격을 분명히 하기 위해 좀 더 엄격히 정의하면, 전통적으로 정치 문제로 여겼던 국정 현안을 사법 권력이 법의 논리체계에 기반하여 해결하려는 경향을 의미한다.[1]

한국에서는 김대중 정부 출범 이후, 특히 노무현 정부 들어 법치주의의 증가와 함께 민주주의 및 정치의 사법화 현상이 뚜렷해졌다. 요컨대 법원과 헌법재판소를 포함한 사법부 역할이 비약적으로 늘어나 많은 정치 문제가 법원과 헌재로 넘어가 헌법적·법률적 결정으로 해결되었다. 그러나 핵심 의제에서 세 기구의 이해는 같지 않은 수준을 넘어 종종 충돌하고 있다.

세계적 추세

정치의 사법화는 한국만의 문제가 아니라 세계적 추세다. 오늘날 유럽의 정부와 의회는 전례 없이 확장된 헌법적 구속으로 그 구조가 정해지고 있다. 다시 말해서 유럽 정치과정의 '사법화'가 진행 중이다. 헌법재판소의 입법과정 참여가 상례화되어 법률 제정 행위에 한계를 설정하고 정책 결정 구조를 재설정할 뿐만 아니라 심지어는 법률 초안 작업의 세세한 부분에까지 그 영향력을 행사한다.[2]

사법부를 넘어선 의제 설정 기능

바네사 베어드는 미국 연방대법원이 미국의 정치과정에서 단순한 사법부 역할을 넘어 '의제 설정' 기능을 하고 있다고 주장한다.[3] 한편에서 의회는 대법원이 거의 제약을 받지 않고 자신이 원하는 의제를 설정한다고 주장하는 반면, 다른 한편에서는 대법원의 의제 설정 기능이 법원의 특성상 수동적이고 제한적이라고 주장한다. 그러나 제소권자가 사전에 대법원의 정치적 선호를 파악하고 그것을 감안해 사건을 가져온다면 대법원의 정치적 의제 설정 능력은 일반적으로 생각하는 것보다 상당히 강력한 것이 된다.

정치의 사법화 과정에서 정치적 권력의 보유자가 기대하는 이익은 다음과 같다. 첫째, 입법·행정부의 정책결정권을 법원에 위임함으로써 결정 과정에서 발생하는 비용·책임 등을 전가하는 효과를 기대할 수 있다. 둘째, 논쟁적인 문제에서 대중에게 정치권 단독에 의한 정책 결정이 아니라 '상급 법원'이라는 비정치적 기관에 의한 결정도 포함한다는 이미지를 갖게 하여 대중의 정치적 압력을 피하고 그들의 지지를 유도할 수 있다. 셋째, 정치적 경쟁자를 견제하기 위해 사법권을 활용할 수 있고, 그것을 위해서라면 사법권에서 자신의 정치권력을 일정 부분 제한하는 것도 감수하거나 나아가 그 제한을 자체적으로 자신에게 부과하는 것도 감수한다.

정치적으로 만들어진 사법권

이러한 기대를 충족하려는 의도에서 정치권력이 정책결정권을 사법부에 위임하는 것을 촉진하는 세 가지 요인은 다음과 같다. 1) 사법적 통치로 전환해 가는 과정에서 대법원 등 사법기관에 권력을 위임해도 정치적 이익이나 이념의 반영에 문제가 없다는 확신, 2) 사법부의 공평성에 대한 공적 신뢰의 존재, 3) (앞의 두 가지 요인보다 좀 더 단기적으로 효과를 볼 수 있는) 정치 엘리트의 위험을 감소시킬 수 있는 법원의 인적 구성(충원 방식 등), 다시 말해 자신의 정치적 입장을 대변할 사람들로 재판관을 구성할 수 있는 제도를 만들고 그러한 방식에 따라 재판관 임명을 실행한다.[4]

미국 대선 전 '대법관 알박기'

2024년 11월 미국의 대통령 선거를 앞두고 4년 전과 마찬가지로 연방대법원의 구성을 정치적으로 유리하게 만들려는 시도가 본격화했다. 민주당 일각과 진보 성향 법조인, 언론인 등 사이에서 소니아 소토마요르 대법관의 사퇴를 요구하는 목소리가 이어졌다. 평생 당뇨병을 앓아온 당시 69세의 소토마요르 대법관이 바이든 대통령 임기 중, 그리고 민주당이 상원을 장악한 동안 은퇴해야 한다는 것이다. 진보 성향 대법관의 자리를 지켜야 한다는 이유 때문이다.

이러한 주장은 민주당 진영이 과거에 겪었던 사례에서 비롯되었다. 2014년 루스 베이더 긴즈버그 대법관의 사퇴 거부로 대법원이 오른쪽으로 급격히 기울었던 역사가 반복될 수 있다는 불안감이다. 오바마 대통령이 재임하고 민주당이 상원을 장악했을 당시 몇몇 진보 성향의 변호사와 활동가들이, 81세로 암 환자였던 긴즈버그에게 은퇴해서 민주당 지명자로 교체할 수 있게 해달라고 요청했지만 그녀는 거절했다. 그녀는 2020년 9월 사망하면서 당시 트럼프 대통령은 대선 직전 에이미 코니 배럿 대법관을 지명해 보수 우세 대법원을 유지했다.

소토마요르 대법관이 사퇴해서 진보 성향 대법관의 자리를 지켜야 한다는 주장에 대해 민주당 소속 상원의원들은 공개적인 동의 입장을 드러내지 않고 있다. 평생 임기가 보장된 대법관에게 사퇴를 종용해서 대통령 임기 중 자기편 대법관이 그 자리를 잇도록 하는 것은 연방대법원의 구성 원칙에 어긋나는 편법이기 때문이다. 그러나 현재 6대3 보수 우세 대법원에서 진보 성향 대법관의 자리를 지켜서 보수 우세가 7대 2로 심화하는 것을 막아야 한다는 점에는 대부분 공감하는 분위기다.

미국의 민주당과 진보 진영이 이처럼 '대법관 알박기'를 시도했던 것은 민주당 후보 바이든이 재대결에서 트럼프를 이긴다는 확신이 없어서였다. 게다가 민주당은 51석의 상원 의석을 차지하고 있었지만, 11월 선거에서 과반수를 지켜야 하는 어려운 과제에 직면해 있었다. 바이든이 재선에 성공하더라도 상원에서 패배하면 공화당은 진보 성향 대법관 후보에 대해 거부권을 행사할 수 있기 때문이다.

바이든 민주당 정부 시기에 보수 우세였던 연방대법원은 실제로 민주당 정부의 역점 정책에 반복적으로 제동을 걸었다. 바이든의 대선 핵심 공약이었던 학자금 대출 정책에 대해 연방대법원은 대법관 성향 구도와 같은 6대3으로 정부 패소 판결을 했다. 같은 날 대법원은 종교적 신념을 이유로 동성 커플에 서비스 제공을 하지 않을 수 있다는 판결도 했다. 가장 최근에는 주 정부에 강력한 월경자 단속권을 부여한 텍사스주 법의 집행을 정지시켜달라는 바이든 정부의 비상 상소를 기각했다.

미국 민주당과 진보 진영에서 현직 대법관을 사퇴시켜 진보 성향 대법관의 자리를 지키려는 것은 결국 정치적 목적을 위해서다. 자신의 정치적 이익을 가장 중요하게 고려하며, 자신과 정책적 선호를 같이하는 사람을 임명하겠다는 것이다. 이처럼 대법관의 결정 성향은 임명권을 행사한 정치세력의 성향과 밀접한 관계가 있다.

한국과 마찬가지로 미국 역시 중요한 정치적 결정을 정치권이 아닌 연방대법원 등 사법부에 의존하는 정치의 사법화 문제가 계속되고 있다. 나아가 이제는 사법부가 정치적으로 결정하는 사법의 정치화 문제가 일상화되는 모습이다. 사법부가 입법부나 행정부로부터 독립성과 중립성을 지키는 것은 민주주의의 기본인 삼권분립 원칙 중에서도 가장 중요하게 여겨지는 부분이다. 사법의 정치화는 이 원칙을 위반함으로써 민주주의를 뿌리부터 흔드는 현상이다. 그리고 최근 미국에서 벌어지는 '대법관 알박기' 시도는 이러한 문제를 더욱 심화할 수밖에 없을 것이다.

사법의 정치화

2024년 미국 정치권은 전례 없는 불확실성에 직면했다. 트럼프 등 정치권과 법조계의 충돌이 선거를 앞두고 몇 달 동안 계속되고 있었기 때문이다. 콜로라도주 대법원은 트럼프가 2021년 1월 국회의사당 폭동 등 내란에 가담했다는 이유로 대선 후보를 선출하는 주 선거 출마 금지를 선고했다. 반면, 미시간주 대법원은 주 정부가 트럼프의 경선 참여를 제한할 권한이 없다고 판결했다.

트럼프와 측근들은 연방대법원이 콜로라도주의 판결을 뒤집을 것이라며 자신감을 나타냈다. 그러나 메인주에서도 트럼프의 경선 출마를 금지하는 판결이 나왔으며, 이와 비슷한 소송이 미국 내 여러 주에서 이어지면서 상황은 안개 속으로 빠져들었다. 게다가 트럼프는 이미 여러 건의 중범죄 혐의로 기소된 상태라는 점에서 그의 앞날은 여전히 불투명했다.

대통령 선거가 다가오는 시점에서 당선이 유력한 후보가 향후 백악관으로 갈지 감옥으로 갈지는 사실상 유권자의 투표보다 법원의 판단에 달려 있었다. 그런데 그의 운명을 결정하는 법원의 판단은 해당 주 법원에 따라 다르게 이루어졌다. 결국 연방대법원이 트럼프의 백악관 재입성 여부를 결정할 상황이었다. 그런데 연방대법원은 7월 1일 트럼프 혐의 사건 일부를 하급심 재판부에 넘김으로써 트럼프의 대선 출마가 가능하게 되었다.

또 다른 예로, 2000년 미국 대선은 당선자 확정까지 35일이 걸렸다. 이때 플로리다주 대법원이 민주당의 요구대로 전면 수작업 재검표를 수용했으나 연방대법원이 수작업 재검표의 유효성을 인정하지 않으면서

부시 후보의 당선이 확정되었다. 당시 여러 상황을 보면 전면 수작업 재검표를 했을 경우 결과가 뒤바뀌었을 수도 있었다. 이 때문에 연방대법원이 대통령을 결정한 선거였다는 지적까지 나왔다.

이처럼 정치적 문제를 법원에서 결정하는 정치의 사법화를 넘어 사법부의 결정이 정치적 영향력에 따라 이루어지는 사법의 정치화는 정치권이 자초한 상황이다. 미국과 한국 같은 양당 구조에서는 정치적 갈등과 대결이 일상적으로 벌어진다. 이러한 갈등과 대결 상황을 조정하고 해결하는 능력이 바로 정치력이지만, 정치권에서 가장 기본 능력인 정치력이 없으니 모든 해결을 사법부에 의존하게 되는 것이다.

견제와 균형의 무시

230년이 넘는 미국 연방대법원 역사에서 대통령이 지명한 대법원장이 의회의 인준을 통과하지 못한 일은 한 번도 없었다. 그리고 대통령이 지명한 연방 대법관 후보가 상원의 인준에 실패한 사례는 손에 꼽을 정도다. 가장 유명한 사례는 1987년 로널드 레이건 대통령이 로버트 보크 판사를 연방 대법관 후보로 지명한 일이다.

당시 보크 대법관 지명을 두고 미국 정치권에서는 극심한 대립과 갈등이 벌어졌다. 그의 이념 성향에 대해 흑인 단체까지 나서서 대법관 임명 반대 운동을 벌일 만큼 사회적 논란이 커졌다. 결국 상원 인준이 거부되었다. 보크는 상원에서 인준이 거부되자 "연방대법원은 정치적 결정을 하고 있다"라면서 "대법원은 사법기관이라기보다 정치적 기관이기 때문에 대법관 후보자는 선거에 출마한 정치인으로 인식된다"라고 비판했다.

1980년대 보크 대법관 후보자에 대한 미국 상원 인준 거부는 민주주의 기본 원칙 중 하나인 삼권분립 원칙에 대한 의문을 제기한 사건이었다. 특히 삼권분립 원칙의 핵심인 견제와 균형 원리의 실종에 대한 우려가 더욱 깊어졌다.

민주주의 체제에서 견제와 균형은 국민의 권리를 보호하고 정부의 독점적인 권력 남용을 방지해 민주적이고 공정한 국가 운영을 보장하도록 한다. 견제와 균형의 원리 중 견제는 권력을 다양한 기관 간에 분산해 한 기관의 권력이 다른 기관에 의해 제한되고 균형을 이루도록 하는 원칙이다. 행정부·입법부·사법부는 서로를 견제하고 균형을 이루어가며 국가의 권력을 행사한다. 입법부가 만든 법에 대해 대통령은 거부권을 행사할 수 있으며, 사법부는 입법부나 행정부 행위의 합법성을 평가할 수 있다.

균형은 각 기관이 서로 독립적이면서도 상호 협력하여 권력을 행사하도록 한다. 이러한 균형은 어느 한 기관이 너무 강력해지지 않도록 하고, 권력이 균형을 유지하며 운영되도록 한다. 이는 국가의 안정성과 국민의 자유를 보호하며 정부의 권력 남용을 방지하는 데 중요한 역할을 한다.

견제와 균형이란 말은 쉽지만, 두 가지를 함께 실현하기는 상당히 어렵다. 그러나 여기서 더 우선해야 할 것은 견제보다 균형이다. 당연히 견제와 균형이 동시에 이루어져야 하지만 견제에만 치중하면 균형을 잃게 된다. 균형을 위해 견제를 하는 것이지, 견제를 위해 균형이 필요한 것은 아니기 때문이다.

AI에 의한 해결 가능성

'정치의 사법화'와 '사법의 정치화' 사이의 긴장 관계는 현대의 법률과 정치 분야에서 중요한 논쟁을 불러일으켰다. 정치화에 대한 우려로 이해관계자들은 객관성·일관성을 높이고 부적절한 정치적 영향으로부터 사법적 결정을 보호하기 위해 AI를 사법 시스템에 통합하는 방안을 모색하고 있다.[5] 사법적 목적으로 AI를 활용하는 데 대한 관심은 중립적이며 데이터 기반의 의사결정을 촉진할 수 있는 능력에서 비롯된다. 법학계에서부터 국제사법회의에 이르기까지 여러 토론회에서 법원에 AI를 통합하는 것의 타당성, 기회, 한계 등에 대해 심도 있는 논의가 진행 중이다.

이러한 논쟁의 핵심은 이론적으로 정치적 또는 당파적 영향으로부터 자유로운 분석과 판결 시스템을 도입함으로써 사법부의 정치화 문제 해결에 AI가 도움이 될 수 있다는 개념이다.[6] 판례, 법령 및 사실 기록 등의 방대한 데이터 세트에 대해 훈련된 알고리즘에 의존하는 AI 도구는 공정한 중개자일 수 있다. AI 도구는 판사가 외부 압력보다는 법적 원칙에 근거한 결정을 내릴 수 있도록 도울 수 있을 것이다.[7]

AI는 특히 일상적인 사건이나 행정 사건에서 일관성, 데이터에 기반한 객관성, 사법적 의사결정의 효율성을 촉진하는 실질적인 도구를 제공한다. 이러한 맥락에서 AI는 정치적 개입의 기회를 줄이는 강력한 보호 장치를 제공할 수 있다. 다만, 시스템이 투명하게 운영되고 정기적으로 감사를 받으며 윤리적으로 관리되어야 한다는 전제가 필요하다.[8] 그러나 선례를 세우거나 헌법적으로 중요한 사건의 경우 정치화에 대한 해결책을 AI에만 의존할 수 없다. 이러한 도구를 설계하고 업데이트 및 감독하는 인간은 지나친 정치적 영향으로부터 보호되어야 한다. 궁극적으로 사법부의 독립성은 알고리즘 개입보다 제도적 설계, 문화 및 감독에 더 많이 의존하게 된다.[9]

사법 시스템에 AI를 통합하면 특정 형태의 정치화를 개선할 수 있을 뿐만 아니라 일상적인 사건에서 일관성 부족, 비효율성, 또는 통제되지 않은 재량으로 인한 정치화를 개선할 수 있다. 그러나 판결 자체는 헌법적·사회적 가치를 형성하고, 그 가치에 의해 형성되는 사법권의 근본적인 정치적 차원을 대체하거나 완전히 무력화할 수 없다.[10] 따라서 AI는 사법부의 공정성과 자율성을 추구하는 데 중요한 도구가 될 수 있지만, 만병통치약은 아니다. 지속적 경계, 투명성, 인간적 관리 등은 지속 가능하고 합법적인 방식으로 사법부의 정치화를 해결하는 데 필수적이다.

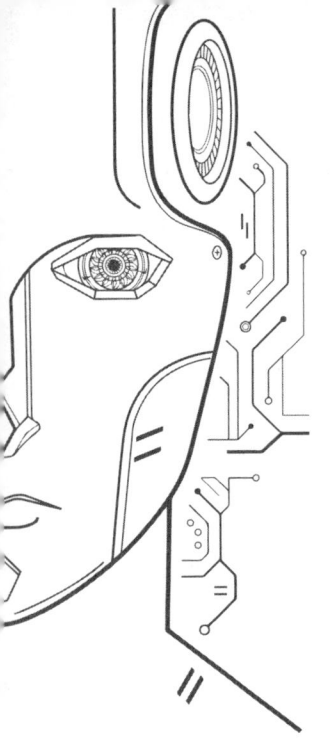

AI와 법원

법원과 AI의 공존: AI 시대, 법적 판단의 역할

AI가 사회 전반에 걸쳐 빠르게 확산하면서 일상생활은 물론 법적 판단의 기준에도 변화를 가져오고 있다. AI는 이미 쇼핑 알고리즘, 길 안내 시스템, 검색엔진, 소셜미디어는 물론 자율주행 차량에 이르기까지 다양한 영역에서 활용되고 있다. 특히 의료, 금융, 인사관리 등에 AI의 사용이 확대되고 있으며, 금융 사기 탐지나 주식 거래, 종양 진단 등에서 뛰어난 성과를 보인다. 이러한 상황에서 법원은 AI기술 발전에 어떻게 대응해야 하는지 중요한 질문에 직면해 있다.

AI는 법조계에도 변화를 일으키고 있다. 법률사무소에서는 AI로 문서 검토와 자료 수집을 진행하고 있으며, 전 세계 75개국 이상이 보안과 치안을 위해 안면인식 기술을 사용 중이다. 미국 FBI는 2011년부터 2019

년까지 비자와 운전면허 데이터베이스를 포함한 연방과 주 자료를 39만 회 이상 AI로 검색했다. AI는 또한 계약법, 행정법, 불법행위법 등 법률의 각 분야에 영향을 미치고 있다. 특히 AI는 스마트 계약을 도입하는 데 필수적이며, 자율주행차나 의료 진단에 사용되면서 기존 법적 책임의 기준에 도전장을 던지고 있다.

법은 기술의 발전 속도보다 늘 더디게 따라온다. 입법과 판례 절차는 기술의 빠른 변화에 맞추기 어렵다. 이에 따라 학계와 전문가들은 여러 문제를 제기하지만 구체적인 답을 내놓기는 어려운 상황이다. 그러나 법원은 마냥 기다릴 여유가 없다. AI 관련 소송이 법정에 도착할 때마다 판사들은 계속해서 새로운 문제에 맞서야 한다. 판사들이 AI 문제를 다루는 데 기본이 되는 틀을 만들어야 한다.

미국 조지타운 대학교 안보 및 신흥 기술 연구센터의 보고서"는 법원이 직면할 두 가지 주요 질문을 제기한다. 첫째, 법관은 AI가 미국 사회에서 사용되는 것을 어떻게 다룰 것인가? 연방법원 및 주 법원에서 AI와 머신러닝이 판결 과정에 어떤 영향을 미칠 것인가에 대한 문제다. 둘째, 판사가 AI를 법적 도구로 활용하기 위해 무엇을 알아야 하나? 이 질문에 대한 답은 AI의 기술적 측면에 대한 이해와 관련 있으며, 이를 통해 법정에서 AI가 올바르게 판결할 수 있도록 방향을 잡고 있다.

네덜란드 사법부, IT와 AI 활용 사법 혁신

IT와 AI는 법원의 효율성 제고에 기회를 제공함과 동시에 사법부 운영에 새로운 과제를 안긴다. 특히 사법부의 독립성과 사건 처리 방식에 변화를 요구하며 사법 행정의 협업 체계가 핵심 도전 과제로 떠올랐다.

네덜란드 사법부는 다양한 정보기술을 활용해 내부 개발 시스템을 구축하고 있다. 네덜란드 사법부는 사건 관리, 전자 서류 관리, 재판 관련 정보 제공 등을 포함해 매년 5만 건 이상의 판결문을 관리하며 디지털화된 법원 관리 도구와 이메일 시스템 등을 운영 중이다. 이러한 기술 인프라는 네덜란드 사법위원회 산하 IT 조직이 책임을 맡고 있으며, IT 개발 경험을 토대로 기술적 연속성을 확보하는 데 중점을 두고 있다.

네덜란드의 사법부는 IT를 단순한 도구가 아닌 업무 환경으로 보고 사법부 내에서 직접 개발을 선택했다. 이는 주요 사법 업무 과정을 사법부가 자체적으로 통제하고 판사들이 직접 디지털 제품 개발에 참여해 실질적인 주도권을 확보하도록 한 것이다. 특히 **애자일(AGILE) 개발 방식**을 채택해 판사들이 제품 소유자로 참여하도록 했으며, 이를 통해 법관의 관여도를 높이고 디지털화된 절차의 신속한 도입을 유도하고 있다.

> **애자일 개발 방식:** 프로젝트 관리 및 소프트웨어 개발을 이전보다 유연하게 하는 방식으로, 협업을 통해 지속적인 개선, 요구 사항 변화 등에 대한 적응을 강조한다. 반복적인 개발 작업이 특징으로, 프로젝트를 작은 단위로 나누어 시간이 지나면서 점차 개선해 나가는 방식이다.

그러나 네덜란드 사례가 보여주듯, 기술 개발 자체보다 더 어려운 과제는 협업 체계의 혁신이다. 대부분의 사법부는 사건 처리를 중심으로 운영되는 '생산 조직'이기 때문에 디지털 전환을 위해서는 협업 체계의 변화가 필수적이다. 단기적이고 간단한 절차는 규정을 변경할 필요 없이 한 번에 전환할 수 있지만, 규정 변경이 필요한 복잡한 절차는 점진적인 변화가 필요하다는 점이 네덜란드의 중요한 교훈이다. 또한 새로운 절차나 기관을 설정하는 것이 디지털화를 극대화하는 방법으로 제안된다.

유럽에서는 AI 활용에 대한 윤리적 원칙을 마련했다. 유럽 사법효율성 위원회(CEPEJ)는 인권과 개인정보 보호 규정 준수를 기반으로 법 적용의 일관성과 예측 가능성 개선을 위해 AI 윤리 원칙을 제정했다. CEPEJ는 '인권 존중, 비차별, 품질과 보안, 투명성과 공정성, 사용자 통제'라는 다섯 가지 원칙을 제시했다. 이러한 원칙은 각국의 사법부가 윤리적 기준을 지키며 디지털화를 추진하는 데 새로운 과제로 작용하고 있다.

사법부는 디지털화와 AI의 도입으로 업무 효율성을 높일 수 있지만, 동시에 데이터의 무결성을 보호하고 국제 윤리 기준을 준수할 책임이 있다. IT와 AI는 사법 행정의 혁신을 이끌 중요한 기회이지만, 이를 효과적으로 활용하기 위해 사법부 내 협업 체계의 재정비와 윤리 원칙의 실현이 과제로 남아 있다.

AI 기술 확산, 법적 불평등 초래하나

소송 비용을 줄이려는 기업들이 AI 기반 소송 예측 기술에 주목하고 있다. 그러나 전문가들은 이러한 기술이 법적 불평등을 심화시키고 편향된 예측으로 이어질 수 있다고 경고한다. 미국 기업들은 매년 막대한 자원을 소송에 투입한다. 2020년 한 해에만 약 228억 달러가 소송 비용으로 지출됐으며, 기업의 약 90퍼센트가 소송에 연루한 것으로 추산된다.

AI와 분석 도구의 발전으로 스타트업은 예측 기술을 법률 분야에 적용하기 시작했다. 통계 자료에 따르면, 2025년에는 법률 기술 분야 매출이 251억 7천만 달러에 이를 전망이다. AI 예측 분석 기업 '엑스 파르테(Ex Parte)'는 소송 결과를 예측하고 기업의 승소 가능성을 높이는 전략을 제시하는 기술을 제공하기 전에 850만 달러의 시리즈A(정식 버전의 서비스를 시행하기 전 준비단계에서 받는 투자) 자금을 유치하면서 헤지펀드, 보험사, 법률사무소 등을 고객으로 삼았다. 엑스 파르테의 대표 조너선 클라인은 해당 플랫폼이 85퍼센트 정확도로 소송 결과를 예측할 수 있다고 주장한다. 또 AI가 소송 위치, 주장할 청구 사항, 선택할 변호사 등 여러 소송 전략을 제안한다고 설명한다.

그러나 AI의 예측 기능에 대해 회의적인 시각도 존재한다. 기술 연구 단체의 연구원 마이크 쿡은 "AI가 소송 결과를 예측하도록 훈련할 수는 있지만, 모든 변수를 포함하지 못해 편향된 결과가 나올 위험이 있다"라고 지적했다. 실제로 법적 데이터를 모두 AI에 제공할 수 없으므로 예측의 한계가 명확하다는 것이다.[12]

AI의 편향과 법적 불평등 문제

법적 예측 AI가 공정성에 미치는 영향도 논란의 대상이다. AI 윤리학자 오스 케예스는 소송 예측 AI가 부유한 고객에게만 유리한 결과를 제공할 위험이 있다고 경고하기도 했다.[13] 현재도 소송에서 경제력이 있는 측이 우위를 점하는데, AI 도입으로 이러한 불평등이 심화할 수 있다는 우려다.

기존에도 미국 법원은 AI 예측 도구의 편향성을 지적받아 왔다. 예를 들어, 범죄자 재범 가능성을 예측하는 AI 도구인 컴퍼스(COMPAS)는 아프리카계 미국인 피고인에게 불리한 결과를 제공한다는 비판을 받았다.¹⁴ 하버드와 매사추세츠 대학교의 연구진도 공공안전평가(PSA)가 피의자의 성별에 따라 다른 판결을 유도한다는 연구 결과를 발표했다.¹⁵

법적 예측 AI의 미래와 영향

일부 전문가들은 AI 기반 소송 예측이 법적 시스템 전체에 혼란을 가져올 수 있다고 우려한다. 쿡은 "미래에 AI가 과거 AI 예측을 기반으로 학습할 경우 결과가 왜곡될 수 있다"라고 밝혔다. 이는 단순한 민사 분쟁을 넘어 중요한 소송에까지 AI 예측이 확산되면 심각한 문제로 발전할 수 있다는 경고다.

AI 예측 기술이 기업 소송을 줄이고 비용을 절감하는 데 유용할 수 있지만, 동시에 법적 불평등을 악화시키는 원인이 될 수 있다. 전문가들은 이러한 기술 도입에 심층적인 사회적·윤리적 고민을 수반해야 한다고 강조한다.

사법 분야 AI 도입 가능성과 한계

호주 연방법원이 사람이 아닌 AI로 새로운 발명을 한 'AI 발명자'를 인정하면서 AI가 법정에서 그 역할이 더욱 커질 것이라는 점에서 주목받고 있다. 하지만 AI가 사법 체계에 적합한지에 대한 의문과 우려도 동시에 제기되고 있다.

에스토니아와 캐나다 등 일부 국가는 이미 소액 청구 사건에 AI를 시범적으로 적용하고 있다. 에스토니아에서는 소액 청구 분쟁에 AI 판사를 도입해 효율을 높였고, 캐나다의 브리티시컬럼비아주 역시 AI 기반의 '솔루션 익스플로러(Solution Explorer)' 시스템으로 소송 사전 안내, 청구 요건 검토, 정보 제공 등을 수행하고 있다.

AI 판사 도입에 대해 법조계의 입장은 엇갈린다. 호주의 한 연구원은 "AI는 편향된 판단을 배제할 수 있지만, 동시에 데이터 편향이나 부적절한 결과를 가져올 위험도 있다"고 지적했다. AI의 예측 기능이 일정한 도움을 줄 수 있지만, 기본적인 사법 가치인 공정성과 투명성 유지가 무엇보다 중요하다는 견해다.

법적 불평등 문제와 AI 판사의 한계

AI 판사가 본격적으로 도입되기에는 여전히 기술적·윤리적 장벽이 존재한다. 사법 전문가들은 AI가 사법 절차의 공정성, 공개성, 절차적 공평성 등을 충족하지 못할 수 있다고 경고한다. AI가 공정하고 투명하게 운영되는지 확인할 수 없다면 사법 체계에 도입해선 안 된다고 말한다. AI에 의한 비용 절감 효과가 있다고 해도 기본적인 정의의 원칙을 희생할 수 없다는 것이다.

그리고 AI의 예측 기능은 법적 불평등을 심화시킬 위험이 있다. 케예스는 "부유한 사람은 AI 예측 도구를 활용해 유리한 위치를 점할 수 있지만, 이는 경제적 자원이 부족한 사람에게 불리하게 작용할 것"이라고 지적했다.[16] 또 AI 판사의 결정이 기존 판례에 기반하므로 이러한 편향이 반복적으로 축적될 위험도 있다.

법정 내 AI의 활용 가능성과 윤리적 과제

AI가 법정에서 판사를 대체하는 것은 현재로선 불가능에 가깝지만, 행정적 지원에는 큰 도움이 될 수 있다. 뉴사우스웨일스 대학교의 리리아 모지스는 "AI는 판례를 예측하거나 손해배상 금액을 산정하는 등의 지원 역할을 할 수 있다"라고 말했다.[17] 예를 들어, 소송 과정에서 발생할 비용을 예측하거나 적절한 합의 방안을 제시하는 역할로 사법 절차의 효율성을 높일 수 있다는 것이다.

궁극적으로, AI는 예측 기능을 통해 법적 결정을 돕지만, 판단을 내릴 수는 없다. 모지스는 "사람들은 법정에서 진정한 판단을 기대하며, 단순한 데이터 기반 예측은 원하지 않는다"라고 말했다. 법조계는 AI 기술의 도입이 사법 절차를 보조하는 선에서 효율성을 높일 수 있다고 인정하면서도 AI 판사의 가능성에는 신중한 입장을 견지하고 있다.

AI 판사 대체, 편견 줄이고 공정성 높일까

새로운 연구에 따르면, 일부 사법 결정과정을 알고리즘으로 대체할 경우 판사들이 가진 편향을 줄이고 피고인에게 더 나은 결과를 제공할 수 있다. 특히 뉴욕시의 사전 구금 시스템 분석을 통해 판사들이 피고인의 재판 출석 위험을 잘못 예측하는 경향이 드러났다.[18]

이 연구는 알고리즘이 특정 사법 결정과정에서 편향을 줄일 가능성을 시사한다. 사법부는 종종 피고인의 보석 여부나 형량 결정을 내릴 때 예측에 기반한 판단을 하지만, 이러한 예측에 체계적인 오류가 포함될 수 있다고 연구팀은 지적했다.

연구자들은 146만 건 이상의 뉴욕시 사건 데이터를 활용해 약 75만 건의 사전 구금 결정이 판사들에 의해 어떤 방식으로 이루어졌는지 조사했다. 이 조사에서 피고인의 인종, 나이, 이전 기록 등과 관련해 판사들이 체계적인 예측 오류를 범하는 경향을 밝혀냈다. 연구 결과, 뉴욕시 판사 중 약 20퍼센트가 피고인의 사전 위법 가능성을 예측하는 데 체계적인 오류를 범하는 것으로 나타났다.

판사의 편향과 알고리즘 대체 효과

이 연구는 판사들이 내리는 보석 결정 중 약 32퍼센트가 피고인의 보석금 지불 능력과 실제 재판 출석 가능성에 부합하지 않는 경우를 포함한다고 지적했다. 특히 피고인의 인종과 나이를 고려했을 때 중간 정도의 예측 오류율은 약 30퍼센트에 달했고, 인종과 중범죄 여부를 고려할 때는 24퍼센트로 나타났다. 이 같은 예측 오류는 피고인에게 불이익을 줄 수 있는 정도였는데, 알고리즘을 활용하면 이러한 편향을 줄일 가능성이 있다.

연구팀은 알고리즘을 활용한 결정을 현장에 적용할 경우 사전 출석 실패율과 사전 구금률을 기준으로 최대 20퍼센트의 결과 개선이 있을 수 있음을 발견했다. 그러나 이와 같은 개선은 정책결정자의 목표에 따라 달라질 수 있다. 이에 참여한 한 연구자는 "인간 판사를 알고리즘으로 대체할 경우 예측 오류를 줄일 수 있지만, 이는 인간이 접근할 수 없는 정보를 알고리즘이 대신할 수 있을 때 가능한 일"이라고 말했다.

연구팀의 결론은 다음과 같았다. "알고리즘이 사법 결정과정에서 편향을 줄이는 데 긍정적 영향을 미칠 수 있지만, 알고리즘 적용이 전반적인 정의 구현에 미치는 영향을 신중히 고려해야 한다." 이 연구는 경제학적 측면에서 예측의 오류와 알고리즘 적용이 가져올 수 있는 잠재적 효과를 분석할 기회를 제공했다. 그러나 알고리즘이 피고인의 재판 출석 가능성을 객관적으로 예측할 수 있다 해도 이러한 기술이 궁극적으로 공정한 사법 절차를 대체할 수 있을지에 대한 논의는 여전히 필요하다.

중국, 법정에 AI 로봇 도입

중국은 법정에 AI 로봇을 도입해 사법 체계를 스마트화하고 있다. AI는 소송 지원과 증거 검토부터 범죄 예방까지 여러 방면에서 역할을 확장하고 있으며, 중국 법원은 이를 통해 업무 효율을 높이고 판사의 판단을 돕고자 한다.

중국 베이징 제1중급인민법원에 서 있는 '샤오파'는 법률 자문을 제공하는 AI 로봇이다. 샤오파는 4만 개가 넘는 소송 관련 질문에 답변할 수 있으며, 3만 개 이상의 법률문제를 처리한다. 현재 중국에는 100여 대의 AI 로봇이 전국 법원에서 사건 기록을 조회하고 판결문을 찾는 등의 업무를 지원하는데, 일부 로봇은 상업법이나 노동법 같은 특정 분야에 특화되어 있다.

중국 법원에서는 소셜미디어 댓글이나 메시지 같은 사적 데이터도 증거로 활용하는데, AI가 이를 분석해 재판 자료로 제출하고 있다. 또 교통경찰은 안면인식 기술로 교통 위반자를 식별하고 처벌을 내린다. 그러나 이러한 기술 활용은 이제 시작에 불과하다는 평가다.

AI 판사가 가능할까

중국은 민법 체계를 바탕으로 사건의 판례로 판결하는데, 연간 1900만 건의 사건을 약 12만 명에 불과한 판사가 처리한다. 영국의 한 법률 회사는 이러한 상황이 AI 도입을 가속화했다고 분석했다. 중국 대법원은 빅데이터, 클라우드 컴퓨팅, 신경망, 머신러닝 기술 등을 활용해 판결을 지원하는 시스템을 구축하겠다고 밝혔다.

이미 중국은 '인텔리전트 트라이얼 1.0(Intelligent Trial 1.0)'이라는 프로그램으로 전자 법정 자료 작성과 사건 검토 지원을 제공함으로써 판사의 업무 부담을 줄이고 있다. 하지만 AI가 판사를 대체하는 것이 아닌, 판사의 결정을 보조하는 데 중점을 두고 있다. 중국 최고인민법원장 저우창은 "AI는 판사에게 풍부한 자료를 제공할 수 있지만, 판사의 전문성을 대체할 수는 없다"라고 강조했다.

편향 제거와 AI 감시 문제

AI는 판결에서 인간의 편견을 배제할 가능성이 있다. 재판에서 성별, 인종 등 법적 고려 사항이 아닌 이러한 요소를 배제해 더 공정한 판단을 내릴 수 있다는 것이다. 또 보석 여부나 형량을 결정할 때도 AI는 증거 기반 분석을 통해 재범 가능성을 평가해 주관적인 판단 대신 객관적인 결정을 내릴 수 있다는 것이다.

그러나 AI의 판단을 어떻게 감시하고 오류를 검증할 것인지에 대한 논의도 필요하다. 일부 전문가들은 AI가 인간 개발자나 학습 데이터의 편향을 학습할 가능성을 경고하고 있다.

범죄 예방과 미래 전망

AI는 판결 이전에 범죄 분석에도 기여할 수 있다. 예를 들어, '발크리(VALCRI)'라는 AI는 범죄 수사 자료를 분석해 인간이 놓칠 수 있는 단서를 찾아내고 사건 간 연관성을 파악한다. 전 법무부 수장이었던 멍젠주는 중국 정부가 머신러닝과 데이터 모델링을 활용해 범죄 발생 지역과 상황을 예측할 것이라고 밝히면서, AI의 정밀성과 속도가 사회 관리의 효율성을 크게 높일 것이라고 강조했다.

법률 분야에서 AI의 역할이 확대되는 가운데 이를 어떻게 규제하고 감독할지에 대한 논의는 여전히 진행 중이다. 법적 판례는 사회적 기준을 설정하는데, AI 판사가 실현되는 시점에 법률 시스템이 어떤 방향으로 나아갈지 주목된다.[19]

법원과 정보기술

법을 집행한다는 것은 개별 사건에서 정의를 실현하는 것을 의미한다. 더욱 광범위하게 사법부는 사회에 기준을 제시하는 그림자 기능도 수행한다. 그러나 이러한 주제에 상관없이 법원과 판사의 업무는 정보를 처리하는 것이다. 당사자는 법원에 정보를 가져오며, 절차 과정에서 변형이 일어나기도 하지만 그 결과 역시 정보가 된다.

이러한 정보 처리가 모두 당사자가 직접 해결해야 하는 복잡한 것이 아니다. 기본 판결과 부적합 판결문이 일상적으로 작성되는 경우가 많으며, 많은 사건은 심리 없이 간단한 평가로 해결되고, 일부 사건은 합의가 이루어지기도 한다. 사법부가 처리해야 하는 사건 중 극히 일부만이 복잡하고 모순되는 사건이다.[20] 모든 사건에 대해 처리 과정과 정보기술의 필요성이 동일하지 않다는 점은 아무리 강조해도 지나치지 않다.

행정 및 민사 사건에서 사건 처리방식은 주로 사건 정보의 복잡성과 결과의 예측 가능 정도에 따라 달라진다. 비교적 높은 비율의 일상적인 사건은 결과를 예측할 수 있다. 이 경우 법원 판결문은 제공된 데이터를 기반으로 거의 자동화된 처리방식으로 작성되는 문서가 된다. 판결문은 강제 집행을 위한 이유를 제공한다. 법원은 주로 소송 당사자가 데이터를 디지털로 제공하는 디지털 서류를 받으므로 수작업으로 다시 입력할 필요가 없다. 또 결과를 예측할 수 있는 경우 그 결과가 대체로 또는 완전히 확실하므로 AI를 사용하여 사건 처리를 부분적으로 또는 대부분 자동화할 수 있다.

가정 및 고용 문제에서도 일상적인 사건의 비중이 상당히 크다. 판사는 민법 공증인과 유사한 기능을 통해 당사자들이 제안한 합의가 법적으로 유효한지 평가한다. 네덜란드에서는 이혼뿐만 아니라 친권자 지정이나 고용 계약 해지 등 다양한 사안이 이에 해당한다. 여기에서도 판결문은 대부분 자동으로 작성되는 문서로, 제안된 합의가 법률을 준수하는지 확인한다. 이와 함께 디지털 파일링 및 처리방식 자동화가 주요 정보기술 요구사항이다. 또 스마트 파일링 포털은 당사자가 최선의 방법으로 소송을 법원에 제기하는 데 도움이 될 수 있다.

한편, 법적 합의는 일상적이지 않은 사건에서 정기적으로 이루어진다.

합의를 이끌어내기 위해 당사자의 관점을 분석하고 당사자의 입력 정보를 바탕으로 최적의 결과를 제시할 수 있는 소프트웨어가 있다. 합의가 이루어지지 않는 경우에만 엄격한 의미에서 법원 절차의 최종 결과물인 판결이 내려진다.

형사 사법 시스템에서 일상적인 사건은 일반적으로 검찰청에서 처리하고, 판결이 필요한 사건만 법원 재판에 회부한다. 비교적 간단한 사건부터 매우 복잡한 사건까지 다양한 사건이 회부된다. 판사나 재판부가 판결을 내려 사건을 종결해야 하는 복잡한 사건에서 정보기술의 필요성은 주로 법률 자료에 쉽게 접근할 수 있는 지식 시스템과 방대한 정보를 접근할 수 있는 방식으로 제시하는 디지털 사건 파일로 구성된다. AI도 정보기술이며, 따라서 AI는 사건마다 다른 용도로 사용될 수 있다.

AI는 법원에 어떤 도움을 줄 수 있나

AI는 다양한 요구사항을 충족하기 위해 여러 방식으로 유용하게 사용될 수 있다. 법원을 위한 AI 이야기는 많다. 더 공정한 판결을 내릴 수 있고, 인간 판사와 달리 AI는 피로해하지 않고 기능할 수 있다는 주장도 있다.[21] 이는 대부분 추측에 불과하다. 로봇은 이미 판단할 수 있는 능력을 갖춘 것인가? 이에 대해서는 아직 의견이 분분하다.

정보 정리

텍스트 문서와 파일의 패턴을 인식하는 것은 많은 양의 사건을 분류하거나 많은 정보가 포함된 복잡한 사건에서 유용할 수 있다. 미국의 한 예로 법원 절차가 시작되기 전 증거 개시를 위해 전자 정보를 자동으로 조사하는 이디스커버리(e-discovery)를 들 수 있다. 이디스커버리는 대량의 정보에서 관련 부분을 추출할 수 있는 최적의 알고리즘이 무엇인지 훈련을 통해 학습하는 머신러닝 AI를 사용한다. 당사자들은 어떤 검색어와 코딩을 사용할지 합의하고 판사는 합의를 평가하고 확인한다. 이는 미국과 영국 법원에서 인정하는 문서 조사 방법이다. 이 방법은 수작업으로 파일을 조사하는 것보다 빠르고 정확하다.

조언(자문)

조언을 할 수 있는 AI는 문제에 대한 해결책을 찾고 있으나 아직 무엇을 할 수 있는지 모르는 사람과 잠재적 소송 당사자에게 유용할 수 있다. 자문 AI는 법률 전문가에게도 유용할 수 있다. AI는 관련 정보를 찾을 뿐만 아니라 질문에 대한 답변도 제공한다. 물론 사용자는 조언에 따라 행동할 것인지를 스스로 결정한다. 자문 기능은 사람들이 더 많은 문제를 스스로 해결하도록 도와 분쟁이나 법정 소송을 예방하고 줄일 수 있다. 조언이 충분하지 않다면 해결책을 찾는 데 추가적인 도움을 받을 수도 있다. 요청이나 소환 등 사법적 검토가 필요한 해결책을 수립하는 데 도움을 주면 판사의 판단이 훨씬 빠르고 간단해질 수 있다.

캐나다 브리티시컬럼비아주의 민사해결재판소(CRT)에서 이 기능을 실제로 사용한 사례가 있다.[22] CRT는 보조금 주택 등 민사 관련 분쟁을 처리하기 위해 설립되었는데, 그 성과가 입증되자 관할권이 점차 확대되어 2019년 4월에 물리적 다툼으로 인한 개인 상해가 관할권에 추가되었다. CRT는 무료 공공 법률 정보 및 계산 보조 도구가 포함된 해결책 탐색기를 연중무휴로 24시간 제공한다. 그 탐색기에는 안내 경로, 대화형 질문과 답변, 분쟁 해결 또는 소송 준비에 관한 정보가 있다. 그리고 3개월마다 업데이트되는 특수 목적의 전문가 시스템이 있다. 업데이트는 사용자 피드백과 시스템에 대한 분석 데이터를 기반으로 여전히 사람인 전문가가 수행한다. 따라서 아직 '진짜' AI는 아니다.

네덜란드의 이스트브라반트 지방법원은 틸뷔르흐 대학교, 에인트호번 공과대학교, 히에로니무스 데이터 과학 아카데미(JADS) 등과 협력하여 교통위반 행정 처리의 틀 안에서 시민이 법원에 항소하는 교통위반 사건에 대한 AI의 가능성을 연구하고 있다.[23] 이 연구는 판사가 이러한 사건을 준비·결정하는 데 도움이 되는 도구의 개발을 목표로 하고 있다. 이 연구는 이스트브라반트·제일란트·웨스트브라반트 지방법원과 항소를 다루는 아른험과 레이우아르던에 있는 항소법원의 데이터를 활용한다.

예측

법원 판결을 예측할 수 있다는 AI가 많은 관심을 끌고 있다. 이에 대한 일반적인 영어, 미국식 용어는 '예측적 정의'다. 이 용어는 예측 알고리즘의 결과가 정의도 아니고 예측도 아니므로 논쟁을 불러일으켰다. '예측'이라는 용어가 현재의 논쟁을 반영하는 더 정확한 설명이다. 결과는 확립된 사실이라기보다는 일기예보와 비슷해 보인다. 날씨와 마찬가지로 법정 소송에서도 예측할 수 없는 결과가 벌어질 가능성이 있다. 사건이 더 많은 정보와 더 많은 쟁점으로 복잡해지면 그 가능성은 더욱 커진다.

이러한 위험을 줄일 수 있다고 주장하는 AI에 관심이 높은 이유 중 하나다. 미국에서는 다양한 예측 도구가 상업적으로 제공되고 있다. 이러한 도구의 작동 방식은 사업상의 기밀이므로 어떻게 작동하는지 알 수 없다.

하지만 비상업적으로 사용되는 애플리케이션이 몇 가지 있으며, 그 작동 방식에 대해 어느 정도 파악하고 있다. 예를 들어, 미국의 어느 학자 그룹은 미국 연방대법원의 사건 결과를 70.2퍼센트의 정확도로, 개별 판사의 투표 행동을 71.9퍼센트의 정확도로 예측할 수 있다고 주장하는 머신러닝 애플리케이션을 개발했다.[24] 이 애플리케이션은 사건에 대한 정보 외에도 개별 판사의 정치적 선호도와 과거 투표 행동에 대한 정보를 사용한다.

가장 광범위하게 알려진 애플리케이션은 유럽인권재판소의 판결을 예측할 수 있다고 주장하는 애플리케이션이다. 이 도구는 자연어 처리와 머신러닝을 사용해 특정 상황에서 유럽인권재판소가 유럽인권협약(ECHR)의 특정 조항 위반 여부를 어떻게 판결할지 예측한다. 이 도구는 이전 판결의 정보를 이용해 작동한다. 이 AI는 79퍼센트의 정확도를 자랑하며, 이 AI가 처리하는 자료는 이미 많은 '복잡성 감소' 단계의 결과물이다.[25]

대부분의 ECHR 사건은 등록소, 위원회 또는 한 명 이상의 판사가 있는 재판소에서 처리한다. 이 연구는 ECHR의 온라인 데이터베이스인 HUDOC(Human Rights Documentation)의 판결만 사용했으며, 불허 요청으로 인한 사건은 포함하지 않았다. 중요한 점은 판결문의 텍스트가 판결의 정당성을 제공하기 위해 작성되었다는 것이다. 연구팀은 법원이 제시한 사건의 사실관계가 사건의 결과를 가장 강력하게 나타내는 지표라는 점에 주목했다. 그들은 이 AI가 텍스트 문서의 패턴을 인식해 판결 방향을 빠르게 파악할 수 있으므로 판사에게 유용한 보조 수단이라고 생각한다.

형사사건에서 재범 가능성을 예측하는 것은 미국에서 AI를 활용한 또 다른 실제 사례로 알려졌다. 미국 일부 주의 형사 판사가 피고인 또는 유죄판결을 받은 사람의 재범 위험을 평가하고 재판 전 구금, 선고 또는 조기 석방을 결정할 때 실제로 사용하는 도구인 교정 범죄자 관리 프로파일링 컴퍼스(COMPAS)가 바로 그것이다. COMPAS 같은 도구 사용에 찬성하는 사람들은 이 도구가 재범 위험을 더욱 객관적으로 평가할 수 있어 구금되는 사람의 수를 줄일 수 있다고 말한다. 미국은 다른 어떤 나라보다 훨씬 더 많은 사람을 구금하고 있으며 이는 여러 가지 이유로 바람직하지 않다.

COMPAS는 범죄 기록 데이터와 "배고픈 사람은 도둑질해도 될까? 매우 동의하지 않는다, 동의하지 않는다" 등과 같은 질문을 포함한 137개 문항의 설문지를 사용한다. 그러나 이 도구에는 결함이 있다. 이 도구는 과거의 데이터를 사용해 백인 미국인에 비해 아프리카계 미국인 피고인의 재범률을 체계적으로 과대평가하는 것으로 나타났다.

법원 실무에서의 AI: 윤리적 원칙

기술 자체도 중요하지만, 실제로 기술을 어떻게 사용할 수 있고 어떻게 사용해야 하는지는 여전히 논쟁거리다. 이미 전기전자기술자협회(IEEE), EU, 유럽평의회 등 25개 이상의 문서에서 AI 사용에 대한 윤리적 원칙을 제시하고 있다. 유럽평의회 사법효율성위원회(CEPEJ)도 이 문제를 다루고 있다. CEPEJ의 '사법의 질에 관한 실무 그룹(GTQUAL)'은 사법 행정에서 AI를 사용하기 위한 윤리적 원칙을 개발했으며, CEPEJ는

2018년 12월에 이를 채택했다.[26] 이 다섯 가지 '윤리 원칙'은 여기저기서 겹치기 때문에 엄격하고 체계적인 방식으로 다루기에는 조금 문제가 있다는 지적도 있다.

    1) 기본권 존중: AI 서비스 및 도구의 설계와 구현이 개인정보 보호, 평등한 대우, 공정한 재판 등과 같은 기본권과 양립할 수 있도록 한다.

    2) 동등한 대우: 개인과 개인 집단 간의 차별을 피한다. COMPAS의 예는 개인과 집단 간의 차별과 부당한 구별이 실제 위험하다는 것을 보여준다. 알고리즘이 사용하는 데이터가 원인이 될 수 있으며, 알고리즘 자체에 편견이 내재되어 있을 수도 있다.

    3) 데이터 보안: 사법적 결정과 데이터를 처리할 때는 안전한 기술 환경에서 다학제적으로 설계된 모델과 함께 변경할 수 없는 인증된 출처와 데이터를 사용해야 한다.

    4) 투명성: 데이터 처리 방법은 투명하고 이해하기 쉬워야 하며, 외부 감사를 허용해야 한다. 투명성 요건은 이제 판례로 확립되었다. 알고리즘 사용자는 선택 사항과 사용된 데이터 및 가정을 완전하고 시의적절하며 적절한 방식으로 공개하여 제3자가 이러한 선택 사항, 데이터 및 가정에 접근할 수 있도록 해야 한다. 이러한 완전하고 시의적절하며 적절한 공개는 선택 사항과 사용된 데이터, 추론 및 가정을 평가할 수 있도록 한다. 또 이러한 선택 사항, 데이터, 추론 및 가정에 근거한 결정에 대한 효과적인 법적 보호를 보장하고 법원의 사법적 검토 가능성을 확보할 수 있도록 해야 한다.

    5) 사용자가 통제하는 AI: 알고리즘은 처방책으로 사용될 수 없다. 즉 컴퓨터는 어떤 것도 처방하지 않으며 스스로 결정할 수 없다. 사용자는

AI가 무엇을 하는지 알고 이해해야 하며, 사용자가 AI의 선택을 통제할 수 있어야 한다. 즉 사용자는 알고리즘의 결과에서 어려움 없이 벗어날 수 있어야 한다.

여러 국가 법원의 사례

위스콘신주 대법원의 루미스 사건에서는 인간의 통제권이 쟁점이었다.[27] 이 사건의 쟁점은 다음과 같다. 1) COMPAS 같은 도구의 위험 평가 결과를 사용하는 것이 영업 비밀인 경우에 비밀 조작으로 인해 피고인이 위험 평가의 정확성과 과학적 가치를 테스트할 기회를 박탈당하므로 피고의 공정한 재판을 받을 권리를 침해하는지 여부, 2) 재발 위험 평가에 성별과 인종이 포함되어 있으므로 이러한 위험 평가에 의존하는 것이 공정한 재판을 받을 권리를 침해하는 것인지 여부.

위스콘신 대법원은 루미스의 이의 제기를 기각했지만, 판사가 COMPAS를 어떻게 사용했는지에 대한 이유를 제시해야 한다고 판결했다. 이 사건은 미국 연방대법원에 회부되었으나, 대법원은 사건을 심리하지 않기로 결정했다.

네덜란드 국무원은 좋은 협업 체계의 원칙, 특히 합리적 결정의 원칙과 실사 원칙을 디지털화의 맥락에서 더욱 엄격하게 해석해야 한다고 권고했다.[28] 이는 무엇보다도 어떤 결정 규칙(알고리즘)이 사용되었고 어떤 데이터가 다른 행정기관에서 복사되었는지 판결문에 설명해야 한다는 것을 의미한다. 이를 통해 자동화 및 연쇄 의사결정에서 시민의 입지가 강화될 것이다. 자동화 결정에 대한 이의 제기 단계에서는 맞춤형 및 인간적 재검토가 권장된다.

한편, IT에 맹목적으로 의존할 때 어떤 일이 벌어질 수 있는지는 영국 법원의 사례를 통해 알 수 있다.[29] 영국에서는 비교적 간단한 IT를 활용해 유지 소송에서 (전) 배우자의 재정 능력을 결정한다. 당사자가 PDF 양식을 작성하면 IT 부서가 그 결과를 계산한다. 그런데 사소한 실수로 2011년 4월부터 2012년 1월까지, 그리고 2014년 4월부터 2015년 12월까지 3,638건에서 잘못된 계산이 이루어졌다. 부채가 공제되지 않고 자산에 추가하여 산정된 자산이 너무 많았다. 계류 중인 사건에서는 이를 수정할 수 있었지만, 2,200건 이상의 사례에서 잘못된 결정이 내려졌고 이를 준수한 것으로 추정되었다.

결론적으로 AI는 법원과 판사뿐만 아니라 사건의 당사자와 정의를 추구하는 개인에게도 다양한 기능을 제공할 수 있다. 지금까지 가장 성공률이 높은 기능은 대량의 정보를 구조화하는 것으로, 이를 통해 사법 행정의 효율성을 높일 수 있다. 자문과 예측은 아직 많은 의문이 제기되는 기능이다. 판사가 AI 결과를 판결에 활용하면서 그 이유를 제시한다면 현실에서는 이를 인정하고 있지만, AI를 법원에 유용하게 활용하려면 몇 가지 조건이 있다.

법원에서 AI를 유용하게 사용하려면

유럽인권협약 제6조와 그에 따른 윤리 지침은 적절한 절차에 대한 기준을 제시한다. 이 기준에 따르면, 무엇보다도 투명한 절차, 소송 당사자의 평등, 근거에 입각한 판단이 필요하다. 따라서 사법 복잡성 감소 효과가 입증되고 투명해야 하며, 소송 당사자에게 공평한 경쟁의 장을 제공해야 한다.

AI가 법률 정보를 효과적으로 처리할 수 있으려면 먼저 법률 정보를 기계가 처리할 수 있도록 만들어야 한다. 이는 유럽인권협약 제6조에 따라 AI가 작동하려면 다음과 같은 조건이 충족되어야 한다는 의미이기도 하다. 법적으로 잘못된 결정 같은 잘못된 데이터는 AI 결과의 품질을 떨어뜨린다는 사실은 오래전부터 알려져 왔다. 그러나 정확한 데이터만으로는 충분하지 않다. 변호사와 판사의 텍스트 중심 행동을 외부 관점에서 계산하는 자연어 처리를 통한 텍스트 인식으로 그 패턴을 인식할 수 있다. 통계적 관계와 같은 패턴만으로는 판결을 입증하기에 충분하지 않다. AI가 법률 정보를 처리하고 이해할 수 있으려면 해당 정보를 구조화하고 법적 의미를 부여하는 등 정보를 보강해야 한다.[30]

현재로서는 이러한 구조화와 의미를 판결문(텍스트 문서)이 작성된 후에 추가할 수 있다. 법원 판결문과 같은 법률 정보를 가독성, 문서 구조, 식별 코드 및 메타데이터를 모두 갖춘 상태로 게시 전에 기계 처리할 수 있게 되면 AI를 훨씬 더 효과적으로 활용할 수 있다. 구조화된 용어와 정의된 관계의 형태로 법적 의미를 추가하면 법원 절차에서 AI의 효율성이 더욱 높아질 것이다.

또한 AI가 작동하려면 충분한 데이터가 필요하다. 만약 AI가 고양이를 제대로 식별하고 판단하기 위해 10만 장의 고양이 사진이 필요하다면, 법률적 사안을 제대로 판결하려면 얼마나 많은 데이터가 필요할까? 그렇게 많은 판결을 내릴 수 있는 관할권은 거의 없다. 게다가 판결에는 거의 항상 실체적 문제뿐만 아니라 절차적 문제에 관한 결정도 포함된다. 그리고 실체적 결정이 항상 '예/아니요'로 결정되는 것도 아니다.

AI가 합리적으로 신뢰할 수 있는 결론에 도달하려면 얼마나 많은 '예/아니요'의 결정을 내려야 할까? AI는 어떻게 그 결과에 도달했는지 설명할 수 있어야 한다. 이는 처리 과정에 대한 설명일 수도 있지만 실질적인 설명일 수도 있다. 일반적으로 AI는 기술적으로 현재 인간에게 필요한 종류의 설명을 할 수 있지만, 실제로는 인간이 AI보다 더 쉽게 설명할 수 있는 측면도 있다.

AI를 법원에서 실제로 유용하게 사용하려면 아직 해결해야 할 일이 많다. AI는 결과가 어떻게 나왔는지 설명할 수 있어야 하고, 사법부는 정보를 디지털화하여 법률 해석을 제공해야 한다. 판사 및 AI와 함께 일하는 다른 사람들도 AI의 작동 방식을 이해해야 한다. 윤리 지침은 기관과 법원의 업무 처리방식에서 작동하도록 구현되고 만들어져야 한다. 누가 어떤 결정을 내릴 권한이 있으며, 누가 규정 준수를 모니터링할 것인가?

앞에서 든 여러 사례는 모든 단계에서 인간의 통제가 필요하다는 것을 보여준다. 우선, 인간 사용자는 AI가 무엇을 해야 하는지와 어떻게 측정하고 평가할 것인지 결정해야 한다. 그리고 AI가 제대로 작동하는지 확인하는 지속적인 테스트가 있어야 한다. 또 시스템은 쉽고 강력하게 조정할 수 있도록 설계되어야 하며, 지속적인 감사가 필요하다.[31] 나아가 그러한 감사는 독립적인 사법부 내에서 이루어져야 하지만, 굳이 외부 감사가 적절할지를 따진다면 외부 감사를 통해 사법부가 더 투명해질 수 있다고 확신한다.

AI 변호사

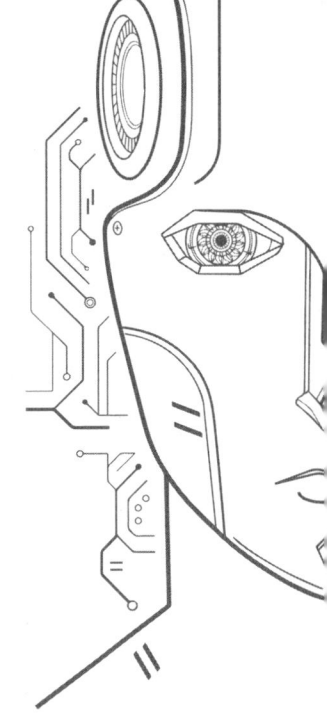

AI가 변호사를 대체할까

AI는 이미 일상생활뿐만 아니라 다양한 산업에 영향을 미치고 있다. 특히 법률업계에서 AI는 문서 관리, 법률 분석, 청구서 발행 등 반복적인 업무를 자동화하고 변호사가 시간과 비용을 절약할 수 있게 돕고 있다.

이처럼 법률업계에서 AI 도입은 효율성과 생산성을 높이는 동시에 변호사가 윤리적 의무를 지킬 수 있도록 돕는다. 즉 AI는 반복적인 법률 조사와 문서 분석 시간을 단축해 변호사가 더 많은 고객을 돕고 주요 법률 업무에 집중할 수 있게 한다. 전문가들은 AI가 사람의 업무를 대체하는 것이 아니라 지원하는 도구로, 특히 법률 서비스의 질을 높일 수 있다고 생각한다.

이처럼 AI와 머신러닝은 법률업계뿐만 아니라 다양한 산업에서 효율성을 극대화하고 있으며, 이를 활용하면 더욱 고객 중심의 서비스를 제공할 수 있다. 기술에 대한 두려움을 넘어서 AI가 제공하는 자동화의 이점을 적극적으로 활용할 필요가 있다.

오해 1: AI가 변호사를 대체할 것인가? 아니다

변호사가 AI로 대체된다는 것은 대표적인 두려움이지만 현재로서는 뚜렷한 근거가 없다. AI는 변호사를 대체하기보다는 변호사 업무의 특정 측면, 일반적으로 가장 일상적인 업무를 자동화할 것으로 보인다. 결과적으로 변호사는 다른 업무와 성과에 더 많은 시간을 할애할 수 있게 될 것이다. 즉 변호사의 업무는 더 많은 AI 기능이 도입됨에 따라 계속 진화하고 변화하겠지만 절대 사라지지 않을 것이다.

그렇다고 변호사가 법률 AI를 무시해야 한다는 말은 아니다. AI가 변호사를 대체하지는 못하지만, 법률 AI를 사용하는 변호사는 혁신적인 기술이 제공하는 생산성 및 효율성 향상 덕분에 그렇지 않은 변호사를 대체하게 될 것이다.

오해 2: AI는 구현하기 어렵다? 아니다

AI는 학습해야 하지만 이를 위해서는 훈련이 필요하다. 일반적으로 이 작업은 대규모 데이터 풀, 시간, 전문 기술력이 필요한 엄청난 작업이다. 이제 업계는 구조적으로 성숙해졌다. 이러한 작업 대부분은 기술 공급 업체에서 미리 수행하므로 기술이 구현되면 바로 사용할 수 있다. 예를 들어, 계약서 검토용 AI에는 법률 지식 라이브러리가 탑재되어 며칠 내에 바로 실무에 이용할 수 있다.

오해 3: AI와 머신러닝은 서로 바꿔서 사용할 수 있다? 그렇지 않다

많은 사람이 AI와 머신러닝을 같은 의미로 사용하지만, 엄밀히 따지면 다른 개념이다. AI는 컴퓨터가 인간의 지능을 학습하고 모방할 수 있도록 하는 광범위한 기술을 포괄하는 개념이다. 이러한 기술에 머신러닝, 자연어 처리 등이 포함된다. 머신러닝은 일상생활에서 가장 자주 접하는 AI 기술 중 하나이기 때문에 이 두 용어가 혼용되지만, 이는 잘못된 용어 사용이다. 머신러닝은 자동화된 법률 계약서 검토를 가능하게 하는 AI 도구에 필수적인 요소다.

오해 4: AI는 대형 법무 부서만 사용할 수 있다? 아니다

AI 초창기에는 진입 장벽이 조금 있었지만, 이제는 누구나 합리적인 가격으로 AI 솔루션을 이용할 수 있는 시대가 되었다. 특히 AI 제공업체가 조직의 규모에 맞게 확장할 수 있는 솔루션을 제공하는 경우 더욱 그렇다. 올바른 AI 솔루션은 가장 규모가 작은 법무 부서에도, 가장 규모가 큰 글로벌 기업에도 똑같이 잘 작동한다.

오해 5: AI는 너무 많은 교육이 필요하다? 아니다

AI는 업무량을 줄이는 것이지 업무를 늘리는 것이 아니다. 많은 사람이 AI를 도입하면 기술을 수정하거나 사용법을 배우는 데 너무 많은 시간을 투자해 부서의 업무가 늘어날 것이라고 걱정한다. 다행히도 이러한 우려는 현실로 나타나지 않았다.

연구에 따르면, 계약서 검토에 AI를 사용할 때 평균적으로 사용자의 생산성이 51퍼센트 향상되는 것으로 나타났다. AI에 대한 경험이 많을

수록 생산성은 더욱 향상될 수 있다. 또한 AI가 주류로 자리 잡으면서 AI 솔루션은 교육이 훨씬 덜 필요하고, 수정이 훨씬 적으며, 광범위한 교육 없이도 훨씬 쉽게 사용할 수 있다.

법률 분야에서의 AI 활용 가능성

기계가 인간의 업무를 대체해 온 역사는 길다. 그러나 창의적 사고, 문제 해결, 인간 경험에 기반하여 직관이 필요한 분야는 여전히 인간의 몫이다. 최근 법률 분야에도 AI가 적용되면서 "AI가 변호사를 대체할 수 있는가"라는 질문이 제기되고 있다.

법률 전문가들은 AI가 법률 분야에서 인간 변호사의 역할을 대체할 수 있는지에 대해 다양한 시각을 보인다. AI는 방대한 데이터를 학습하여 효율성을 극대화할 수 있지만, 복잡한 법적 판단을 수행하기에는 한계가 있다는 의견도 만만치 않다. 이들은 AI가 '언캐니 밸리(uncanny valley)' 효과, 즉 AI가 지나치게 인간처럼 보일 때 불쾌감을 느끼는 심리적 현상을 일으킬 수 있다고도 우려한다. 즉 AI 변호사가 인간 변호사의 업무를 수행할 때 거부감을 일으킬 수 있다는 것이다.

법률 AI는 '실망의 계곡(trough of disillusionment)'에 빠진 것으로 보이기도 한다. 정보기술 연구 및 자문 회사인 가트너가 고안한 기술 발전의 하이프 사이클(Hype Cycle)에 따르면, 새로운 기술이 초기 기대에 부응하지 못해 실망의 계곡에 진입하는 단계가 있다. 몇몇 법률 전문가는 법률 AI의 가능성에 대한 기대가 높았으나 실제 적용 사례에서 충분한 결과를 얻지 못해 실망의 계곡에 진입했다고 분석했다.

그렇지만 AI는 법률 업무에서 단순 반복 업무를 대체할 잠재력을 가지고 있다. 예를 들어, AI는 재범 가능성이나 보석 여부를 예측하는 데 활용될 수 있으며, 이 과정에서 인간이 가진 편향을 제거해 공정성을 높일 가능성이 있다.

AI와 인간 변호사의 공존 가능성

AI는 방대한 데이터를 통해 법적 작업을 자동화하는 데 탁월하지만, 인간 변호사가 지닌 '왜'라는 질문에 대한 답을 찾는 능력은 부족하다. AI는 규칙을 따르며 정해진 작업을 수행하는 데 유능하지만, 법률 분야에서 중요한 것은 사실의 판단과 사례의 맥락을 고려한 인간의 직관이다. 현재의 AI는 인간처럼 '왜'라는 질문을 할 수 없으므로 법률적 해석에서 인간이 지닌 의미 깊은 역할을 대신할 수는 없다.

AI의 발전 가능성은 무궁무진하지만, 완전한 변호사 역할을 대체하기 위해서는 아직 기술적·윤리적 장벽이 남아 있다. 그러나 AI가 법률 분야에서 인간을 보조하며 효율을 높이고 있는 지금, AI와 인간 변호사의 공존 가능성은 분명한 미래로 다가오고 있다.

AI, 법률 서비스 혁신의 핵심으로 부상

AI가 법률 분야의 작업 방식을 근본적으로 변화시키고 있다. AI를 효과적으로 활용하는 로펌은 비용 절감, 효율성 향상, 유리한 소송 결과 등으로 경쟁력을 높일 수 있지만, AI 도입에 소극적인 로펌은 경쟁에서 뒤처질 가능성이 크다.

AI 기술, 특히 GPT-3와 GPT-4 같은 대규모 언어 모델의 등장으로 변호사가 수행하던 고도의 글쓰기와 법률 검토 작업이 자동화할 수 있게 되었다. 이로써 법률 서비스 제공의 효율성과 정확성이 크게 향상되었으며, AI 기술을 도입한 로펌은 더 빠르고 저렴하게 서비스를 제공할 수 있다. 소송을 준비하는 과정에서 대량의 문서를 검토하거나 법적 논점을 정리하는 데 시간을 단축할 수 있는 AI는 효율성을 획기적으로 개선할 수 있다.

AI는 특히 소송 절차에서 계약서 작성, 서류 제출, 법적 해석 작성, 고객 커뮤니케이션 자료 정리, 법원에서 사용할 시각 자료 생성 등에서 매우 유용하다. 일부 AI 시스템은 재판 중 실시간으로 대화 내용을 분석해 변호사가 증인에게 효과적인 질문을 할 수 있도록 도울 수도 있다.

법률 기술 스타트업의 성장

AI를 통한 법률 지원의 가능성이 열리면서 법률 기술 스타트업 생태계도 급성장하고 있다. 예를 들어, '카스텍스트(Casetext)'는 AI 법률 비서 '코카운슬(CoCounsel)'을 개발해 변호사가 필요한 정보를 간편하게 요청할 수 있는 시스템을 제공하고 있다. 이러한 스타트업은 AI 기반의 법률 지원 도구를 개발해 변호사가 더 쉽게 정보를 검색하고 사건 관련 문헌을 분석할 수 있도록 돕는다. 이렇게 AI가 법률 서비스를 자동화하는 데 큰 가능성을 보이지만, 이를 성공적으로 활용하려면 새로운 기술적·윤리적 규범이 필요하다.

변호사에게 필요한 새로운 기술 역량

AI 기술을 효과적으로 활용하려면 변호사는 새로운 역량을 갖추어야 한다. 변호사에게는 AI 도구를 적절히 선택하고, 질문을 구성하고, 결과물의 품질과 정확성을 평가하는 등의 기술이 필요하다. 또한 AI 도구를 사용할 때 기밀성을 보호하기 위한 철저한 주의도 필요하다. 이를 위해 로펌은 변호사 교육을 강화할 필요가 있으며, 법학 교육 과정에도 AI 사용 지침을 포함해야 한다.

법률 서비스의 접근성 확대

AI는 법률 서비스의 접근성을 크게 확장할 수 있다. 높은 비용 때문에 법적 지원을 받기 어려운 개인과 소기업이 AI의 도움으로 법적 절차를 더 저렴하게 이용할 수 있다. 이러한 변화는 법률 시장의 문턱을 낮춰 다양한 계층의 사람이 공평하게 법적 지원을 받을 수 있게 돕는다. 하지만 비용이 낮아지면서 자동화된 법적 청구가 남발될 위험성도 존재한다. 이를 방지하기 위해 악의적 소송 방지법 같은 법적 조치가 필요할 수도 있다.

AI와 인간의 공존

AI가 법률 업무에 많은 도움을 줄 수 있지만, 법률 분야에서 인간 변호사의 역할은 여전히 중요하다. AI는 배심원단을 설득하거나 고객과의 관계를 구축할 수 없다. 전략적 결정에도 인간의 판단이 필요하다. AI의 발전으로 법률 서비스가 변화하고 있지만, AI에 지나치게 의존하는 것도, 반대로 무시하는 것도 위험하다. AI와 인간의 조화는 법률 서비스의 미래를 위해 진지하게 고민해 봐야 할 중요한 요소다.

|주|

1 AI 민주주의

1   Anthony Grayling and Brian Ball. "Philosophy is crucial in the age of AI." *The Conversatiom*.
2   John McCarthy. "The Philosophy of AI and the AI of Philosophy."
    http://jmc.stanford.edu/articles/aiphil2/aiphil2.pdf.
3   IBM. "What is AI ethics?"
    https://www.ibm.com/think/topics/ai-ethics
4   Morgan Sullivan. "Key principles for ethical AI development."
    https://transcend.io/blog/ai-ethicss
5   UNESCO. "Artificial Intelligence: examples of ethical dilemmas."
    https://www.unesco.org/en/artificial-intelligence/recommendation-ethics/cases
6   INTEL.gov. "Artificial Intelligence Ethics Framework for the Intelligence Community."
    https://www.intelligence.gov/artificial-intelligence-ethics-framework-for-the-intelligence-community
7   Gustavo Caiza et al. "Navigating Governmental Choices: A Comprehensive Review of Artificial Intelligence's Impact on Decision-Making." MDPI. September 2024.
8   Mark Coeckelbergh. "Democracy, epistemic agency, and AI: political epistemology in times of artificial intelligence." *PMC*. November 2022.
9   Sarah Kreps and Doug Kriner. "How AI Threatens Democracy." *Journal of Democracy*. October 2023.
10 Brookings. "AI can strengthen U.S. democracy—and weaken it."
    https://www.brookings.edu/articles/ai-can-strengthen-u-s-democracy-and-weaken-it/
11 Mark Coeckelbergh. 앞의 글.
12 Sarah Kreps and Doug Kriner. 앞의 글.
13 Ted Lechterman. "The Philosophical Challenges of Augmenting Democracy with AI."
    https://www.ie.edu/insights/articles/the-philosophical-challenges-of-augmenting-democ-

racy-with-ai/
14 Rico Hauswald. "Artificial Epistemic Authorities." *A Journal of Knowledge, Culture and Policy*. January 2025.
15 Mark Coeckelbergh. 앞의 글.
16 Mark Coeckelbergh. 같은 글.
17 Mark Coeckelbergh. 같은 글.
18 UNESCO. 앞의 글.
19 Raluca Csernatoni. "Can Democracy Survive the Disruptive Power of AI?" *Carnegie Endowment for International Peace*. December, 2024.
https://carnegieendowment.org/research/2024/12/can-democracy-survive-the-disruptive-power-of-ai?lang=en
20 Mark Coeckelbergh. 앞의 글.
21 Matt O'Shaughnessy. "Challenges of Implementing AI With "Democratic Values": Lessons From Algorithmic Transparency." *Lawfare*.
https://www.lawfaremedia.org/article/challenges-of-implementing-ai-with-democratic-values-lessons-from-algorithmic-transparency
22 Birgit Schippers. "Artificial Intelligence and Democratic Politics." *Comparative Politics*. February 2020.
23 Matt O'Shaughnessy. 앞의 글.
24 Brennan Center for Justice. "The Effect of AI on Elections Around the World and What to Do About It."
https://www.brennancenter.org/our-work/analysis-opinion/effect-ai-elections-around-world-and-what-do-about-it#:~:text=As%20more%20than%2050,should%20prepare.&text=a%20variety%20of%20roles,should%20prepare.&text=the%20U.S.%20general%20election%2C,should%20prepare.&text=with%20insights%20on%20what,should%20prepare.
25 Sarah Kreps and Doug Kriner. 앞의 글.
26 Matt O'Shaughnessy. 앞의 글.
27 Brookings. 앞의 글.
28 Thomas Ferretti. "The Ethics and Politics of Artificial Intelligence." *London School of Economics and Political Science*.
29 Alex Read. "How AI might impact democracy." *Westminster Foundation for Democracy*. November 2023.
30 Raluca Csernatoni. 앞의 글.
31 Matt O'Shaughnessy. 앞의 글.
32 Thomas Ferretti. 앞의 글.
33 Matt O'Shaughnessy. 앞의 글.
34 Alain Ndayishimiye. "Democracy and Transparency in AI Governance: Lessons from OpenAI's Leadership Turmoil."
https://www.linkedin.com/pulse/democracy-transparency-ai-governance-lessons-from-alain-ndayishimiye-o2naf/

35　Sarah Kreps and Doug Kriner. 앞의 글.
36　Matt O'Shaughnessy. 앞의 글.
37　UNESCO. 앞의 글.
38　Brennan Center for Justice. 앞의 글.
39　Gustavo Caiza et al. 앞의 글.
40　Rico Hauswald. "Artificial Epistemic Authorities." *A Journal of Knowledge, Culture and Policy*. January 2025.
41　Sarah Kreps and Doug Kriner. 앞의 글.
42　Thomas Ferretti. 앞의 글.
43　Rico Hauswald. 앞의 글.
44　Matt O'Shaughnessy. 앞의 글.
45　Brennan Center for Justice. 앞의 글.
46　Morgan Sullivan. 앞의 글.
47　Mark Coeckelbergh. 앞의 글.
48　Matt O'Shaughnessy. 앞의 글.
49　Brookings. 앞의 글.
50　Rico Hauswald. 앞의 글.
51　Matt O'Shaughnessy. 앞의 글.
52　Morgan Sullivan. 앞의 글.
53　Brennan Center for Justice. 앞의 글.
54　Hazel Stevenson. "Should AI replace judges in our courts?" IALS.
　　https://ials.sas.ac.uk/blog/should-ai-replace-judges-our-courts#:~:text=Post%20the%20covid%20pandemic,of%20it.&text=so%20far.%20Academics%20broadly,of%20it.&text=found%20it%20a%20%E2%80%98jolly,of%20it.&text=not%20the%20use%20of,of%20it.
55　Hazel Stevenson. 앞의 글.
56　Hazel Stevenson. 같은 글.
57　Forbes. "AI Judges Follow The Law, Human Judges Follow Their Hearts, Study Reveals."
　　https://www.forbes.com/sites/larsdaniel/2025/03/20/ai-judges-follow-the-law-human-judges-follow-their-hearts-study-reveals/
58　Tetiana Drakokhrust & Nataliia Martsenko. "Artificial Intelligence in the Modern Judicial System."
　　https://article.innovationforever.com/JMER/20220107.html#:~:text=Proponents%20of%20replacing%20AI,human%20rights.&text=speed%20and%20ease%20of,human%20rights.&text=to%20all%20classes%20of,human%20rights.&text=the%20parties%20will%20be,human%20rights.
59　Sienna Sedlarcik. "Ethical AI Sentencing: A Framework for Moral Judgment in Criminal Justice." *Critical Debates in Humanities, Science and Global Justice*. November 2024.
60　Tetiana Drakokhrust & Nataliia Martsenko. 앞의 글.
61　Hazel Stevenson. 앞의 글.
62　Forbes. 앞의 글.

63 Sienna Sedlarcik. 앞의 글.
64 Forbes. 앞의 글.

2 AI는 민주적인가

1 https://foreignpolicy.com/2023/08/04/ai-regulation-artificial-intelligence-democracy-elections/?tpcc=recirc_latest062921
2 https://www.brookings.edu/articles/how-generative-ai-impactsdemocratic-engagement/
3 Benjamin Norwood Harris et al. "Cheap Tweets?: Crisis Signaling in the Age of Twitter." *International Studies Quarterly*, 2024.
4 Sophia Melanson Ricciardone. "Botaganda: examining how bots shape political discourse on twitter through the lens of interaction alignment." *International Journal of Digital Humanities*, 2024.
5 Shoshana Zuboff. "The secrets of surveillance capitalism." *Frankfurter Allgemeine Zeitung*, Mar 5, 2016.
6 Yuval Noah Harari. "Why technology favors tyranny." *The Atlantic*, Oct 2018.
7 Paul Lewis. "Our minds can be hijacked: The tech insiders who fear a smartphone dystopia." *The Guardian*, 6 Oct 2017.
8 *MarketWatch*, 19 Jan 2019.
9 Daniel Mochon et al. "The confrontation effect: When users engage more with ideology-inconsistent content online." *Organizational Behavior and Human Decision Processes*, 2024.
10 https://cointelegraph.com/news/meta-combat-ai-abuse-eu-elections
11 https://about.fb.com/news/2024/04/metas-approach-to-labeling-ai-generated-content-and-manipulated-media/
12 https://phys.org/news/2024-02-late-great-election-disinformation-campaigns.html
13 Ho-Chun Herbert Chang et al. "US-skepticism and transnational conspiracy in the 2024 Taiwanese presidential election." *Harvard Kennedy School Misinformation Review*, 2024.
14 https://phys.org/news/2024-05-ai-australian-democracy.html
15 https://phys.org/news/2024-07-ai-fake-content-policymakers.html
16 https://cointelegraph.com/news/forget-cambridge-analytica-he re-s-how-ai-could-threaten-elections
17 Noémi Bontridder and Yves Poullet. "The role of artificial intelligence in disinformation." *Data & Policy*, vol.3, 25 Nov 2021.
18 Begum Celiktutan, Romain Cadario. "People see more of their biases in algorithms." *Proceedings of the National Academy of Sciences*, Apr 16, 2024. https://doi.org/10.1073/pnas.2317602121
19 Megan A. Brown, Jonathan Nagler, James Bisbee, Angela Lai, and Joshua A. Tucker. "Echo chambers, rabbit holes, and ideological bias: How YouTube recommends content to real

users." *Brookings*, Oct 13, 2022.

20 Swati Srivastava. *Algorithmic Governance and the International Politics of Big Tech*. Published online by Cambridge University Press, 23 Nov 2021.
21 Anton Korinek. "Why we need a new agency to regulate advanced artificial intelligence: Lessons on AI control from the Facebook Files." *Brookings*, 8 Dec 2021. https://www.brookings.edu/articles/why-we-need-a-new-agency-to-regulate-advanced-artificial-intelligence-lessons-on-ai-control-from-the-facebook-files/
22 https://www.cnbc.com/2021/05/27/europeans-want-to-replacelawmakers-with-ai.html
23 https://www.ted.com/talks/cesar_hidalgo_a_bold_idea_to_replace_politicians/transcript
24 https://www.science.org/doi/10.1126/science.adq2852

3 AI의 정치적 문제

1 https://apnorc.org/projects/there-is-bipartisan-concern-about-the-use-of-ai-in-the-2024-elections/
2 https://pro.morningconsult.com/trackers/2024-presidential-election-polling
3 https://www.bbc.com/news/technology-67560513
4 Kaylyn Jackson Schiff, Daniel Schiff, and Natalia S. Bueno. "The Liar's Dividend: Can Politicians Claim Misinformation to Evade Accountability?" *American Political Science Review*. Published online 2024: 1-20.
5 Bobby Chesney and Danielle Citron. "Deep Fakes: A Looming Challenge for Privacy, Democracy, and National Security." *California Law Review*, 107(6): 1753-1820, Dec 2019.
6 Nicholas Jackson O'Shaughnessy. *Politics and Propaganda*. Manchester: Manchester University Press. 2004.
7 Amy Mitchell, Jeffrey Gottfried, Galen Stocking, Mason Walker and Sophia Fedeli. "Many Americans Say Made-Up News Is a Critical Problem That Needs To Be Fixed." *Pew Research Center*, 5 June 2019.
8 https://cointelegraph.com/news/ai-artificial-intelligence-deepfakes-fool-voters-politicians-2024-us-presidential-elections
9 https://www.cnn.com/2024/08/19/politics/donald-trump-taylor-swift-ai/index.html
10 https://www.cryptointelligence.co.uk/fec-advances-petition-to-r egulate-ai-generated-deep-fakes-in-political-ads-ahead-of-2024-elections/
11 Jutta Haider et al. "GPT-fabricated scientific papers on Google Scholar: Key features, spread, and implications for preempting evidence manipulation." *Harvard Kennedy School Misinformation Review*, 2024.
12 Amanda J. Crawford. "UConn Expert, 10 Years after Sandy Hook, on the Lies that 'Plague the U.S.'." *UConn Today*, 13 Dec 2022.
13 Lee Hadlington, Lydia J. Harkin, Daria Kuss, Kristina Newman & Francesca C. Ryding.

"Perceptions of fake news, misinformation, and disinformation amid the COVID-19 pandemic: A qualitative exploration." *Psychology of Popular Media*, 14 Jan 2022.

14 https://www.rand.org/pubs/commentary/2023/06/the-ai-conspiracy-theories-are-coming.html

15 Xizhu Xiao, Porismita Borah, Yan Su. "The dangers of blind trust: Examining the interplay among social media news use, misinformation identification, and news trust on conspiracy beliefs." *Public Understanding of Science*, March 2021.

16 Valerie A. Earnshaw et al. "Anticipated stigma, stereotypes, and COVID-19 testing." *Stigma and Health*, 5(4), 2020.

17 Valerie A Earnshaw et al. "COVID-19 conspiracy beliefs, health behaviors, and policy support." *Translational Behavioral Medicine*, August 2020.

18 Sayeed Al-Zaman. "Prevalence and source analysis of COVID-19 misinformation in 138 countries." *IFLA Journal*, 27 Aug 2021.

19 Dax Gerts, Courtney Shelley et al. "'Thought I'd Share First' and Other Conspiracy Theory Tweets from the COVID-19 Infodemic: Exploratory Study." *JMIR Public Health Surveill*, 7(4), 2021.

20 Jeanine P. D. Guidry, Kellie Carlyle, Marcus Messner and Yan Jin. "On Pins and Needles: How Vaccines Are Portrayed on Pinterest." *Vaccine*, 33(39), 2015.

21 William Marcello et al. *Detecting Conspiracy Theories on Social Media*. RAND Corporation, 2021.

22 Alessandro Bessi, Guido Caldarelli et al. "Social Determinants of Content Selection in the Age of (Mis)Information." Luca M. Aiello and Daniel McFarlandin. eds. *Social Informatics*. Springer International Publishing AG, 2015.

23 Sahara Byrne and Philip Solomon Hart. "The Boomerang Effect: A Synthesis of Findings and a Preliminary Theoretical Framework." *Annals of the International Communication Association*, 33(1), 2009.

24 Thomas H. Costello, Gordon Pennycook and David G. Rand. "Durably reducing conspiracy beliefs through dialogues with AI." *Sience*, 13 Sep 2024.

4 AI, 어떻게 규제할 것인가

1 Tom Wheeler. "Artificial intelligence is another reason for a new digital agency." *Brookings*, 28 Apr 2023.

2 "World's first major act to regulate AI passed by European lawmakers." *CNBC*, Mar 13 2024.

3 Barbara Moens and Henry Foy. "EU pushes ahead with enforcing AI Act despite Donald Trump warnings." *Finacial Times*, 4 Feb 2025.

4 〈유럽연합, 세계 최초 'AI법' 통과… AI 규제 표준 되나〉,《유니콘팩토리》, 2024.3.14.

5 H.R.6791 - Artificial Intelligence Literacy Act of 2023.

	https://www.congress.gov/bill/118th-congress/house-bill/6791
6	https://x.com/VitalikButerin/status/1792890777380831690
7	Mustafa Suleyman. *The Coming Wave: Technology, Power, and the Twenty-first Century's Greatest Dilemma*. Crown, 2023.
8	Cameron F. Kerry et al. "Strengthening international cooperation on AI." *BROOKINGS*, 25 Oct 2021.
9	https://www.brookings.edu/articles/a-roadmap-for-a-us-china-ai-dialogue/
10	https://www.cryptopolitan.com/fbi-concerns-over-misuse-of-ai-for-espionage/
11	"Unleashing American Innovation: A Policy Roadmap To Win The Global Tech Race." *American Edge Project*, July 2024.
12	https://www.brookings.edu/articles/the-global-ai-race-will-us-innovation-lead-or-lag/
13	https://www.cryptopolitan.com/government-announces-ai-safety-institute/
14	https://www.reuters.com/technology/g7-agree-ai-code-conduct-companies-g7-document-2023-10-29/
15	https://cointelegraph.com/news/switzerland-tech-neutral-ai-regulations
16	Melissa Heikkilä. "A Cambridge Analytica-style scandal for AI is coming." *MIT Technology Review*, 25 Apr 2023.
17	*Cairncross Review: A Sustainable Future for Journalism*. Department for Culture, Media and Sport and Department for Digital, Culture, Media & Sport, 2019.
18	*Stigler Committee on Digital Platforms: Final Report*. 16 Sep 2019.
19	Subcommittee on Antitrust, Commercial, and Administrative Law of The Committee on The Judiciary of The House of Representatives. *Investigation of Competition in Digital Markets. Majority Staff Report and Recommendations*. 2020.
20	"The EU and U.S. diverge on AI regulation: A transatlantic comparison and steps to alignment." *Brookings*, 25 April 2023.
21	"Lindsey Graham and Elizabeth Warren: When It Comes to Big Tech, Enough Is Enough." *The New York Times*, 27 Jul 2023.
22	〈로이터 vs. 로스 인텔리전스… AI가 저작권을 침해했나〉,《특허뉴스》, 2025.2.26.
23	〈기후 변화에 대응하기 위한 전략적 도구로 꼽히고 있는 AI〉. *NVIDIA Korea*, 2024.2.13. https://blogs.nvidia.co.kr/blog/ai-energy-study/
24	"A comprehensive and distributed approach to AI regulation Proposing the Critical Algorithmic Systems Classification(CASC)." *Brookings*, 31 Aug 2023.

5 AI의 사법적 가능성

1	김종철, 〈정치의 사법화의 의의와 한계—노무현 정부 전반기를 중심으로〉,《공법연구》제 33집 제3호, 230쪽, 2005.
2	Alec Stone Sweet, *Governing with Judges: Constitutional Politics in Europe*. Oxford University

Press, 2000, pp.2–3.
3. Vanessa A. Baird. "The Effect of Politically Salient Decisions on the U.S. Supreme Court's Agenda." *Journal of Politics*, 66(3), 25 June 2004.
4. Ran Hirschl. *Towards Juristocracy: The Origins and Consequences of the New Constitutionalism*. Harvard University Press, 2007, pp.66–69.
5. T Sourdin. "Judge v robot? Artificial intelligence and judicial decision-making." *Handbook for Judicial Officers*. October 2021.
6. Robert Buckland. "Ai, Judges And Judgement: Setting The Scene."
https://www.hks.harvard.edu/sites/default/files/centers/mrcbg/programs/senior.fellows/2023-24/Buckland%20paper%20final.pdf
7. Thomson Reuters. "AI and the Courts Webinar Series: Guiding Judges and Legal Professionals in All Things AI." AI and the Courts webinar series.
https://www.thomsonreuters.com/en-us/posts/innovation/ai-and-the-courts-webinar-series-guiding-judges-and-legal-professionals-in-all-things-ai/
8. Dory Reiling. "Courts and Artificial Intelligence."
https://iacajournal.org/articles/10.36745/ijca.343
9. Herbert B. Dixon Jr et al. "Navigating AI in the Judiciary: New Guidelines for Judges and Their Chambers."
https://thesedonaconference.org/sites/default/files/publications/NavigatingAIintheJudiciary_PDF_021925_2.pdf#:~:text=And%2C%20GenAI%20does%20not,should%20be&text=judgment%20or%20discretion%2C%20which,should%20be&text=two%20core%20components%20of,should%20be&text=decision%2Dmaking,%20U s%2D%20ers%20of,should%20be
10. Keri Grieman. "Judge Dread: AI and Judicial Integrity."
https://www.unodc.org/dohadeclaration/en/news/2021/30/judge-dread_ai-and-judicial-integrity.html#:~:text=AI%20does%20not%20understand,it%20does.&text=concepts%20of%20justice%2C%20fairness%2C,it%20does.&text=rule%20of%20law.%20It,it%20does.&text=however%2C%20very%20good%20at,it%20does.
11. Jamie Baker, Laurie Hobart, and Matthew Mittelsteadt. "AI for Judges." *CSET*, Dec 2021.
https://cset.georgetown.edu/publication/ai-for-judges/
12. https://venturebeat.com/business/the-pitfalls-of-ai-that-could-predict-the-outcome-of-court-cases/
13. https://www.propublica.org/article/how-we-analyzed-the-compas-recidivism-algorithm
14. https://www.propublica.org/article/how-we-analyzed-the-compas-recidivism-algorithm
15. https://venturebeat.com/ai/study-finds-crime-predicting-judicial-tool-exhibits-gender-bias/
16. https://www.propublica.org/article/how-we-analyzed-the-compas-recidivism-algorithm
17. https://www.unsw.edu.au/newsroom/news/2021/10/can-ai-replace-judge-courtroom
18. Ashesh Rambachan, "Identifying Prediction Mistakes in Observational Data." *Quarterly Journal of Economics*, 28 May 2024.
19. https://www.worldgovernmentsummit.org/observer/articles/2017/detail/could-an-ai-ev-

er-replace-a-judge-in-court
20 Dory Reiling. *Technology for Justice: How Information Technology Can Support Judicial Reforms. Leiden*: Leiden University Press, 2009.
21 Daniel Kahnemann, Thinking, Fast and Slow, London: 대니얼 Penguin 2011(카너먼,《생각에 관한 생각》. 이창신 옮김. 김영사, 2018).
22 https://www.fasken.com/en/knowledge/2019/07/van-bc-civil-resolution-tribunal-assumes-responsibility-for-deciding-society-claims
23 M. van der Put. "Kan artificiële intelligentie de rechtspraak betoveren(Can AI bewitch the courts)?" *Rechtstreeks*, Feb 2019.
24 Daniel Martin Katz et al. "A General Approach for Predicting the Behavior of the Supreme Court of the United States." *PLOS ONE*, 12 Apr 2017.
25 Nikolaos Aletras, Dimitrios Tsarapatsanis, Daniel Preoţiuc-Pietro, and Vasileios Lampos. "Predicting judicial decisions of the European Court of Human Rights: a Natural Language Processing perspective." *PeerJ Computer Science*, 24 Oct 2016.
26 European Commission for the Efficiency of Justice(CEPEJ). *European Ethical Charter on the Use of Artificial Intelligence in Judicial systems and their environment*. Adopted at the 31st plenary meeting of the CEPEJ(Strasbourg, 3-4 December 2018).
27 https://harvardlawreview.org/print/vol-130/state-v-loomis/
28 Council of State advice of September 6 2018, Staatscourant(Official Gazette) -2018-50999.
29 Francesco Contini, Giovan Francesco Lanzara. "The elusive mediation between law and technology." in Patrícia Branco, N. Hosen, M. Leone and R. Mohr (eds.) *Tools of Meaning: Representation, Objects, and Agency in the Technologies of Law and Religion*. Rome: Aracne, 2018.
30 M. van Opijnen. "Legal(ly) Linked Data." *Computerrecht*, 2018/2 no. 55.
31 Maxi Scherer. "Artificial Intelligence and Legal Decision-Making: The Wide Open?" *Journal of International Arbitration*, 36(5), Feb 2019.